Von Louise L. Hay sind im WILHELM HEYNE VERLAG erschienen:

Gesundheit für Körper und Seele
Das Körper- und Seele-Programm
Wahre Kraft kommt von Innen
Umkehr zur Liebe, Rückkehr zum Leben
Hoffnung geben, Liebe finden
Du bist Dein Heiler!
Liebe das Leben wie Dich selbst
Das Leben lieben
Deine innere Stimme
Die Kraft einer Frau
Meditationen für Körper und Seele
Tage der Freude, Tage der Kraft

Louise L. Hay

Gesundheit für Körper und Seele

Wie Sie durch mentales Training Ihre Gesundheit erhalten und Krankheiten heilen

Deutsche Erstausgabe

WILHELM HEYNE VERLAG
MÜNCHEN

HEYNE ESOTERISCHES WISSEN
Herausgegeben von Michael Görden
13/9542

Aus dem Amerikanischen übersetzt von Viktoria Renner
Übersetzung der Seiten 196–261 und 286–287 von Karl Friedrich Hörner

Titel der Originalausgabe:
YOU CAN HEAL YOUR LIFE
erschienen bei Hay House, Inc., Santa Monica, CA

43. Auflage

Copyright © 1984 by Louise L. Hay
Copyright © der deutschen Ausgabe
by Wilhelm Heyne Verlag GmbH & Co. KG, München 1989
Copyright © der Seiten 196–261 und 286–287 by Verlag Alf Lüchow, Freiburg,
übernommen aus ›Heile Deinen Körper‹
Printed in Germany 2000
Umschlaggestaltung: Atelier Bachmann & Seidel, Reischach
Umschlagfoto: Whitney Lane/The Image Bank, München
Satz: KortSatz GmbH, München
Druck und Bindung: Presse-Druck Augsburg

ISBN 3-453-14224-1

Möge Ihnen dieses Angebot helfen, die Stelle zu finden, an der Sie Ihren Selbstwert erkennen, denjenigen Teil von Ihnen, der reine Liebe und Selbstanerkennung ist.

Inhaltsverzeichnis

Danksagungen 8

Vorwort 9

Teil 1 Einführung

Rat an meine Leser 13

Einige Punkte meiner Philosophie 15

1 Was ich glaube 17

Teil 2 Eine Sitzung mit Louise

2 Wo liegt das Problem? 33

3 Woher kommt es? 49

4 Ist es tatsächlich wahr? 59

5 Was tun wir jetzt? 69

6 Widerstand gegen Veränderung 79

7 Wie man sich verändern kann 97

8 Das Neue aufbauen 113

9 Tägliche Arbeit 127

Teil 3   Diese Gedanken in die Tat umsetzen

   10 Beziehungen 141

   11 Arbeit 147

   12 Erfolg 151

   13 Wohlstand 155

   14 Der Körper 167

   15 Das Verzeichnis 195

       Neuartige Gedankenmuster 263

Teil 4

   16 Meine Geschichte 269

       Tief im Innern meines Wesens ist
eine unerschöpfliche Quelle von Liebe 284

       Die Übungen auf einen Blick 288

       Register 289

Danksagungen

Ich danke mit Freude und Vergnügen:

Meinen zahlreichen Schülern und Klienten, die mir viel beigebracht und mich ermutigt haben, meine Gedanken zu Papier zu bringen.

Julie Webster, die mich umsorgt und mich in der Anfangsphase des Buches motiviert hat.

Dave Braun, der mir während des verlegerischen Vorgangs viel beigebracht hat.

Charlie Gehrke, der bei der Gestaltung unseres New Center so hilfsbereit war, mich unterstützte und mir Zeit zur Verfügung stellte, damit ich diese kreative Arbeit tun konnte.

Vorwort

Wenn es mich auf eine einsame Insel verschlüge und ich nur ein Buch mit dahin nehmen könnte, würde ich mich wohl für Louise L. Hays ›Gesundheit für Körper und Seele‹ entscheiden.

Es ist nicht nur die wesentliche Erkenntnis einer großen Lehrerin, es ist auch die kraftvolle und sehr persönliche Aussage einer bedeutenden Dame.

Louise läßt uns in diesem wunderbaren neuen Buch daran teilhaben, wie sie ihr jetziges Entwicklungsstadium erreichte. Bewunderung für und Mitgefühl mit ihrer Geschichte hallten in mir wider – hier nur kurz angedeutet, wie ich meine, aber vielleicht ist dies ein anderes Buch.

Ich meine, daß hier alles steht. Hier steht wirklich alles, was Sie über das Leben wissen müssen, seine Lektionen und wie Sie an sich selbst arbeiten können. Und das schließt Louises Nachschlageverzeichnis für mögliche geistige Verhaltensmuster hinter Un-Wohlsein ein – etwas, das nach meiner Erfahrung wirklich bemerkenswert und einzigartig ist. Ein Mensch auf einer einsamen Insel, der dieses Manuskript in einer Flasche fände, könnte alles lernen, was er wissen müßte, um sein Leben meisterhaft zu gestalten.

Verlassene Insel oder nicht, wenn Sie Ihren Weg zu Louise Hay gefunden haben, vielleicht sogar ›zufällig‹, sind Sie bereits auf dem richtigen Weg. Louises Bücher, ihre bemerkenswerten Therapie-Tonbänder und ihre inspirativen Seminare sind wunderbare Gaben an eine sorgenvolle Welt.

Mein eigener Einsatz bei der Arbeit mit AIDS-infizierten Menschen führte mich zu einem Treffen mit Louise und veranlaßte mich, Konzepte ihrer Therapie anzuwenden.

Jede AIDS-infizierte Person, mit der ich arbeitete und der ich Louises Tonband ›Ein positiver Umgang mit AIDS‹ vorspielte, erfaßte Louises Botschaft beim ersten Hören – und viele machten das Abspielen dieses Tonbandes zu einem Teil ihres täglichen Heilungsrituals.*

Ein Mann namens Andrew erzählte mir: »Ich gehe mit Louise zu Bett und stehe jeden Morgen ihretwegen auf!«

Mein Respekt und meine Liebe zu Louise wuchsen, während ich meine geliebten AIDS-Patienten beobachtete. Denn sie hatten Louise in ihrem Leben gehabt, so daß sie bereichert, friedlich und ohne Entbehrungen sterben konnten. Sie waren erfüllt von größerer Liebe und Vergebung für sich und alle anderen. Ich empfand stillen Respekt, weil Louise ihnen diese Lernerfahrung ermöglicht hat.

In meinem Leben sind mir viele große Lehrer geschenkt worden, einige von ihnen Heilige, dessen bin ich mir sicher, und vielleicht sogar Avatare. Louise jedoch ist eine große Lehrerin, mit der man sprechen kann wegen ihrer enormen Fähigkeit zuzuhören und ihrer bedingungslosen Zuneigung, während man sich den Abwasch teilt. (Auf gleiche Weise ein anderer Lehrer, den ich für ebenso groß halte und der einen tollen Kartoffelsalat zubereitet.) Louise lehrt durch Beispielhaftigkeit und lebt, was sie lehrt.

Ich fühle mich tief geehrt, Sie einzuladen, dieses Buch zu einem Teil Ihres Lebens zu machen. Sie – und es – sind es wert!

Dave Braun – *Wagnisse zur Selbsterfüllung*
Dana Point, Kalifornien   September 1984

---

* In Deutschland ist Louises Buch ›Umkehr zur Liebe, Rückkehr zum Leben – Das AIDS-Buch‹, erschienen im Verlag Alf Lüchow und als Heyne Taschenbuch, erhältlich.

Teil 1

Einführung

Rat an meine Leser

Ich habe dieses Buch geschrieben, um mit Ihnen, meine Leser, zu teilen, was ich weiß und lehre. Mein kleines blaues Buch ›Heile Deinen Körper‹, erschienen im Verlag Alf Lüchow, wurde in weiten Kreisen als maßgebendes Buch über geistige Verhaltensmuster, die Krankheiten im Körper verursachen, anerkannt.

Ich habe Hunderte von Leserbriefen erhalten, in denen ich gebeten werde, mehr meiner Kenntnisse mit anderen zu teilen. Viele Menschen, die als Klienten mit mir gearbeitet, oder diejenigen, die hier und im Ausland an meinen Seminaren teilgenommen haben, haben mich darum gebeten, daß ich mir die Zeit nehme, dieses Buch zu schreiben.

Ich habe dieses Buch so konzipiert, als ob ich Sie durch eine Sitzung führte, wenn Sie als Klient zu mir kämen oder an einem meiner Seminare teilnähmen.

Wenn Sie fortschreitend eine Übung nach der anderen praktizieren, so, wie sie hier erscheinen, werden Sie am Ende des Buches mit der Veränderung angefangen haben.

Ich schlage vor, daß Sie das Buch einmal lesen. Dann lesen Sie es langsam noch einmal, praktizieren aber diesmal intensiv die Übungen. Nehmen Sie sich die Zeit, mit jeder einzelnen zu arbeiten.

Wenn möglich, arbeiten Sie die Übungen mit einem Freund oder einem Familienmitglied durch.

Jedes Kapitel wird mit einer Aussage eröffnet. Jede ist gut anwendbar, wenn Sie am entsprechenden Bereich Ihres Lebens arbeiten. Sie benötigen für jedes Kapitel zwei oder drei Tage, um es genau zu lesen und danach zu arbeiten. Sagen und schreiben Sie immer wieder die Erklärung, die das Kapitel eröffnet. Das Kapitel schließt mit einem Verhaltensvorschlag. Dieser ist ein Fluß positiver Gedanken, geeignet, das Bewußtsein zu verändern. Lesen Sie den Verhaltensvorschlag mehrmals täglich.

Ich beende das Buch damit, Ihnen meine eigene Geschichte zu vermitteln. Ich weiß, Sie werden erkennen, daß, gleichgültig woher wir kommen oder wie tief unten es ist, wir unser Leben vollständig zum Besseren verändern können.

Seien Sie gewiß, daß, wenn Sie mit diesen Gedanken arbeiten, meine liebende Unterstützung bei Ihnen ist.

Einige Punkte meiner Philosophie

Jeder von uns ist 100% selbst verantwortlich
für jede seiner Erfahrungen.

Jeder Gedanke, den wir denken,
gestaltet unsere Zukunft.
Macht ist in jedem Moment allgegenwärtig.
Jeder leidet an Selbst-Haß und -Schuld.

Der Gedanke eines jeden lautet:
»Ich bin nicht gut genug.«
Es ist nur ein Gedanke,
und ein Gedanke kann verändert werden.
Verdruß, Kritik und Schuld sind die
am stärksten schadenden Verhaltensmuster.

Eine Selbst-Befreiung von Verdruß
wird sogar Krebs heilen.
Wenn wir uns wirklich selbst lieben,
funktioniert alles in unserem Leben.

Wir müssen uns von der Vergangenheit lösen
und jedem vergeben.

Wir müssen bereit sein, anfangen zu lernen,
uns selbst zu lieben.

Selbst-Bejahung und Selbstanerkennung im Jetzt
sind der Schlüssel zu positiven Veränderungen.

Wir selber verursachen jede sogenannte ›Krankheit‹
in unserem Körper.

In der Unendlichkeit des Lebens,
dort wo ich bin, ist alles vollkommen,
ganz und vollständig,
und trotzdem befindet sich das Leben
immer in Veränderung.

✴

Es gibt keinen Anfang und kein Ende,
nur einen beständigen Kreislauf und ein
Wiederkehren von Materie und Erfahrungen.

✴

Das Leben ist niemals festgefahren,
statisch oder aufgebraucht,
denn jeder Moment ist
immer neu und taufrisch.

✴

Ich bin eins mit derjenigen Macht,
die mich geschaffen hat,
und diese Macht hat mir die Kraft gegeben,
meine Lebensumstände selbst zu gestalten.
Ich erfreue mich an der Erkenntnis,
die Macht über meinen Geist zu haben,
ihn auf jede Art, die ich wähle,
zu benutzen.

✴

Jeder Augenblick des Lebens ist ein
neuer Anfangspunkt, an dem wir das Alte verlassen.
Dieser Augenblick ist genau hier und genau jetzt
ein neuer Anfangspunkt für mich.
Alles ist gut angelegt in meiner Welt.

1

Was ich glaube

*»Die Tore zu Weisheit und Wissen
sind immer offen.«*

Das Leben ist wirklich sehr einfach.
Was wir geben, bekommen wir zurück

Was wir über uns denken, wird Wahrheit für uns. Ich glaube, jeder, ich selbst eingeschlossen, ist 100% verantwortlich für alles in seinem Leben, für das Beste und das Schlechteste. Jeder Gedanke, den wir denken, gestaltet unsere Zukunft. Jeder von uns gestaltet seine Erfahrungen mit seinen Gedanken und mit seinen Gefühlen. Die Gedanken, die wir denken, und die Wörter, die wir sprechen, gestalten unsere Erfahrungen.

Wir gestalten unsere Lebensumstände, und dann geben wir unsere Macht ab, indem wir andere Personen für unsere Frustrationen verantwortlich machen. Keine Person, kein Ort und keine Sache hat irgendeine Macht über uns, denn ›wir‹ sind die einzigen Denker in unserer Vorstellung. Wir gestalten unsere Erfahrungen, unsere Wirklichkeit und jeden darin Befindlichen. Wenn wir Frieden, Harmonie und Ausgeglichenheit in unserer Vorstellung gestalten, werden wir sie auch in unserem Leben finden. Welche dieser Aussagen könnten Sie gemacht haben?

»Die Leute sind hinter mir.«
»Jeder ist immer hilfsbereit.«

Jede dieser Überzeugungen produziert ziemlich unterschiedliche Erfahrungen. Was wir über uns und das Leben vermuten, wird Wahrheit.

Das Universum gibt uns volle Unterstützung bei jedem Gedanken, den wir nach unserer Entscheidung denken und glauben

Anders gesagt: Unser Unterbewußtsein akzeptiert unsere Entscheidung, was immer wir glauben. Beides bedeutet, daß sich das, was ich über mich und das Leben glaube, für mich bewahrheiten wird. Das, was Sie wählen, über sich und das Leben zu glauben, wird Wahrheit für Sie. Und wir haben unbegrenzte Auswahlmöglichkeiten an Gedanken.

Wenn wir das erkannt haben, ist es vernünftig, ›jeder ist immer hilfsbereit‹ zu wählen, anstatt ›die Leute sind hinter mir her‹.

Die Macht des Universums richtet oder kritisiert uns niemals

Sie akzeptiert uns allein nach unserer eigenen Einschätzung. Dann spiegelt sie unsere Lebensanschauung wider. Wenn ich glauben möchte, daß das Leben Einsamkeit bedeutet und daß mich niemand liebt, dann werde ich genau das in meiner Welt wiederfinden.

Wenn ich jedoch dazu bereit bin, mich von dieser Überzeugung zu lösen und mir selbst gegenüber zu bestätigen, daß ›Liebe überall ist, daß ich liebe und liebenswert bin‹ und an dieser neuen Aussage festhalte und sie oft wiederhole, dann wird sie sich mir bewahrheiten. Jetzt werden liebende Menschen in mein Leben eintreten, die Menschen, die sich bereits in meinem Leben befinden, werden mir gegenüber noch liebender sein. Ich werde an mir feststellen, daß ich anderen gegenüber leicht Liebe zum Ausdruck bringen kann.

Die meisten von uns haben dumme Vorstellungen darüber, wer wir sind. Viele, viele haben starre Regeln darüber, wie das Leben gelebt werden sollte

Deswegen sollte man niemanden verurteilen, denn jeder von uns tut in genau diesem Augenblick nach seinem Vermögen das Allerbeste. Wenn wir es besser wüßten, wenn wir mehr Verständnis und Bewußtsein hätten, dann würden wir anders handeln. Bitte machen Sie sich niemals Vorwürfe für ihre vielleicht momentan schlechte Lage. Allein die Tatsache, daß Sie dieses Buch gefunden und mich entdeckt haben, bedeutet, daß Sie bereit sind, eine positive Veränderung in Ihrem Leben zu vollziehen. Loben Sie sich dafür. »Männer weinen nicht!« »Frauen können nicht mit Geld umgehen!« Was für einengende Vorstellungen über das Leben!

Als junge Menschen lernen wir an den Reaktionen der Erwachsenen, wie wir uns und das Leben zu empfinden haben

Es kommt auf die Art und Weise an, in der wir lernen, über uns und die Welt zu denken. Wenn Sie nun mit Menschen gelebt haben, die sehr unglücklich und verängstigt waren, die sich schuldig gefühlt haben oder verärgert waren, dann hätten Sie viel Negatives über sich und die Welt gelernt.

»Ich mache nie etwas richtig.« »Das ist mein Fehler.« »Wenn ich mich ärgere, bin ich ein schlechter Mensch.«

Derartige Überzeugungen provozieren ein frustrierendes Leben.

Wenn wir erwachsen werden, neigen wir dazu, erneut die emotionale Umgebung unseres früheren Zuhauses aufzubauen

Das ist weder gut noch schlecht, noch richtig oder falsch; es ist einfach das, was wir innerlich als ›Zuhause‹ kennen. Wir neigen auch dazu, unsere persönlichen Beziehungen wieder so zu gestalten, wie die Beziehung, die wir zu unserer Mutter oder unserem Vater hatten oder wie sie zwischen ihnen war. Denken Sie nur, wie oft Sie einen Freund oder Vorgesetzten hatten, der ›genau wie‹ Ihre Mutter oder Ihr Vater war. Wir behandeln uns auch so, wie unsere Eltern uns behandelt haben. Wir beschimpfen und strafen uns auf dieselbe Art. Sie können die Worte nahezu vernehmen, wenn Sie sich zuhören. Wir lieben und ermutigen uns auch auf dieselbe Art, wenn wir als Kinder überhaupt geliebt und ermutigt worden sind.

»Ich mache nie etwas richtig.« »Alles ist meine Schuld.« Wie oft haben Sie das schon zu sich selbst gesagt?

»Du bist wunderbar.« »Ich liebe mich.« Wie oft sagen Sie sich so etwas?

Ich würde jedoch unseren Eltern deswegen keinen Vorwurf machen

Wir sind alle Opfer von Opfern, und sie konnten uns unmöglich etwas beibringen, was sie nicht gewußt haben. Wenn Ihre Mutter nicht gelernt hat, sich zu lieben, oder Ihr

Vater es nicht gelernt hat, sich zu mögen, dann war es Ihren Eltern unmöglich, Ihnen Selbstliebe beizubringen. Sie haben ihr Bestmögliches mit dem geleistet, was ihnen als Kindern beigebracht worden war. Wenn Sie Ihre Eltern besser verstehen wollen, dann lassen Sie sie von ihrer Kindheit erzählen; und wenn Sie einfühlsam zuhören, werden Sie erfahren, woher ihre Ängste und starren Verhaltensmuster kommen. Diese Menschen, die Ihnen ›alle diese Dinge angetan haben‹, waren genauso verschreckt und verängstigt, wie Sie es heute sind.

Ich glaube, daß wir uns unsere Eltern aussuchen

Jeder von uns entscheidet sich zu einem bestimmten Zeitpunkt und an einem bestimmten Ort zur Menschwerdung auf diesem Planeten. Wir haben uns dazu entschlossen, hierher zu kommen, um eine bestimmte Lektion zu lernen, die uns in unserer geistigen Entwicklung vorwärts bringen wird. Wir wählen unser Geschlecht, unsere Hautfarbe, unser Land. Dann schauen wir nach demjenigen Elternpaar, das die Verhaltensmuster widerspiegelt, die wir mitbringen, um daran während unseres Lebens zu arbeiten. Wenn wir herangewachsen sind, zeigen wir üblicherweise anklagend mit dem Finger auf unsere Eltern und jammern: »Ihr habt mir das angetan.« Aber in Wirklichkeit suchten wir sie aus, weil sie genau das darstellten, was wir überwinden wollten.

Schon als sehr kleine Kinder erwarben wir unsere Überzeugungen. Später bewegen wir uns durchs Leben, indem wir Erfahrungen schaffen, die zu unseren Überzeugungen passen. Schauen Sie auf Ihr eigenes Leben zurück und stellen Sie fest, wie oft Sie dieselben Erfahrungen gemacht haben. Nun gut, ich glaube, daß Sie diese Erfahrungen immer wieder geschaffen haben, weil sie etwas widerspiegelten, das Sie über sich selbst glaubten.

Es spielt wirklich keine Rolle, wie lange wir schon ein Problem haben oder wie groß oder wie lebensbedrohlich es ist.

Macht ist allgegenwärtig, also auch in diesem Augenblick

Alles, was sich bis zum jetzigen Zeitpunkt Ihres Lebens ereignet hat, ist durch Ihre Gedanken und Überzeugungen, an denen Sie in der Vergangenheit festgehalten haben, verursacht worden. Es wurde durch Gedanken und Wörter hervorgerufen, die Sie gestern, letzte Woche, letzten Monat, letztes Jahr oder vor 10, 20, 30, 40 Jahren oder mehr benutzt haben – je nachdem, wie alt Sie sind.

Dies gehört jedoch der Vergangenheit an. Sie ist vorbei und abgeschlossen. In diesem Moment ist wichtig, zu welchen Gedanken, Überzeugungen und Aussagen Sie sich eben jetzt entscheiden. Denn diese Gedanken und Worte werden Ihre Zukunft gestalten. Ihre Macht ist in diesem Augenblick allgegenwärtig und gestaltet die Erfahrungen von morgen, nächster Woche, nächstem Monat, nächstem Jahr und so fort. Sie könnten feststellen, welchen Gedanken Sie im Augenblick denken. Ist er negativ oder positiv? Wollen Sie, daß dieser Gedanke Ihre Zukunft gestaltet? Achten Sie nur darauf und seien Sie sich dessen bewußt.

Das einzige, was wir unaufhörlich zu tun haben, ist das Denken.
Und Gedanken können verändert werden

Unsere Erfahrungen sind lediglich äußere Folgen innerer Gedanken – dabei spielt das Problem keine Rolle. Sogar Selbst-Haß ist nur ein hassender Gedanke, den Sie über sich denken. Sie haben einen Gedanken, der sagt: »Ich bin ein schlechter Mensch.« Dieser Gedanke erzeugt ein Gefühl, dem Sie sich unterwerfen. Wenn Sie den Gedanken jedoch nicht haben, werden Sie auch dieses Gefühl nicht haben. Und Gedanken können verändert werden. Verändern Sie den Gedanken und das Gefühl wird verschwinden.

Das soll uns nur zeigen, woher viele unserer Überzeugungen kommen. Aber lassen Sie uns diese Kenntnis nicht als Vorwand benutzen, in unserem Schmerz zu verharren. Die Vergangenheit hat keine Macht über uns. Es spielt keine Rolle, wie lange wir ein negatives Verhaltensmuster haben. Macht steht uns auch in diesem Augenblick zur Verfügung. Wie wunderbar, das zu erkennen! Von diesem Augenblick an beginnen wir, frei zu sein.

Ob Sie es glauben oder nicht, wir suchen uns auch tatsächlich unsere Gedanken aus

Wir denken vielleicht aus Gewohnheit denselben Gedanken immer wieder, so daß es scheint, als würden wir uns den Gedanken nicht aussuchen. Aber die ursprüngliche Wahl haben tatsächlich wir selbst getroffen.

Wir können uns weigern, bestimmte Gedanken zu denken. Überlegen Sie nur, wie oft Sie sich widersetzt haben, einen positiven Gedanken über sich zu denken. Nun gut, Sie können sich auch widersetzen, einen negativen Gedanken über sich zu denken.

Mir kommt es so vor, als ob auf diesem Planeten jeder, den ich kenne oder mit dem ich gearbeitet habe, unterschiedlich stark an Selbst-Haß oder Selbst-Schuld leidet. Je mehr Selbst-Haß und -Schuld wir empfinden, desto weniger funktioniert unser Leben. Je weniger Selbst-Haß und -Schuld wir empfinden, desto besser funktioniert unser Leben auf allen Ebenen.

Die am tiefsten verinnerlichte Überzeugung bei allen, mit denen ich bisher gearbeitet habe, war: »Ich bin nicht gut genug!«

Dazu fügen wir oft hinzu: »Ich tue nicht genug« oder: »Ich verdiene es nicht.« Klingt das nach Ihnen? Sagen, denken Sie oder fühlen Sie oft, daß ›Sie nicht genug sind‹? Aber für wen? Und gemessen an welchen Maßstäben?

Wenn in Ihnen diese Überzeugungen sehr stark ausgeprägt sind, wie können Sie dann ein liebendes, fröhliches, erfolgreiches, gesundes Leben gestaltet haben? Irgendwie wird Ihre wichtigste unterbewußte Überzeugung dem immer widersprechen. Irgendwie würden Sie sich nie richtig verhalten, denn irgend etwas würde irgendwo falsch ablaufen.

Ich meine, daß Verdruß, Kritik, Schuld und Angst mehr Probleme verursachen als irgend etwas sonst

Diese vier Dinge verursachen die Hauptprobleme in unserem Körper und unserem Leben. Diese Gefühle kommen daher, daß wir anderen Vorwürfe machen und nicht die Verantwortung für unsere eigenen Erfahrungen übernehmen. Sehen Sie, wenn wir alle zu 100% für alles in unserem Leben verantwortlich sind, dann gibt es niemanden, dem man Vorwürfe machen kann. Was auch immer ›da draußen‹ geschieht, ist nur ein Spiegel unseres eigenen inneren Denkens. Ich entschuldige hiermit nicht das armselige Verhalten anderer Menschen, aber es sind schließlich *unsere Überzeugungen,* die Menschen anziehen, die uns solchermaßen behandeln.

Wenn Sie sich dabei ertappen zu sagen: »Jeder verhält sich mir gegenüber so und so, kritisiert mich, ist nie für mich da, benutzt mich als ›Fußabtreter‹«, dann ist dies *Ihr Verhaltensmuster.* Es gibt in Ihnen irgendwelche Gedanken, die Menschen anziehen, die dieses Verhalten an den Tag legen. Wenn Sie nicht länger so denken, werden Sie diese Personen nicht länger anziehen.

Das folgende sind ein paar Ergebnisse von Verhaltensmustern, die sich auf körperlicher Ebene darstellen: Ein lange beibehaltener Verdruß kann am Körper zehren und zu der Krankheit führen, die wir Krebs nennen. Kritik als bleibende Gewohnheit kann im Körper oft zu Arthritis führen. Schuld zieht immer Strafe nach sich, und Strafe verursacht Schmerz. (Wenn ein Klient mit starken Schmerzen zu mir kommt, weiß ich, daß er an großer Schuld trägt.) Angst und die Anspannung, die sie hervorruft, kann Dinge wie Glatze, Ulcus und sogar wunde Füße verursachen.

Ich habe herausgefunden, daß Verzeihen und Abbau von Verdruß sogar Krebs heilen. Das mag zwar zu einfach klingen, aber ich habe die Erfahrung gemacht, daß es funktioniert.

Wir können auch unsere Haltung der Vergangenheit gegenüber verändern

Die Vergangenheit ist vorüber und erledigt. Wir können sie jetzt nicht mehr ändern. Wir können jedoch unsere Gedanken über die Vergangenheit ändern. Wie dumm von uns, daß wir uns in der Gegenwart *selbst strafen*, weil uns jemand in längst vergangener Zeit verletzt hat.

Ich sage oft zu Menschen, die intensiven Unmut in sich haben: »Bitte fangen Sie jetzt an, diesen Unmut abzubauen, solange es noch relativ einfach ist. Bitte warten Sie nicht, bis das Skalpell des Chirurgen droht oder bis zu Ihrem Sterbebett, wenn auch noch Panik hinzukommen könnte.«

Wenn wir uns in einem Zustand von Panik befinden, ist es sehr schwierig, unsere Gedanken auf die heilende Arbeit zu konzentrieren. Wir müssen uns die Zeit nehmen, uns zuerst von den Ängsten zu befreien.

Wenn wir uns entscheiden zu glauben, wir seien hilflose Opfer und alles sei hoffnungslos, dann wird uns das Universum in diesem Glauben unterstützen und wir werden nur noch untergehen. Es ist lebenswichtig, daß wir uns von diesen dummen, veralteten, negativen Gedanken und Überzeugungen lösen, die uns nicht unterstützen und uns keine Kraft geben. Sogar unsere Vorstellung von Gott muß eine sein, die *für* uns ist und nicht gegen uns.

Um uns von der Vergangenheit zu lösen, müssen wir zur Vergebung bereit sein

Wir müssen uns dafür entscheiden, uns von der Vergangenheit zu lösen und jedem zu vergeben, auch uns selbst. Wir wissen vielleicht nicht, wie man vergibt, und wir wollen vielleicht nicht vergeben; aber allein die Tatsache, daß wir sagen, wir seien willens zu vergeben, macht den Anfang des Heilungsvorgangs. Es ist für unsere eigene Heilung unerläßlich, daß ›wir‹ uns von der Vergangenheit lösen und jedem vergeben.

»Ich vergebe dir, daß du nicht so bist, wie ich dich haben wollte. Ich vergebe dir und gebe dich frei.«

Diese Aussage gibt *uns* frei.

Alle Krankheiten entstehen durch einen Zustand des Nicht-Vergebens

Wann immer wir krank sind, müssen wir in unseren Herzen suchen, um dort zu sehen, wem wir unbedingt vergeben müssen.

Der ›*Course of miracles*‹ sagt, daß »alle Krankheiten durch einen Zustand des Nicht-Vergebens entstehen« und daß »wir, wann immer wir krank sind, uns umschauen müssen, um zu erkennen, wem wir vergeben müssen«.

Ich würde dieser Vorstellung hinzufügen, daß gerade die Person, der Sie am schwersten vergeben können, diejenige ist, der Sie das meiste zu verzeihen haben. Vergebung heißt aufgeben, loslassen. Es hat nichts damit zu tun, Verhalten zu entschuldigen. Es heißt nur, die ganze Sache loslassen. Wir brauchen nicht zu wissen, *wie* man vergibt. Alles, was wir tun müssen, ist, *willens* zu sein, zu vergeben. Das Universum wird sich des ›*Wie*‹ annehmen.

Wir verstehen unseren Schmerz so gut. Wie schwer ist es für die meisten von uns zu verstehen, daß *sie*, wer auch immer sie sein mögen, denen wir am meisten zu vergeben haben, auch gelitten haben. Wir müssen verstehen, daß sie ihr Bestmögliches geleistet haben mit dem Verständnis, dem Bewußtsein und dem Wissen, das ihnen zu jener Zeit zur Verfügung stand.

Wenn Menschen mit einem Problem zu mir kommen, interessiert es mich nicht, was es ist – instabile Gesundheit, Geldmangel, unbefriedigende Beziehungen oder unterdrückte Kreativität. Es gibt nur eine Sache, an der ich immer arbeite, und das ist *die Eigenliebe*.

Ich finde, wenn wir uns *genauso* lieben, akzeptieren und *anerkennen, wie wir sind,* funktioniert einfach alles im Leben.

Es ist, als ob überall kleine Wunder geschehen. Unsere Gesundheit bessert sich, wir kommen zu mehr Geld, unsere Beziehungen werden erfüllter und wir fangen an, uns kreativ anspruchsvoller auszudrücken. Und all dies scheint auch ohne unseren Einsatz zu geschehen.

Selbstliebe, Sich-Anerkennen, ein Gefühl von Sicherheit schaffen, Vertrauen und Akzeptieren werden Ihre Denkwelt ordnen. Sie werden liebevolle Beziehungen in Ihrem

Leben aufbauen, eine neue Arbeitsstelle und einen neuen besseren Wohnort finden, und Ihr Körpergewicht wird sich sogar normalisieren. Menschen, die sich und ihren Körper lieben, mißbrauchen weder sich noch andere.

Selbst-Anerkennung und Selbst-Akzeptanz im Jetzt sind die Hauptschlüssel zu positiven Veränderungen in all unseren Lebensbereichen.

In meinen Augen beginnt die Selbstliebe damit, sich nie und nimmer wegen irgend etwas zu kritisieren. Kritik schließt uns genau in das Verhaltensmuster ein, das wir versuchen wollen zu verändern. Verständnis und Nachsicht uns selbst gegenüber helfen, uns davon zu lösen. Denken Sie daran, Sie haben jahrelang Selbstkritik geübt, und es hat nicht funktioniert. Versuchen Sie, sich anzuerkennen, und warten Sie ab, was geschehen wird.

In der Unendlichkeit des Lebens,
dort wo ich bin, ist alles vollkommen,
ganz und vollständig.

Ich glaube an eine Macht,
die viel größer ist als ich und die mich jeden Moment
des Tages durchströmt.

Ich öffne mich der darin enthaltenen Weisheit,
wissend, daß es nur eine Intelligenz in diesem
Universum gibt. Von dieser Intelligenz kommen alle
Antworten, alle Lösungen, alle Heilungen,
alle neuen Schöpfungen.

Ich vertraue dieser Macht und Intelligenz,
wissend, daß mir, was immer ich wissen muß,
offenbart wird und daß,
was immer ich benötige, zum richtigen Zeitpunkt,
am richtigen Ort und in richtiger Folge
zu mir kommt.

Alles ist gut angelegt in meiner Welt.

Teil 2

Eine Sitzung mit Louise

2

Wo liegt das Problem?

*»Es ist ungefährlich,
den Blick nach innen zu richten.«*

Mein Körper funktioniert nicht

Er tut weh, blutet, schmerzt, schwitzt, ist verzerrt, ist aufgedunsen; humpelt, brennt, altert viel zu schnell, kann nicht mehr sehen, kann nicht mehr hören, kann nicht mehr riechen und nicht mehr schmecken, verfällt zusehends etc. Und was immer Sie sich noch ausgedacht haben. Ich glaube, das habe ich alles schon gehört.

Meine Beziehungen funktionieren nicht

Sie ersticken mich völlig, es gibt sie ja eigentlich schon gar nicht mehr, sie sind nur noch fordernd, helfen mir überhaupt nicht, man kritisiert mich immer, liebt mich nicht mehr, läßt mich keinen Augenblick in Ruhe, nörgelt die ganze Zeit an mir herum, will nichts mit mir zu tun haben, übergeht mich vollkommen, hört mir niemals zu etc. Und was immer Sie sich noch ausgedacht haben. Ja, ich habe auch das alles schon gehört.

Meine Finanzen funktionieren nicht

Sie existieren nicht, sind nur selten vorhanden, nie genug, gerade außer Reichweite, sind schneller ausgegeben, als sie hereinkommen, decken die Rechnungen nicht, gleiten mir durch die Finger etc. Und was immer Sie sich noch ausgedacht haben. Natürlich habe ich auch das alles schon gehört.

Mein Leben funktioniert nicht

Ich komme nie dazu, das zu tun, was ich tun möchte. Ich mache es niemandem recht. Ich weiß nicht, was ich tun möchte. Es ist nie Zeit für mich. Meine Bedürfnisse und Wünsche werden nie berücksichtigt. Ich tue das nur, um es ihnen recht zu machen. Ich bin nur ein Fußabtreter. Niemand kümmert sich darum, was ich tun möchte. Ich habe keinerlei Begabungen. Ich kann nichts richtig machen. Alles, was ich tue, ist zögern. Nichts klappt bei mir etc. Und was immer Sie sich noch ausgedacht haben. Ich habe all das gehört – und mehr.

Ich bekomme von jedem Klienten, den ich frage, was in seinem oder ihrem Leben los ist, normalerweise eine der obengenannten Antworten. Oder vielleicht mehrere dieser Antworten.

Sie glauben wirklich, das Problem zu kennen. Aber ich weiß, daß diese Klagen nur äußerliche Auswirkungen innerer Gedankenmuster sind. Unter den inneren Gedankenmustern gibt es ein weiteres, tieferes, fundamentaleres Verhaltensmuster, das die Basis für alle äußerlichen Auswirkungen darstellt.

Ich höre ihnen zu und stelle ihnen dann folgende grundlegende Fragen:

Was geschieht in Ihrem Leben?

Wie geht es Ihnen?

Wovon leben Sie?

Gefällt Ihnen Ihre Arbeit?

Wie steht es um Ihre Finanzen?

Wie ist Ihr Liebesleben?

Wie endete Ihre letzte Beziehung?

Und die Beziehung davor, wie endete sie?

Erzählen Sie kurz von Ihrer Kindheit.

Ich beobachte Gestik und Mimik. Aber überwiegend höre ich wirklich genau zu.

Gedanken und Wörter gestalten unsere zukünftigen Erfahrungen. Während ich ihnen beim Sprechen zuhöre, kann ich ohne Schwierigkeit verstehen, warum sie ihre jeweiligen Probleme haben.

Die Wörter, die wir aussprechen, sind Hinweise auf unsere inneren Gedanken.

Manchmal passen die Wörter, die sie benutzen, nicht zu den Erfahrungen, die sie beschreiben. Dann weiß ich, daß sie entweder kein Verhältnis zu dem haben, was vor sich geht, oder sie lügen mich an.

Beides kann ein Anfangspunkt sein und liefert uns die Grundlage, auf der wir beginnen können.

Übung: Ich soll

Als nächstes gebe ich ihnen Papier und Stift und bitte sie, oben auf die Seite zu schreiben:

Ich soll

_____

_____

_____

_____

Sie sollen fünf oder sechs Möglichkeiten notieren, die diesen Satz beenden. Einige finden den Anfang schwierig, andere haben so viel zu beschreiben, daß es ihnen schwerfällt, aufzuhören.

Ich bitte sie dann, einer nach dem anderen möge mir seine Liste vorlesen und jeden Satz mit ›Ich soll _____ ‹ anfangen.

Während sie vorlesen, frage ich jeden: »Warum?«

Die Antworten sind interessant und aufschlußreich; wie zum Beispiel:

Meine Mutter sagte, ich soll.

Weil ich Angst habe, nicht zu ...

Weil ich vollkommen sein muß.

Nun, jeder muß das tun.

Weil ich zu faul, zu klein, zu groß, zu dick, zu dünn, zu dumm, zu häßlich, zu nutzlos bin.

Diese Antworten zeigen mir, wo ihre Überzeugungen festgefahren und ihre Grenzen sind. Ich kommentiere ihre Antworten nicht. Wenn sie ihre Liste beendet haben, spreche ich über das Wort *soll.*

Sehen Sie, ich meine, daß ›soll‹ eines der schädlichsten Wörter in unserer Sprache ist. Jedes Mal, wenn wir ›soll‹ benutzen, sagen wir in Wirklichkeit ›falsch‹. Entweder irren wir uns, haben uns geirrt oder werden uns irren. Ich glaube nicht, daß wir noch mehr Irrtümer in unserem Leben nötig haben. Wir müssen mehr Entscheidungsfreiheit haben. Ich würde gerne das Wort *Soll* für immer aus unserem Wortschatz streichen und es mit dem Wort *könnte* ersetzen. ›Könnte‹ läßt uns die Wahl, so daß wir uns niemals irren.

Ich bitte sie dann, die Liste noch mal Punkt für Punkt vorzulesen, nur daß sie jetzt jeden Satz mit: »Wenn ich wirklich wollte, könnte...« anfangen sollen. Das wirft ein völlig neues Licht auf das Thema.

Während sie das tun, frage ich sie freundlich: »Und warum haben Sie nicht?« Jetzt hören wir ganz andere Antworten:

Ich möchte nicht.

Ich habe Angst.

Ich weiß nicht, wie.

Weil ich nicht gut genug bin.

Etc.

Wir finden oft heraus, daß sie sich jahrelang wegen etwas gescholten haben, das sie überhaupt nicht tun wollten.

Oder sie haben Selbstkritik geübt, etwas nicht getan zu haben, obwohl sie überhaupt nicht vorhatten, es zu tun.

Oft war es einfach etwas, das jemand anderer von ihnen wollte. Wenn sie das erkennen, streichen sie es schlicht von ihrer ›Soll-Liste‹. Was für eine Erleichterung das ist.

Schauen Sie sich all die Menschen an, die sich jahrelang zu einem Beruf zwingen, den sie nicht einmal mögen, nur weil ihre Eltern sagten, sie sollten Zahnarzt oder Lehrer werden. Wie oft haben wir uns minderwertig gefühlt, weil uns gesagt wurde, wir sollten tüchtiger, reicher oder kreativer sein als dieser oder jener Verwandter.

Was gibt es auf Ihrer ›Soll-Liste‹, das zu Ihrer Erleichterung gestrichen werden könnte?

Nachdem wir diese kurze Liste durchgegangen sind, fangen sie bereits an, ihr Leben auf neue und ganz andere Art zu betrachten. Sie stellen fest, daß vieles von dem, was sie meinten tun zu müssen, Dinge waren, die sie niemals tun wollten, und daß sie nur versuchten, anderen zu gefallen. Es geschieht häufig, weil sie Angst haben oder weil sie glauben, nicht gut genug zu sein.

Jetzt fängt das Problem an, sich zu verlagern. Ich habe mit dem Vorgang begonnen, sie von dem Gefühl zu befreien, ›Irrtümer zu begehen‹, weil sie den Anforderungen anderer nicht genügen.

Als nächstes fange ich an, ihnen meine Lebensphilosophie zu erklären, wie in Kapitel 1. Ich glaube, das ist wirklich sehr einfach. Was wir geben, bekommen wir auch zurück. Das Universum unterstützt vollständig jeden Gedanken, den wir denken und glauben wollen. Wenn wir klein sind, lernen wir durch die Reaktionen der Erwachsenen, wie wir über uns und das Leben zu denken haben. Welcher Art diese Überzeugungen auch sein mögen, sie werden in den Erfahrungen wieder erzeugt, die wir während des Heranwachsens machen. Wir haben es jedoch nur mit Gedankenmustern zu tun; und der Augenblick der Macht ist immer gegenwärtig. Veränderungen können in jedem Moment beginnen.

Die Eigenliebe

Ich fahre fort zu erklären, daß es nur eine Sache gibt, an der ich immer mit jedem arbeite, und das ist die Selbstliebe, ungeachtet dessen, woran sie anscheinend leiden. Liebe ist die

Wundertherapie. Die Eigenliebe bewirkt Wunder in unserem Leben.

Ich spreche nicht von Selbstgefälligkeit, Arroganz oder Narzißmus, denn das ist nicht Liebe, sondern nur Angst. Ich meine vielmehr große Anerkennung uns selbst gegenüber und Dankbarkeit für das Wunder unseres Körpers wie unseres Geistes. ›Liebe‹ bedeutet in meinen Augen eine Würdigung in so hohem Maß, daß sie mein Herz füllt, bis es zerspringt und überströmt. Liebe kann überall sein. Ich kann Liebe empfinden für:

den Lebensvorgang als solchen

die Freude, am Leben zu sein

die Schönheit, die ich sehe

einen anderen Menschen

Wissen

den geistigen Vorgang

unsere Körper und ihre Funktionen

Tiere, Vögel, Fische

Vegetation jeder Art und Form

das Universum und seine Funktionen

Was können Sie dieser Liste hinzufügen?

Lassen Sie uns einige Beispiele dafür ansehen, wie man sich nicht liebt:

Wir beschimpfen und kritisieren uns ohne Unterlaß.

Wir mißhandeln unseren Körper mit Nahrungsmitteln, Alkohol und Drogen.

Wir entscheiden uns zu glauben, wir seien nicht liebenswert.

Wir haben Angst, einen angemessenen Preis für unsere Dienste zu erheben.

Wir fügen unserem Körper Krankheiten und Schmerzen zu.

Wir zögern vor Dingen, die uns nützen würden.

Wir leben in Chaos und Unordnung.

Wir verursachen Schulden und Belastungen.

Wir ziehen Liebhaber und Partner an, die uns herabwürdigen.

Was entspricht Ihrer Art?

Wenn wir unser Gutes in irgendeiner Form verneinen, dann ist das ein Akt des Sich-nicht-Liebens. Ich erinnere mich an eine Klientin, mit der ich arbeitete und die eine Brille trug. Eines Tages befreiten wir sie von einer alten Angst ihrer Kindheit. Als sie am nächsten Tag aufstand, mußte sie feststellen, daß ihre Kontaktlinsen so störten, daß sie sie nicht tragen konnte. Sie schaute sich um und stellte fest, daß ihr Sehvermögen vollkommen in Ordnung war. Sie verbrachte jedoch den ganzen Tag damit zu sagen: »Ich glaube es nicht, ich kann es nicht glauben.« Am nächsten Tag trug sie wieder Kontaktlinsen. Unser Unterbewußtsein hat nämlich keinen Sinn für Humor. Sie konnte nicht glauben, ihr vollkommenes Sehvermögen wiedererlangt zu haben. Mangel an Selbstwertgefühl ist ein anderer Ausdruck für Sich-nicht-Lieben.

Tom war ein sehr guter Künstler. Er hatte einige wohlhabende Klienten, die ihn baten, ein oder zwei Wände ihrer Häuser zu dekorieren. Was seine eigenen Rechnungen betraf, so hinkte er immer irgendwie hinterher. Sein ursprünglich genanntes Honorar reichte nie, ihn zu ernähren, bis das Werk vollständig abgeschlossen war.

Jeder, der seinen Dienst leistet oder ein einzigartiges Produkt gestaltet, kann jeden Preis verlangen. Wohlhabende

Menschen lieben es, viel für das zu zahlen, was sie bekommen; das verleiht dem Gegenstand einen größeren Wert. Weitere Beispiele:

Unser Partner ist müde und mürrisch. Wir fragen uns, was wir falsch gemacht haben, wie wir ihn so verstimmen konnten.

Er lädt uns ein-, zweimal ein und ruft nie mehr an. Wir denken, der Fehler muß bei uns liegen.

Unsere Ehe scheitert, und wir sind sicher, daß wir die Versager sind.

Wir haben Angst, nach einer Gehaltserhöhung zu fragen.

Unsere Körper entsprechen nicht denen in Mode-Zeitschriften. Und schon fühlen wir uns minderwertig.

Wir ›machen das Geschäft nicht‹ oder spielen nur eine ›Nebenrolle‹.

Wir sind sicher, nicht gut genug zu sein.

Wir fürchten uns vor Intimität und haben Angst, anderen zu erlauben, uns nahe zu kommen. Deswegen haben wir anonymen Sex.

Wir können keine Entscheidung treffen, weil wir sicher sind, sie würde falsch sein.

Wie äußert sich Ihr Mangel an Selbstwertgefühl?

Die Vollkommenheit der Babys

Wie vollkommen waren Sie als kleines Baby. Babys müssen für ihre Vollkommenheit nichts tun, sie sind bereits vollkommen und handeln so, als wüßten sie das. Sie wissen, daß sie das Zentrum des Universums sind. Sie haben keine Angst davor, nach dem zu fragen, was sie haben möchten. Sie äußern frei ihre Gefühle. Sie wissen, wann ein Baby ärgerlich ist, die gesamte Nachbarschaft weiß es. Sie wissen auch, wann es glücklich ist, denn ihr Lächeln erhellt den Raum. Sie sind voller Liebe.

Kleine Babys sterben, wenn sie keine Liebe bekommen. Sobald wir älter sind, lernen wir, ohne Liebe zu leben, Babys aber würden das nicht aushalten. Babys lieben auch jeden Teil ihres Körpers, sogar ihre Exkremente. Sie haben einen unglaublichen Mut.

So waren Sie auch einmal. Wir alle waren so. Dann fingen wir an, den Erwachsenen zuzuhören, die gelernt hatten, ängstlich zu sein. Und so fingen wir an, unsere eigene Großartigkeit zu verleugnen. Ich glaube meinen Klienten schon den Versuch nicht, mich überzeugen zu wollen, wie schrecklich und wenig liebenswert sie sind. Meine Aufgabe ist es, sie in die Zeit zurückzuführen, in der sie die wirkliche Selbstliebe kannten.

Übung: Spiegel

Als nächstes bitte ich die Klienten, einen kleinen Spiegel zu nehmen, sich in die Augen zu schauen, ihren Namen zu nennen und zu sagen: »Ich liebe und akzeptiere dich genauso, wie du bist.«

Das ist für viele Menschen sehr schwierig. Selten erziele ich bei dieser Übung eine gelassene Reaktion, geschweige denn Spaß. Einige weinen oder weinen beinahe, andere werden ärgerlich, wieder andere setzen ihr Aussehen oder ihre Qualitäten herab oder sie beharren sogar darauf, es nicht tun zu können.

Ich hatte sogar einen Mann, der den Spiegel quer durchs Zimmer warf und weglaufen wollte. Er brauchte mehrere Monate, bis er anfangen konnte, sich mit seinem Spiegelbild auseinanderzusetzen.

Jahrelang schaute ich in den Spiegel, um zu kritisieren, was ich dort sah. Es amüsiert mich jetzt, wenn ich mich an die endlosen Stunden erinnere, die ich mit Augenbrauenzupfen verbrachte, um mich gerade so eben akzeptabel herzurichten. Ich entsinne mich, daß es mich erschreckte, mir in die Augen zu sehen.

Diese einfache Übung zeigt mir sehr viel. In weniger als einer Stunde kann ich zu einigen der Kernthemen vorstoßen, die unter dem äußeren Problem liegen. Wenn wir nur auf der Ebene des Problems arbeiten, können wir endlos Zeit damit verbringen, jedes einzelne Detail herauszuarbeiten; und kaum denken wir, es sei alles ›geregelt‹, taucht es woanders wieder auf.

›Das Problem‹ ist kaum das wirkliche Problem

Sie war so sehr um ihr Aussehen und besonders um ihre Zähne besorgt. Sie ging von Zahnarzt zu Zahnarzt, meinte aber, jeder hätte ihr Aussehen nur verschlimmert. Sie ließ ihre Nase korrigieren, aber man leistete schlechte Arbeit. Jeder Fachmann spiegelte ihre Überzeugung wider, sie sei häßlich. Ihr Problem war nicht ihr Aussehen, sondern ihre Überzeugung, an ihr stimme etwas nicht.

Zu meinen Klienten gehörte auch eine Frau, die furchtbaren Mundgeruch hatte. Es war unangenehm, in ihrer Nähe zu sein. Sie studierte Theologie, ihr äußerliches Verhalten war fromm und das einer Geistlichen. Darunter aber gab es wütende Züge von Ärger und Eifersucht, die hier und da explodierten, wenn sie meinte, irgend jemand könnte ihre Persönlichkeit bedrohen. Ihr innerer Zustand gelangte durch den Mundgeruch zum Ausdruck; und sie war beleidigend, wenn sie vorgab, liebenswert zu sein. Niemand als sie selbst bedrohte sie.

Ein Junge, der erst 15 war, als seine Mutter ihn zu mir brachte, hatte die Hodgkinsche Krankheit und noch drei Monate zu leben. Seine Mutter war verständlicherweise verzweifelt, und es war schwierig, mit ihr zu sprechen; der Junge aber war fröhlich und klug und wollte leben. Er war bereit, alles zu tun, was ich ihm sagte, einschließlich die Art und Weise, wie er dachte und sprach, zu verändern. Seine geschiedenen Eltern hatten immer Streit, und er hatte wirklich kein angenehmes Familienleben.

Er wollte unbedingt Schauspieler werden. Der Drang nach Berühmtheit und Erfolg übertrafen bei weitem seine Fähigkeit, Freude zu erleben. Er dachte, nur wenn er berühmt und interessant sei, könnte er akzeptiert werden. Ich lehrte ihn, sich zu lieben und zu akzeptieren, und er wurde gesund. Er ist jetzt erwachsen und tritt regelmäßig am Broadway auf. Als er gelernt hatte, die Freude am eigenen Ich zu erleben, öffneten sich ihm auch die Rollen in Theaterstücken.

Übergewicht ist ein anderes gutes Beispiel dafür, wie wir eine Menge Energie mit dem Versuch verschwenden, ein Problem zu korrigieren, welches nicht das wirkliche Problem ist. Menschen bekämpfen oft Jahr für Jahr das Fett und haben immer noch Übergewicht. Sie geben dem Übergewicht die Schuld an all ihren Problemen. Übergewicht aber ist nur ein äußeres Zeichen für tief innen sitzende Probleme. In meinen Augen sind es immer Angst und Schutzbedürfnis. Wenn wir uns ängstlich, unsicher oder ›nicht gut genug‹ fühlen, werden viele von uns zum Schutz Gewicht zulegen.

Es ist schlicht Verschwendung, unsere Zeit damit zu verbringen, uns wegen zu hohen Gewichts zu schelten, uns wegen jeden Bissens, den wir essen, schuldig zu fühlen – uns all das anzutun, wenn wir zunehmen. Zwanzig Jahre später können wir noch immer in derselben Situation sein, weil wir noch nicht einmal damit angefangen haben, uns mit dem wirklichen Problem zu beschäftigen. Alles, was wir bis dahin erreicht haben, ist, noch ängstlicher und unsicherer zu sein als damals – und dann benötigen wir noch mehr Gewicht als Schutz.

Deswegen lehne ich es ab, sich aufs Übergewicht oder auf Diäten zu konzentrieren. Denn Diäten funktionieren nicht. Die einzige funktionierende Diät ist eine geistige Diät; eine Diät gegen negative Gedanken. Ich sage den Klienten: »Lassen wir vorläufig dieses Thema beiseite und fangen wir zuerst mit ein paar anderen Dingen an.«

Die Leute erzählen mir oft, sie können sich nicht selbst lieben, weil sie so dick sind oder, wie es ein Mädchen formulierte, ›an den Ecken zu rund‹. Ich erkläre ihnen dann, sie seien dick, weil sie sich nicht lieben. Wenn wir anfangen, uns zu lieben und anzuerkennen, ist es verblüffend, wie das Gewicht einfach von unserem Körper verschwindet.

Manchmal ärgern sich Klienten sogar über mich, wenn ich erkläre, wie einfach es ist, sein Leben zu verändern. Sie mögen den Eindruck haben, daß ich ihre Probleme nicht verstehe. Eine Frau wurde sehr wütend und sagte: »Ich bin hierhergekommen, um Hilfe für meine Dissertation zu erhalten und nicht, um mich lieben zu lernen.« In meinen Augen war es sonnenklar, daß ihr Hauptproblem ein ausgeprägter Selbsthaß war, der jeden Bereich ihres Lebens durchdrang, sogar das Schreiben ihrer Dissertation. Sie konnte nirgends erfolgreich sein, solange sie sich als so wertlos empfand.

Sie konnte mir nicht zuhören und ging weinend fort, um ein Jahr später mit demselben Problem sowie einer Menge anderer wiederzukommen. Manche Menschen sind nicht bereit; und das sollte man nicht verurteilen. Wir alle beginnen am richtigen Ort, zur richtigen Zeit und in der richtigen Reihenfolge mit den Veränderungen an uns. Auch ich habe erst mit den Veränderungen an mir begonnen, als ich die Vierzig überschritten hatte.

Das wirkliche Problem

Hier ist also ein Klient, der gerade in den harmlosen kleinen Spiegel geschaut hat, und er oder sie ist völlig verärgert. Ich lächele vergnügt und sage: »Gut, jetzt betrachten wir das wirkliche Problem. Jetzt können wir anfangen, das, was Ihnen wirklich im Weg steht, wegzuräumen.« Ich spreche ausführlich über Eigenliebe, darüber wie — in meinen Augen — Eigenliebe beginnt, sich nie und nimmer wegen irgend etwas zu kritisieren.

Ich beobachte die Gesichter meiner Klienten, während ich sie frage, ob sie Selbstkritik üben. Ihre Reaktionen sagen mir Dinge wie:

Natürlich tue ich das.

Immer.

Nicht so viel wie früher.

Hm, wie soll ich mich ändern, wenn ich keine Selbstkritik übe?

Tut das nicht jeder?

Auf das letztere antworte ich: »Wir sprechen nicht über ›jeden‹, sondern wir sprechen über Sie. Warum kritisieren Sie sich? Was stimmt nicht mit Ihnen?«

Während sie sprechen, lege ich eine Liste an. Was sie sagen, stimmt oft mit ihrer ›Soll-Liste‹ überein. Sie empfinden sich als zu groß, zu klein, zu dick, zu dünn, zu dumm, zu alt, zu jung (gerade die Schönsten und Hübschesten sagen das oft).

Oder sie sind unpünktlich, zu früh, zu faul, usw. usw. Beachten Sie, daß es fast immer ›zu...‹ ist. Schließlich kommen wir den Dingen auf den Grund, und sie sagen: »Ich bin nicht gut genug.«

Hurra, hurra! Endlich haben wir das zentrale Thema gefunden. Sie üben Selbstkritik, weil sie gelernt haben zu glauben, ›sie seien nicht gut genug‹. Die Klienten sind immer erstaunt darüber, wie schnell wir zu diesem Punkt gelangt sind. Jetzt brauchen wir uns nicht mehr um Nebeneffekte wie Körper-, Beziehungs-, Geldprobleme und Mangel an kreativer Ausdrucksfähigkeit zu kümmern. Wir können all unsere Energie aufs Lösen der Ursache der ganzen Angelegenheit richten: »Daß sie sich selbst nicht lieben!«

In der Unendlichkeit des Lebens,
dort wo ich bin, ist alles vollkommen,
ganz und vollständig.

Ich werde immer göttlich geschützt und geleitet.

Ich kann getrost in mein Inneres schauen.

Ich kann getrost der Vergangenheit
gegenübertreten.

Ich kann getrost meine Lebensanschauung
erweitern.

Ich bin weit mehr als meine Persönlichkeit –
Vergangenheit, Gegenwart oder Zukunft.

Ich entscheide mich jetzt, mich über
meine Persönlichkeitsprobleme zu erheben,
um die Großartigkeit meines Seins zu erkennen.

Ich bin völlig willens, Selbstliebe zu erlernen.
Alles ist gut angelegt in meiner Welt.

3

Woher kommt es?

*»Die Vergangenheit
hat keine Macht über mich.«*

Gut, wir sind viele Fragen durchgegangen, und wir haben die vermeintlichen Probleme betrachtet. Und jetzt sind wir auf das wirkliche Problem gestoßen. Wir empfinden, daß wir nicht gut genug sind, und es besteht ein Mangel an Eigenliebe. Wenn es irgendein Problem gibt, muß dies nach meiner Lebensanschauung ein echtes sein. Lassen Sie uns deshalb sehen, woher diese Überzeugung kommt.

Welchen Weg sind wir gegangen, seit wir kleine Babys waren, die ihre Vollkommenheit und die des Lebens kannten, zu einer Person, die Probleme hat und sich mehr oder weniger als wertlos und nicht liebenswert empfindet? Menschen, die sich bereits lieben, können sich noch mehr lieben.

Stellen Sie sich eine Rose als Knospe vor. Während sie sich zu voller Blüte entfaltet, ist sie immer wunderschön, immer vollkommen, immer in Veränderung, bis das letzte Blütenblatt fällt. So ist es auch mit uns. Wir sind immer vollkommen, immer wunderschön und ändern uns fortwährend. Wir tun unser Bestes mit dem Verständnis, dem Bewußtsein und dem Wissen, das wir besitzen. Da wir größeres Verständnis, Bewußtsein und Wissen dazugewinnen, werden wir uns auch anders verhalten.

Geistiger Hausputz

Jetzt ist es an der Zeit, unsere Vergangenheit etwas genauer zu untersuchen, einige Überzeugungen zu betrachten, die uns geleitet haben. Einige Menschen empfinden diesen Teil des Reinigungsprozesses als sehr schmerzhaft, aber das müßte er nicht sein. Wir müssen sehen, was da ist, bevor wir es beseitigen können.

Wenn Sie einen Raum gründlich saubermachen wollen, werden Sie alles aufheben und genau ansehen. Manche Dinge werden Sie liebevoll betrachten, sie abstauben oder polieren, um ihnen neue Schönheit zu verleihen. Manches, was Sie ansehen, muß aufgearbeitet oder repariert werden, was Sie sich notieren werden. Manches werden Sie nie mehr benutzen, und es wird Zeit, sich davon zu trennen. Alte Zeitschriften, Zeitungen und Pappteller kann man ganz beruhigt in den Mülleimer werfen. Man muß nicht ärgerlich sein, um ein Zimmer aufzuräumen.

Genauso ist es, wenn wir unser geistiges Haus aufräumen. Man muß sich nicht ärgern, nur weil für einige Überzeugungen die Zeit gekommen ist, hinausgeworfen zu werden. Trennen Sie sich genauso leicht von ihnen, wie Sie Essensreste nach einer Mahlzeit in den Abfall schaben würden.

Würden Sie wirklich im Abfall von gestern graben, um das Essen für heute abend zuzubereiten? Graben Sie in altem geistigem Abfall, um daraus die Erfahrungen von morgen zu gestalten?

Wenn Ihnen ein Gedanke oder eine Überzeugung nicht nützt, lassen Sie ab von ihr! Es gibt kein geschriebenes Gesetz, das sagt, weil Sie einmal von etwas überzeugt waren, müssen Sie davon überzeugt bleiben.

Lassen Sie uns nun einige dieser Überzeugungen, die uns einengen, ansehen und gleichzeitig auch schauen, woher sie kommen:

Einengende Überzeugung: »Ich bin nicht gut genug.«

Wie sie entstand: Durch einen Vater, der seinem Sohn immer wieder sagte, er sei dumm.

Er sagte, er wolle erfolgreich sein, damit sein alter Herr stolz auf ihn sein könnte. Aber er war durchdrungen von Schuld, die Verdruß hervorrief, und alles, was er schaffte, war ein Mißerfolg nach dem anderen. Sein Vater finanzierte ihm weiterhin seine Geschäfte, aber eins nach dem anderen entwickelte sich zu einem Mißerfolg. Er benutzte den Mißerfolg, um abzurechnen. Er ließ seinen alten Herren zahlen und zahlen und zahlen. Natürlich war er der größte Verlierer.

Einengende Überzeugung: Mangel an Eigenliebe.

Wie sie entstand: Der Versuch, Papas Anerkennung zu gewinnen.

Das letzte, was sie wollte, war, wie ihr Vater zu sein. Sie stimmten in nichts überein und hatten immer Streit. Sie wollte nur seine Anerkennung, aber statt dessen hörte sie nur Kritik. Ihr Körper schmerzte. Ihr Vater hatte genau dieselben Schmerzen. Sie machte sich nicht klar, daß ihr Ärger ihre Schmerzen hervorrief, genau wie der Ärger ihres Vaters in ihm Schmerzen verursachte.

Einengende Überzeugung: Das Leben ist gefährlich.

Wie sie entstand: Ein ängstlicher Vater.

Eine andere Klientin betrachtete das Leben als grimmig, grausam und hart. Lachen fiel ihr schwer; und wenn sie doch einmal lachte, hatte sie immer dabei Angst, etwas ›Schlechtes‹ würde anschließend passieren. Sie war mit der Warnung ihres Vaters großgeworden: »Lach nicht oder sie könnten dich kriegen.«

Einengende Überzeugung: Ich bin nicht gut genug.

Wie sie entstand: Sich verlassen und nicht beachtet fühlen.

Das Sprechen fiel ihm schwer. Still zu sein, war seine Lebensart geworden. Er war gerade von Drogen und Alkohol losgekommen und war überzeugt, er sei furchtbar. Ich fand heraus, daß er noch sehr jung war, als seine Mutter starb, und daß er von einer Tante aufgezogen worden war. Die Tante sprach selten ein Wort, außer, um einen Befehl zu erteilen; er war unter Schweigen herangewachsen. Er aß schweigend alleine und blieb Tag für Tag ruhig in seinem Zimmer. Er hatte einen Liebhaber, der auch ein stiller Mann war und auch mit ihm verbrachte er die meiste Zeit alleine in Stille. Der Liebhaber starb, und einmal mehr war er alleine.

Übung: Negative Botschaften

Die nächste Übung besteht darin, daß Sie auf einem Blatt Papier eine Liste der Dinge sammeln, die Ihre Eltern an Ihnen falsch fanden. Welches waren die negativen Botschaften, die Sie hörten? Nehmen Sie sich genug Zeit, sich an so viele wie möglich zu erinnern. Eine halbe Stunde reicht normalerweise. Was sagten sie über Geld? Was sagten sie über Ihren Körper? Was sagten sie über Liebe und Beziehungen? Was sagten sie über Ihre kreativen Begabungen? Welche einengenden und negativen Dinge sagten sie Ihnen?

Wenn Sie können, schauen Sie sich diese Themen objektiv an, und sagen Sie sich: »Daher kommt also diese Überzeugung.« Lassen Sie uns jetzt ein neues Blatt Papier nehmen und etwas tiefer graben. Welche anderen negativen Botschaften hörten Sie als Kind?

Von Verwandten _____

Von Lehrern _____

Von Freunden _____

Von maßgebenden Persönlichkeiten _____

Von Ihrer Kirche _____

Schreiben Sie alle auf. Nehmen Sie sich Zeit. Achten Sie auf die Gefühle in Ihrem Körper.

Das, was Sie auf diesen beiden Blättern aufgeschrieben haben, sind Gedanken, die aus Ihrem Bewußtsein entfernt werden müssen.

Genau diese Überzeugungen verursachen in Ihnen das Gefühl, ›nicht gut genug‹ zu sein.

Sehen Sie sich als Kind

Würden wir ein dreijähriges Kind nehmen und es in die Mitte des Zimmers stellen und Sie und ich würden anfangen, das Kind anzuschreien, ihm zu sagen, wie dumm es sei, daß es nichts richtig mache, wie es dies oder jenes zu tun habe, sich die Unordnung anzusehen, die es angerichtet hat, und es vielleicht ein paar Mal schlagen würden, dann hätten wir zum Schluß ein verängstigtes Kind, das fügsam in einer Ecke sitzt. Oder aber, es würde aus Protest das Zimmer demolieren. Das Kind wird einen dieser Wege gehen, aber wir werden niemals die Möglichkeiten dieses Kindes kennenlernen.

Wenn wir demselben kleinen Kind erzählen, wie sehr wir es lieben, wie sehr wir uns um es bemühen, daß wir sein Aussehen, seine Fröhlichkeit und seine Klugheit lieben, daß wir mögen, wie es handelt und daß es in Ordnung ist, wenn es Fehler macht, weil es ja noch lernt − und daß wir immer für es dasein werden, was auch geschehen mag − dann werden die Möglichkeiten dieses Kindes Ihre Vorstellungskraft sprengen!

Jeder hat ein dreijähriges Kind in sich, und oft verbringen wir viel Zeit, dieses Kind in uns anzuschreien. Dann wundern wir uns, warum unser Leben nicht funktioniert.

Wenn Sie einen Freund hätten, der Sie ständig kritisiert, würden Sie dann mit ihm zusammen sein wollen? Vielleicht wurden Sie als Kind so behandelt, und das ist traurig. Das ist jedoch lange her; wenn Sie sich aber jetzt entscheiden, sich selbst genauso zu behandeln, dann ist das um so trauriger.

So, wir haben jetzt eine Liste mit negativen Botschaften vor uns liegen, die wir als Kinder hörten. Inwieweit entspricht diese Liste dem, was Sie an sich selbst als falsch betrachten? Stimmt es ungefähr überein? Wahrscheinlich ja.

Wir begründen das Drehbuch unseres Lebens auf unseren frühen Botschaften. Wir alle sind gute Kinder und akzeptieren gehorsam, was ›sie‹ uns als Wahrheit erzählen. Es wäre sehr bequem, einfach unseren Eltern die Schuld zu geben und für den Rest unseres Lebens Opfer zu sein. Aber das würde kaum viel Spaß machen. Es würde uns auch nicht aus unserer festgefahrenen Situation befreien.

Der Familie die Schuld zuweisen

Die sicherste Art, ein Problem zu behalten, ist die ›Schuldzuweisung‹. Indem wir anderen Schuld geben, geben wir unsere Macht auf. Verständnis ermöglicht, uns über ein Problem zu erheben und unsere Zukunft in die eigenen Hände zu nehmen.

Die Vergangenheit kann nicht verändert werden. Die Zukunft wird durch unser gegenwärtiges Denken geformt. Um frei zu sein, ist es erforderlich zu verstehen, daß unsere Eltern ihr Bestmögliches getan haben mit dem Verständnis, Bewußtsein und Wissen, das ihnen zur Verfügung stand. Wann immer wir einem anderen die Schuld zuweisen, übernehmen wir nicht die Verantwortung für uns.

Die Menschen, die uns all diese schrecklichen Dinge angetan haben, waren genauso verschüchtert und ängstlich wie Sie. Sie empfanden genau dieselbe Hilflosigkeit wie Sie. Das einzige, was sie Ihnen möglicherweise beibringen konnten, war das, was sie selbst gelernt hatten.

Wieviel wissen Sie über die Kindheit Ihrer Eltern, besonders bis zum Alter von 10 Jahren? Wenn es noch möglich ist, dann fragen Sie sie. Wenn Sie imstande sind, etwas über die Kindheit Ihrer Eltern herauszufinden, werden Sie leichter verstehen, warum sie so gehandelt haben, wie sie handelten. Verständnis schafft Mitgefühl.

Wenn Sie nichts wissen und herausfinden können, versuchen Sie sich vorzustellen, wie es für sie gewesen sein muß. Was für eine Kindheit könnte einen solchen Erwachsenen hervorbringen?

Sie benötigen dieses Wissen für Ihre eigene Freiheit. Sie können sich nicht befreien, solange Sie sie nicht befreit haben.

Sie können sich auch nicht vergeben, bevor Sie ihnen vergeben haben. Wenn Sie von ihnen Vollkommenheit verlangen, werden Sie Vollkommenheit von sich selbst verlangen – und es wird Ihnen Ihr Leben lang elend gehen.

Die Auswahl unserer Eltern

Ich stimme der Theorie zu, daß wir uns unsere Eltern aussuchen. Die Lektionen, die wir in unserem Leben lernen, scheinen vollkommen zu den ›Schwachpunkten‹ unserer Eltern zu passen.

Ich glaube, daß wir uns alle auf einer endlosen Reise durch die Ewigkeit befinden. Wir kommen auf diesen Planeten, um bestimmte Lektionen zu lernen, die für unsere geistige Entwicklung notwendig sind. Wir wählen unser Geschlecht, unsere Hautfarbe, unser Land. Und dann schauen wir uns nach dem vollkommenen Elternpaar um, das unsere Denkmuster ›widerspiegelt‹.

Unser Besuch auf diesem Planeten ist wie eine Schulausbildung. Wenn Sie Kosmetikerin werden wollen, gehen Sie auf eine Berufsfachschule für Kosmetik. Wenn Sie Automechaniker werden wollen, machen Sie eine Automechanikerlehre. Wenn Sie Rechtsanwalt werden wollen, studieren Sie Jura.

Die Eltern, die Sie sich damals ausgesucht haben, sind das vollkommene Paar; sie sind ›Experten‹ auf den Gebieten, die Sie sich entschieden haben zu lernen.

Wenn wir heranwachsen, neigen wir dazu, mit dem Finger anklagend auf unsere Eltern zu zeigen und zu sagen: »Ihr habt mir das angetan!« Aber ich glaube, daß wir sie ausgesucht haben.

Auf andere hören

Wenn wir klein sind, sind unsere älteren Geschwister Abgötter für uns. Wenn sie unglücklich waren, ließen sie uns das körperlich oder durch Worte spüren. Sie haben vielleicht Dinge gesagt wie:

»Ich verpetze dich wegen…« (Schuld einflößen)
»Du bist doch noch ein Baby, das kannst du noch nicht.«
»Du bist zu blöd, um mit uns zu spielen.«

Wir werden oft stark von unseren Lehrern beeinflußt. In der fünften Klasse sagte mir eine Lehrerin nachdrücklich, ich sei zu groß, um Tänzerin zu werden. Ich glaubte ihr und gab diesen Wunsch auf, bis ich dann zu alt war, doch noch Tänzerin zu werden.

Hatten Sie begriffen, daß Klassenarbeiten und Zensuren nur dazu dienten, zu entsprechender Zeit Ihr Wissen unter Beweis zu stellen, oder waren Sie ein Kind, das Klassenarbeiten als Wertung seines Selbstwerts zuließ?

Unseren früheren Freunden und uns war es gemeinsam, die Fehlinformation über das Leben zu teilen. Andere Kinder aus der Schule konnten uns quälen und langanhaltende Schmerzen hinterlassen. Als ich Kind war, hieß ich mit Nachnamen: Lunney, und die Kinder nannten mich häufig ›lunatic‹ (Verrückte).

Nachbarn üben ebenfalls Einfluß aus, nicht nur wegen ihrer Bemerkungen, sondern auch, weil wir gefragt wurden: »Was werden die Nachbarn denken?«

Denken Sie zurück, welche anderen maßgebenden Persönlichkeiten auf Sie als Kind Einfluß ausgeübt haben.

Und es gibt natürlich auch die starken und sehr überzeugenden Aussagen in der Reklame, die in Zeitschriften und im Fernsehen erscheinen. Es werden viel zu viele Produkte durch die Suggestion verkauft, wir seien nutzlos oder irrten uns, wenn wir sie nicht benutzten.

Wir sind alle hier, um unsere früheren Grenzen zu überschreiten, welcher Art auch immer sie gewesen sein mögen. Wir sind hier, unsere eigene Großartigkeit und unser göttliches Wesen zu erkennen, ungeachtet dessen, was ›sie‹ uns erzählt haben. Sie müssen Ihre negativen Überzeugungen überwinden, genau wie ich meine negativen Überzeugungen überwinden muß.

In der Unendlichkeit des Lebens, dort wo ich bin,
ist alles vollkommen, ganz und vollständig.
Die Vergangenheit hat keine Macht über mich,
weil ich willens bin, zu lernen und mich
zu verändern.

Ich betrachte die Vergangenheit als notwendig,
mich dorthin zu bringen, wo ich heute stehe.

Ich bin willens, dort, wo ich jetzt bin,
mit dem Aufräumen der Zimmer meines geistigen
Hauses zu beginnen.

Ich weiß, daß es keine Rolle spielt, wo ich anfange,
deshalb beginne ich mit den kleinsten und
einfachsten Räumen; auf diese Weise sehe ich
schnell Ergebnisse.

Ich bin aufgeregt, mich mitten in diesem Abenteuer
zu befinden, denn ich weiß, daß ich diese besondere
Erfahrung niemals mehr erleben werde.

Ich bin willens, mich selbst zu befreien.
Alles ist gut angelegt in meiner Welt.

4

Ist es tatsächlich wahr?

*»Wahrheit ist
der unveränderbare Teil von mir.«*

Die Frage ›Ist es wahr oder wirklich?‹ hat zwei Antworten: ›Ja‹ und ›Nein‹. Es ist wahr, wenn Sie meinen, es sei wahr. Es ist nicht wahr, wenn Sie meinen, es sei nicht wahr.

Das Glas ist sowohl halb voll wie halbleer, je nachdem, wie Sie es betrachten. Es gibt buchstäblich Milliarden von Gedanken, die wir uns aussuchen können zu denken.

Die meisten entscheiden sich dafür, dieselbe Art von Gedanken zu denken, die unsere Eltern dachten, aber wir müssen das nicht fortsetzen. Es gibt kein geschriebenes Gesetz, das besagt, wir dürfen nur in eine Richtung denken.

Was immer ich entscheide zu glauben, wird Wahrheit für mich. Was immer Sie entscheiden zu glauben, wird Wahrheit für Sie. Unsere Gedanken können völlig verschieden sein. Unsere Lebenswege und Erfahrungen sind völlig verschieden.

Prüfen Sie Ihre Gedanken

Was immer wir glauben, wird Wahrheit für uns. Wenn Sie ein unvorhergesehenes finanzielles Desaster erleben, dann könnten Sie gewissermaßen meinen, Sie seien es nicht wert, mit Geld umzugehen. Oder Sie glauben an Lasten und Schulden. Oder, wenn Sie meinen, daß Gutes niemals andauert, dann glauben Sie vielleicht, daß das Leben ›hinter Ihnen her ist‹ oder, wie ich es oft höre: »Ich bin einfach kein Siegertyp.«

Wenn Sie nicht in der Lage scheinen, eine Beziehung aufzubauen, dann könnten Sie glauben: »Niemand liebt mich« oder: »Ich bin nicht liebenswert.« Vielleicht befürchten Sie, wie Ihre Mutter dominiert zu werden oder vielleicht denken Sie: »Menschen verletzen mich nur.«

Wenn Sie eine instabile Gesundheit haben, könnten Sie vielleicht meinen: »Krankheit regiert unsere Familie.« Oder daß Sie ein Opfer des Wetters sind. Oder vielleicht ist es: »Ich bin zum Leiden geboren.« Oder aber: »Eins jagt das andere.«

Oder Sie haben vielleicht eine andere Überzeugung. Vielleicht sind Sie sich Ihrer Überzeugung noch nicht einmal bewußt. Die meisten Menschen sind es wirklich nicht. Sie betrachten die äußeren Umstände wie krümelnde Kekse. Sie bleiben ein Opfer des Lebens, bis ihnen jemand die Verbindung zwischen äußeren Erfahrungen und inneren Gedanken aufzeigt.

Problem	Überzeugung
Finanzielles Desaster	Ich bin es nicht wert, Geld zu haben
Keine Freude	Niemand liebt mich
Probleme mit dem Beruf	Ich bin nicht gut genug
Es anderen immer recht machen	Mein Ziel erreiche ich nicht

Wie auch immer das Problem gelagert ist, es entsteht durch ein Gedankenmuster, und Gedankenmuster können verändert werden!

All diese Probleme, mit denen wir in unserem Leben ringen und jonglieren, mögen als wahr empfunden werden, mögen wahr erscheinen. Es spielt jedoch keine Rolle, wie schwierig ein Thema ist, es ist nur das äußere Ergebnis oder die Folge eines inneren Gedankenmusters.

Wenn Sie nicht wissen, welche Gedanken Ihre Probleme hervorrufen, dann sind Sie hier richtig, denn dieses Buch ist als Lösungshilfe für Sie entwickelt worden. Schauen Sie sich die Probleme Ihres Lebens an. Fragen Sie sich: »Welche Gedanken habe ich, die sie hervorrufen?«

Wenn Sie sich ruhig hinsetzen und sich dann diese Fragen stellen, wird Ihnen Ihre innere Einsicht eine Antwort aufzeigen.

Es ist nur eine Überzeugung, die Sie schon als Kind lernten

Manches, was wir glauben, ist tatsächlich positiv und förderlich. Diese Gedanken helfen uns unser Leben lang, wie zum Beispiel: »Sieh in beide Richtungen, bevor du eine Straße überquerst.« Andere Gedanken sind anfangs sehr nützlich; wenn wir aber heranwachsen, helfen sie uns nicht mehr. »Vertraue keinem Fremden«, das mag für ein kleines Kind ein guter Rat sein. Für einen Erwachsenen aber, der dies beibehält, wird er nur Isolation und Einsamkeit mit sich bringen.

Warum setzen wir uns so selten hin und fragen uns: »Stimmt das wirklich?« Warum glaube ich zum Beispiel Dinge wie: »Es fällt mir schwer zu lernen.« »Betrachte ich es noch immer als wahr?« »Woher kam diese Überzeugung?« »Glaube ich es noch immer, nur weil mein Lehrer in der ersten Klasse es mir immer wieder sagte?« »Wäre ich besser dran, wenn ich von dieser Überzeugung abließe?«

Überzeugungen wie ›Jungens weinen nicht‹ und ›Mädchen klettern nicht auf Bäume‹ schaffen Männer, die ihre Gefühle verstecken, und Frauen, die Angst davor haben, sich körperlich zu betätigen.

Wenn uns als Kind beigebracht wurde, daß die Welt ein furchteinflößender Ort ist, dann werden wir alles, was wir hören und was zu dieser Überzeugung paßt, als Wahrheit akzeptieren. Dasselbe trifft zu auf: »Vertraue Fremden nicht«, »Gehe abends nicht weg« oder: »Die Leute betrügen dich.«

Wenn wir andererseits in frühen Jahren gelernt hätten, daß die Welt ein sicherer Ort ist, dann hätten wir andere Überzeugungen. Wir könnten leicht akzeptieren, daß es überall Zuneigung gibt und daß die Menschen so freundlich sind und ich immer bekomme, was ich benötige.

Wenn Ihnen als Kind beigebracht wurde, daß ›alles mein Fehler ist‹, dann werden Sie immer herumlaufen und sich schuldig fühlen, gleichgültig, was geschieht. Durch Ihre Überzeugung sind Sie jemand, der immer sagt: »Tut mir leid.«

Sollten Sie als Kind gelernt haben zu glauben, ›Ich zähle nicht‹, wird Sie diese Überzeugung, wo immer Sie sind, ans Ende der Reihe befördern. Wie meine Kindheitserfahrung, keinen Kuchen zu bekommen. Manchmal meint man, unsichtbar zu sein, wenn andere Sie nicht beachten.

Wurde Ihnen in Ihrer Kindheit beigebracht, zu glauben, ›Niemand mag mich‹? Dann werden Sie sicher einsam sein. Auch wenn es in Ihrem Leben einen Freund oder eine Beziehung geben würde, würde beides nur von kurzer Dauer sein.

Hat Ihnen Ihre Familie beigebracht: »Es gibt nicht genug«? Wenn ja, bin ich sicher, daß Sie oft das Gefühl haben, der Küchenschrank sei leer, oder Sie empfinden sich als jemanden, der gerade so hinkommt oder immer Schulden hat.

Ich hatte einen Klienten, der in einem Haushalt groß wurde, in dem man glaubte, alles sei falsch und könne nur schlechter werden. Seine größte Freude war, Tennis zu spielen, aber dann verletzte er sich am Knie. Er ging zu allen möglichen Ärzten, aber es wurde nur schlimmer. Zum Schluß konnte er überhaupt nicht mehr spielen.

Eine andere Person wuchs als Sohn eines Pfarrers heran; als Kind wurde ihm beigebracht, daß jeder andere zuerst käme. Die Familie des Pfarrers kam immer zuletzt. Heutzutage gelingt es ihm wunderbar, seinen Kunden zum besten Geschäft zu verhelfen, er aber ist normalerweise mit Taschengeldbeträgen verschuldet. Seine Überzeugung setzt ihn immer noch an die letzte Stelle einer Reihe.

Was Sie glauben, scheint wahr zu sein

Wie oft haben Sie gesagt: »So bin ich« oder: »So ist es.« Genau diese Worte besagen aber eigentlich nur, daß das, was wir glauben, für uns wahr ist. Normalerweise ist das, was wir glauben, nur die Meinung eines anderen, die wir aber in unseren Überzeugungen verinnerlicht haben. Es besteht kein Zweifel, daß es gut zu all den anderen Dingen paßt, die wir glauben.

Sind Sie einer von denen, die morgens aufstehen, sehen, daß es regnet, und sagen: »Oh, was für ein ekelhafter Tag!« Es ist aber kein ekelhafter Tag. Es ist nur ein nasser Tag. Wir können auch an einem Regentag viel Spaß haben, wenn wir die entsprechende Kleidung tragen und unsere Einstellung ändern.

Wenn es wirklich unsere Überzeugung ist, daß Regentage ekelhaft sind, dann werden wir Regen immer mit niedergeschlagener Stimmung begrüßen. Wir werden eher gegen den

Tag ankämpfen, als daß wir uns dem Strom des augenblicklichen Geschehens anvertrauen.

Es gibt kein ›gutes‹ oder ›schlechtes‹ Wetter, es gibt nur Wetter und unsere persönliche Reaktion darauf.

Wenn wir ein frohes Leben wollen, müssen wir frohe Gedanken denken. Wenn wir ein erfolgreiches Leben wollen, müssen wir erfolgreiche Gedanken denken. Wenn wir ein Leben voller Liebe wollen, müssen wir liebende Gedanken denken.

Was immer wir gedacht oder gesprochen vermitteln, wird in ähnlicher Form zu uns zurückkehren.

Jeder Moment ist ein Neuanfang

Ich wiederhole: Der Augenblick der Macht ist immer gegenwärtig. Sie sind niemals festgefahren. Genau jetzt finden Veränderungen statt, genau hier und jetzt in Ihrem Bewußtsein! Es ist gleichgültig, wie lange Sie negative Verhaltensmuster, eine Krankheit, eine dürftige Beziehung, Geldmangel oder Selbsthaß erlebt haben.

Wir können heute anfangen, eine Veränderung herbeizuführen. Ihr Problem braucht nicht länger wahr für Sie zu sein. Es kann jetzt in die Bedeutungslosigkeit zurücksinken, aus der es einmal kam. Sie können es schaffen!

Denken Sie daran: Sie sind die einzige Person, die mit Ihrem Bewußtsein denkt!

Sie sind in Ihrer Welt die Macht und Autorität!

Ihre Gedanken und Überzeugungen aus der Vergangenheit haben diesen Moment gestaltet — sowie alle Momente bis jetzt. Was Sie ab jetzt entscheiden, zu glauben, zu denken und zu sagen, wird den nächsten Moment, den nächsten Tag, den nächsten Monat und das nächste Jahr gestalten.

Ja, meine Lieben! Ich kann Ihnen den wunderbarsten Rat geben, aus all den Jahren meiner Erfahrung. Sie können sich jedoch weiterhin dafür entscheiden, dieselben alten Gedanken zu denken. Sie können es ablehnen, sich zu verändern, so daß Sie all Ihre Probleme behalten.

Sie sind die Macht in Ihrer Welt! Sie werden bekommen, was immer Sie entscheiden zu denken.

In diesem Moment beginnt der neue Vorgang. Jeder Moment ist ein Neuanfang, und dieser Augenblick ist hier und jetzt für Sie der Neuanfang! Ist es etwa nicht toll, das zu wissen! Jetzt ist der Augenblick der Macht da! In diesem Moment beginnt die Veränderung!

Ist es tatsächlich wahr?

Halten Sie einen Moment inne und greifen Sie nach Ihren Gedanken. Was denken Sie gerade? Wenn es stimmt, daß Ihre Gedanken Ihr Leben formen, würden Sie dann wollen, daß Ihre augenblicklichen Gedanken Wirklichkeit werden? Wenn es ein Gedanke der Unruhe, des Ärgers, des Verletztseins, der Rache oder der Angst ist, wie würde dieser Gedanke — Ihrer Meinung nach — dann wieder zu Ihnen zurückkommen?

Es ist nicht immer einfach, Gedanken zu greifen, weil sie sich rasch bewegen. Wir können jedoch genau jetzt anfangen, das, was wir sagen, zu beobachten und anzuhören. Wenn Sie hören, daß Sie negative Worte irgendeiner Art benutzen, hören Sie mitten im Satz auf. Entweder Sie formulieren den Satz neu, oder Sie lassen ihn einfach fallen. Sie könnten sogar zu ihm sagen: »Raus!«

Stellen Sie sich vor, Sie stehen in der Schlange eines Selbstbedienungsrestaurants oder vor einem kalten Buffet eines Luxushotels, wo es anstelle des Essens Gedanken-Mahlzeiten gibt. Sie haben überhaupt sämtliche Gedanken zur Auswahl. Diese Gedanken werden Ihre zukünftigen Erfahrungen gestalten.

Wenn Sie sich jetzt für Gedanken entscheiden, die Probleme und Leiden hervorrufen, dann ist das ziemlich dumm. Genauso, als ob Sie Essen aussuchten, das Ihnen nie bekommt. Wir tun das vielleicht ein oder zweimal, aber sobald wir gelernt haben, welches Essen unseren Körper durcheinanderbringt, lassen wir die Finger davon. Dasselbe gilt für Gedanken. Bleiben Sie Gedanken fern, die Probleme und Leiden hervorrufen.

Einer meiner früheren Lehrer, Dr. Raymond Charles Barker, sagte immer wieder: »Wenn sich ein Problem ergibt, kann man nichts dagegen tun, sondern man muß etwas dagegen wissen.«

Unser Bewußtsein gestaltet unsere Zukunft. Wenn wir etwas Unerwünschtes in unserem Leben sehen, dann müssen wir unser Bewußtsein benutzen, die Situation zu verändern. In dieser Sekunde können wir anfangen, die Situation zu verändern.

Es ist mein ehrlicher Wunsch, daß das Thema ›Wie Ihre Gedanken funktionieren‹ das allererste Fach wird, das in der Schule unterrichtet wird. Ich habe niemals verstanden, warum es wichtig sein soll, Kinder Kriegsdaten auswendig lernen zu lassen. Es scheint mir eine enorme Verschwendung geistiger Energie zu sein. Statt dessen könnten wir sie in wichtigen Fächern unterrichten wie: ›Wie funktioniert das Bewußtsein‹, ›Wie gehe ich mit Geld um‹, ›Wie investiere ich Geld für finanzielle Sicherheit‹, ›Wie verhalten sich Eltern‹, ›Wie erreiche ich eine gute Beziehung‹ und ›Wie erreiche und erhalte ich Selbstachtung und Selbstwert‹.

Können Sie sich vorstellen, wie eine Erwachsenengeneration wäre, die in der Schule neben dem üblichen Pensum in diesen Fächern unterrichtet würde? Stellen Sie sich vor, wie sich diese Wahrheiten äußern würden. Wir hätten glückliche Menschen, die mit sich zufrieden sind. Wir hätten Menschen, denen es finanziell gutgeht und die die Wirtschaft bereichern, indem sie ihr Geld klug anlegen. Sie hätten zu jedem gute Beziehungen und würden sich in der Elternrolle wohl fühlen und würden ihrerseits eine neue Generation von Kindern prägen, die mit sich zufrieden sind. Trotzdem würde in diesem System jeder ein Individuum bleiben, das seine oder ihre Kreativität zum Ausdruck brächte.

In der Unendlichkeit des Lebens, dort wo ich bin,
ist alles vollkommen, ganz und vollständig.

✲

Ich entscheide, nicht länger an überholte
Einengungen und an Mangel zu glauben.

✲

Ich entscheide mich jetzt, den Anfang zu machen,
mich so zu sehen, wie das Universum mich sieht:
vollkommen, ganz und vollständig.

✲

Die Wahrheit meiner Existenz ist, daß ich
vollkommen, ganz und vollständig geschaffen wurde.

✲

Ich bin jetzt vollkommen, ganz und vollständig.

✲

Ich werde immer vollkommen,
ganz und vollständig bleiben.

✲

Ich entscheide mich jetzt dafür, mein Leben vor
dem Hintergrund dieses Verständnisses zu sehen.

✲

Ich bin am richtigen Ort, zur richtigen Zeit und
tue genau das Richtige.

✲

Alles ist gut angelegt in meiner Welt.

5

Was tun wir jetzt?

»Ich sehe meine Verhaltensmuster und entscheide mich, Veränderungen vorzunehmen.«

Entscheiden Sie sich für die Veränderung

Viele Menschen reagieren an dieser Stelle so, daß sie entweder die Hände über dem Kopf zusammenschlagen, entsetzt über die sogenannte Unordnung in ihrem Leben, oder sie geben auf. Andere werden wütend über sich oder das Leben und geben ebenfalls auf.

Mit ›aufgeben‹ meine ich den Entschluß: »Es ist alles hoffnungslos, es ist unmöglich, Veränderungen vorzunehmen. Weshalb soll ich es also versuchen.« Der Rest heißt: »Bleib einfach, wie du bist. Wenigstens weißt du, wie du mit diesem Leiden umzugehen hast. Es gefällt dir zwar nicht, aber es ist dir vertraut und du hoffst, daß es nicht schlimmer wird.«

In meinen Augen ist Gewohnheitsärger so, als würde man mit einer Narrenkappe in einer Ecke sitzen. Klingt das vertraut? Etwas passiert, und Sie ärgern sich. Etwas anderes passiert, und Sie ärgern sich wieder. Noch etwas anderes passiert, und Sie ärgern sich wieder. Noch etwas passiert, und Sie ärgern sich einmal mehr. Aber Sie kommen Ihrem Ärger nicht auf die Spur.

Was bringt Ihnen das? Es ist eine dumme Reaktion, Ihre Zeit mit Ärger zu verschwenden. Es ist auch eine Verweigerung, das Leben in neuem und anderem Licht zu sehen.

Es würde Ihnen mehr helfen, sich zu fragen, warum in Ihrem Leben so viele Situationen entstehen, über die Sie sich ärgern.

Was verursacht — Ihrer Meinung nach — all diese Frustrationen? Was zeigen Sie nach außen, das andere reizt, Sie aus der Ruhe zu bringen? Warum brauchen Sie — Ihrer Meinung nach — Ärger, um zurechtzukommen?

Was immer Sie nach außen zeigen, es kommt zu Ihnen zurück. Je mehr Ärger Sie erleben, desto häufiger rufen Sie Situationen hervor, über die Sie sich ärgern.

Ärgern Sie sich über dieses Kapitel? Gut! Es muß ins Schwarze treffen. Da ist etwas, was Sie bereitwillig verändern könnten.

Entscheiden Sie:
»Ich bin willens, mich zu verändern.«

Wenn Sie wirklich wissen wollen, wie hartnäckig Sie sind, machen Sie sich mit dem Gedanken vertraut, willens zu werden, sich zu verändern. Wir möchten alle, daß sich unser Leben verändert, daß die Umstände besser und einfacher werden, aber wir selbst wollen uns nicht verändern müssen. Wir hätten es lieber, daß *sie* sich verändern. Damit das geschieht, müssen wir uns innerlich verändern. Wir müssen unsere Denkweise verändern, unsere Sprechweise verändern, unsere Ausdrucksweise verändern. Nur dann werden auch äußere Veränderungen stattfinden.

Jetzt lautet der nächste Schritt: Wir sind uns jetzt einigermaßen klar darüber, um welche Probleme es geht und woher sie kommen. Jetzt ist es soweit, eine Veränderung zu wollen.

Ich habe innerlich immer eine Neigung zur Hartnäckigkeit gehabt. Sogar jetzt, wenn ich mich hin und wieder dazu entschließe, in meinem Leben etwas zu verändern, kann diese Hartnäckigkeit an die Oberfläche gelangen. Der Widerstand, mein Denken zu verändern, ist stark. Ich kann zeitweise hochnäsig, ärgerlich und gleichgültig sein.

Ja, all das geht auch nach Jahren der Arbeit in mir vor. Das ist eine meiner Lektionen. Aber wenn das jetzt geschieht, weiß ich, daß ich an einen wichtigen Punkt der Veränderung gelangt bin. Jedes Mal, wenn ich mich entschließe, etwas in meinem Leben zu verändern, mich von etwas zu lösen, versenke ich mich noch tiefer in mich, um es zu erreichen.

Jede alte Schicht muß weichen, damit sie durch neues Denken ersetzt werden kann. Manches ist leicht, bei manchem ist es so, als wolle man versuchen, einen Felsen mit einer Feder zu heben.

Je beharrlicher ich an einer alten Überzeugung festhalte, wenn ich sage, ich möchte etwas verändern, desto genauer weiß ich, daß es etwas Wichtiges ist, von dem ich mich lösen muß. Nur durch das Begreifen dieser Vorgänge kann ich andere darin unterrichten.

Meiner Meinung nach kommen viele wirklich gute Lehrer nicht aus fröhlichen Familien, wo alles einfach war. Sie hatten viel Schmerz und Leid zu ertragen und haben sich durch diese Schichten gearbeitet, um dorthin zu gelangen, wo sie heute anderen bei der Selbstbefreiung helfen können. Die meisten guten Lehrer arbeiten beständig daran, sich von noch mehr zu lösen, noch tiefer sitzende Schichten der Einengung zu entfernen. Das wird zur lebenslangen Aufgabe.

Der Hauptunterschied zwischen der Art, wie ich mich früher von Überzeugungen löste, und der Art, wie ich es heute tue, ist, daß ich mich nicht länger über mich ärgern muß, um es auch durchführen zu können. Ich brauche nicht länger zu glauben, ich sei ein schlechter Mensch, nur weil ich etwas anderes an mir verändern möchte.

Hausputz

Jetzt verrichte ich geistigen Hausputz. Ich gehe durch meine geistigen Zimmer und prüfe die Gedanken und Überzeugungen, die ich vorfinde. Manche liebe ich, deshalb poliere ich sie gut und verhelfe ihnen zu noch mehr Nützlichkeit. Manche, finde ich, müssen ersetzt oder repariert werden; ich nehme mich ihrer an, so gut ich kann. Manche sind wie die Zeitungen von gestern, alte Zeitschriften oder Kleider, die nicht länger passen. Diese gebe ich entweder weg oder werfe sie in den Müll; für immer ausrangiert.

Ich brauche mich nicht mehr zu ärgern oder mich gar als schlechten Menschen zu betrachten, um all das tun zu können.

Übung: Ich bin willens, mich zu verändern

Lassen Sie uns die Erklärung benutzen: »Ich bin willens, mich zu verändern.« Wiederholen Sie oft: »Ich bin willens, mich zu verändern. Ich bin willens, mich zu verändern.« Sie können Ihre Kehle anfassen, während Sie das sagen. Die Kehle ist das Energiezentrum im Körper, wo Veränderungen stattfinden. Durch das Berühren der Kehle bestätigen Sie, daß Sie sich im Veränderungsprozeß befinden.

Seien Sie willens, Veränderungen zuzulassen, wenn sie sich in Ihrem Leben bemerkbar machen. Seien Sie sich im klaren darüber, daß das, was Sie eigentlich nicht verändern wollen, genau dasjenige ist, was Sie am stärksten verändern müssen.

»Ich bin willens, mich zu verändern.«

Die Vernunft des Universums antwortet immer auf Ihre Gedanken und Worte. Es wird sich zweifellos manches verändern, sobald Sie diese Erklärung aussprechen.

Viele Wege zur Veränderung

Das Arbeiten nach meiner Vorstellung ist nicht der einzige Weg zur Veränderung. Es gibt viele andere Methoden, die auch ganz gut funktionieren. Ich habe am Ende des Buches eine Liste verschiedener Möglichkeiten angelegt, wie Sie Ihre eigene Entwicklung angehen können.

Lassen Sie uns jetzt einige davon betrachten: die seelische, die geistige und eine körperliche Art. Die holistische Heilung umfaßt Körper, Geist und Seele. Sie können mit jedem dieser Bereiche anfangen, solange Sie am Ende alle Bereiche einbeziehen.

Einige fangen geistig an und besuchen Seminare oder Therapien. Andere fangen im seelischen Bereich mit Meditation oder Gebet an.

Wenn Sie mit Ihrem Hausputz anfangen, spielt es wirklich keine Rolle, in welchem Raum Sie beginnen. Fangen Sie in dem Bereich an, der Ihnen am meisten liegt. Die anderen erledigen sich wie von selbst.

›Junk food‹-Esser, die auf der seelischen Ebene beginnen, entdecken oft, daß sie sich zur Ernährung hingezogen fühlen. Sie treffen einen Freund, finden ein Buch oder besuchen einen Kurs, der sie zu dem Verständnis führt, daß das, was sie in ihren Körper hineintun, viel damit zu tun haben wird, wie sie sich fühlen und wie sie aussehen. Eine Ebene wird immer zur nächsten führen, solange die Bereitschaft vorhanden ist, sich zu entwickeln und zu verändern.

Ich gebe sehr wenige Ernährungsratschläge, weil ich festgestellt habe, daß irgendein System bei jedem Menschen funktioniert.

Zu Hause habe ich eine Gruppe von guten holistischen Ärzten, an die ich meine Patienten verweise, wenn ich die Notwendigkeit sehe, sie in Ernährungsfragen zu beraten.

Das ist ein Gebiet, für das Sie Ihren eigenen Weg finden oder zu einem Spezialisten gehen müssen, der Tests mit Ihnen durchführen kann.

Viele Bücher über Ernährung sind von Menschen geschrieben worden, die sehr krank waren und die ein System zu ihrer eigenen Heilung ausgearbeitet haben. Dann haben sie ein Buch geschrieben, um anderen ihre Methoden zu vermitteln. Aber nicht alle Menschen sind gleich!

Zum Beispiel sind die makrobiotische und die Rohkost-Diät zwei völlig verschiedene Methoden. Die Rohkostfans kochen nichts, sie essen selten Brot oder Getreide und achten sehr darauf, nicht zur gleichen Mahlzeit Obst und Gemüse zu essen. Und sie benutzen kein Salz. Die makrobiotisch orientierten Leute dagegen kochen fast alles, haben ein völlig anderes System der Nahrungskombination und benutzen viel Salz. Beide Systeme funktionieren. Beide Systeme haben Körper geheilt. Aber keines der beiden Systeme tut jedem Körper gut.

Meine persönliche Ernährungsmethode ist einfach. Wenn etwas wächst, iß es. Wenn es nicht wächst, iß es nicht.

Essen Sie bewußt. So, wie wir auch auf unsere Gedanken achten. Wir können auch lernen, auf unseren Körper und die Signale, die wir empfangen, zu achten, wenn wir unterschiedlich essen.

Nach einem Leben, in dem Sie den negativen geistigen Vorgängen freien Lauf gelassen haben, ist geistiges Reinemachen ein bißchen wie das Praktizieren eines guten Ernährungsprogramms, nachdem Sie ein Leben lang dem ›junk food‹ gefrönt haben. Beides – geistiges Reinemachen und Ernährungsprogramm – kann Krisen während der Heilung hervorrufen. Sobald Sie Ihre körperliche Diät anfangen zu ändern, beginnt der Körper, die Ansammlung von toxischen

Resten abzubauen; während das geschieht, fühlen Sie sich vielleicht ein oder zwei Tage ziemlich elend. So ist es auch, wenn Sie sich entschieden haben, die geistigen Denkmuster zu verändern. Ihre Lebensumstände scheinen anfänglich möglicherweise ungünstiger, zumindest für eine Weile.

Rufen Sie sich für einen Moment das Ende eines Erntedankfest-Essens ins Gedächtnis zurück. Das Essen ist gegessen, und es ist Zeit, die Truthahnpfanne sauberzumachen. In der Pfanne ist alles angebrannt und verkrustet, deshalb legen Sie sie in heißes Wasser und Spülmittel und lassen sie eine Weile einweichen. Dann fangen Sie an, die Pfanne sauber zu kratzen. Jetzt entsteht wirklich ein Chaos; es sieht schlimmer denn je aus. Aber wenn Sie einfach weiterschrubben, werden Sie bald eine Pfanne haben, die wie neu aussieht.

Das gleiche gilt für das Saubermachen von angetrockneten, verkrusteten geistigen Mustern. Wenn wir sie mit neuen Gedanken einweichen, gerät der ganze Schmutz an die Oberfläche, so daß Sie ihn sehen können. Machen Sie nur immer weiter mit den neuen Erklärungen, und bald werden Sie eine alte Einengung völlig bereinigt haben.

<u>Übung: Der Wille zur Veränderung</u>

Nun haben wir uns also entschlossen, uns zu verändern, und wir werden jede mögliche Methode anwenden, die bei uns funktioniert. Lassen Sie mich eine Methode beschreiben, die ich selbst, aber auch andere, anwenden.

Erstens: Schauen Sie in einen Spiegel, und sagen Sie zu sich: »Ich bin willens, mich zu verändern.«

Achten Sie darauf, wie Sie sich fühlen. Wenn Sie zögern oder widerwillig sind oder sich einfach nicht verändern wollen, fragen Sie sich selbst, warum. An welcher alten Überzeugung halten Sie fest? Bitte beschimpfen Sie sich nicht, achten Sie nur darauf, was es ist. Ich könnte wetten, daß diese Überzeugung Ihnen schon viel Ärger verursacht hat. Ich frage mich, woher sie kommt. Wissen Sie es?

Ob wir wissen, woher sie kam, oder nicht, lassen Sie uns jetzt etwas tun, um sie zu beseitigen. Gehen Sie wieder zum Spiegel und während Sie sich tief in die Augen schauen, berühren Sie Ihre Kehle und sagen zehnmal laut: »Ich bin willens, jeden Widerstand aufzugeben.«

Arbeit am Spiegel ist sehr wirkungsvoll. Als Kinder erhielten wir die meisten negativen Botschaften von anderen, die uns direkt in die Augen sahen und uns vielleicht mit dem Finger drohten. Jedes Mal, wenn wir heute in den Spiegel schauen, werden die meisten von uns etwas Negatives zu sich selbst sagen. Wir kritisieren unser Aussehen oder putzen uns wegen irgend etwas anderem herunter. Sich selbst in die Augen zu schauen und eine positive Erklärung über sich abzugeben, ist, meiner Meinung nach, der schnellste Weg, Ergebnisse durch Erklärungen zu erzielen.

In der Unendlichkeit des Seins, dort wo ich bin,
ist alles vollkommen, ganz und vollständig.

✷

Ich entscheide mich jetzt, ruhig und objektiv
meine alten Muster anzusehen, und bin willens,
Veränderungen vorzunehmen.

✷

Ich bin belehrbar. Ich kann lernen. Ich bin willens,
mich zu verändern.

✷

Ich entscheide mich, dabei Spaß zu haben.

✷

Ich entscheide mich, so zu reagieren, als ob ich
einen Schatz gefunden hätte, wenn ich etwas,
wovon ich mich lösen muß, entdeckt habe.

✷

Ich sehe und fühle, daß ich mich von Augenblick
zu Augenblick verändere.
Gedanken haben keine Macht mehr über mich.

✷

Ich bin die Macht in meiner Welt.

✷

Ich entscheide, frei zu sein.

✷

Alles ist gut angelegt in meiner Welt.

6

Widerstand gegen Veränderung

*»Ich befinde mich im Rhythmus und Strom
eines sich immer verändernden Lebens.«*

Bewußtsein ist der erste Schritt zur Heilung und Veränderung

Wenn wir einige tief in uns verankerte Muster haben, müssen wir uns ihrer bewußt werden, um diesen Zustand heilen zu können. Vielleicht fangen wir damit an, den Zustand beim Namen zu nennen, uns über ihn zu beklagen oder ihn in anderen Menschen zu erkennen. Er gelangt irgendwie an die Oberfläche unserer Aufmerksamkeit, und wir fangen an, eine Verbindung zu ihm herzustellen. Wir ziehen oft einen Lehrer, einen Freund, einen Kurs, ein Seminar oder ein Buch an, die alle beginnen, neue Methoden zur Lösung des Problems aufzuzeigen.

Bei mir begann es mit einer zufälligen Bemerkung eines Freundes, dem von einem Treffen erzählt worden war. Mein Freund ging nicht hin, aber irgend etwas in mir reagierte, und ich ging hin. Dieses kleine Treffen war der erste Schritt auf meinem Weg zur Entfaltung. Ich erkannte die Bedeutsamkeit dieses Treffens erst einige Zeit später.

Unsere Reaktion auf diese erste Etappe ist oft, zu denken, diese Methode sei dumm oder sinnlos. Vielleicht erscheint sie uns zu einfach oder für unsere Denkweise nicht akzeptabel.

Wir wollen es nicht. Unser Widerstand zeigt sich als sehr stark. Wir ärgern uns vielleicht schon bei dem bloßen Gedanken, es zu tun.

Eine solche Reaktion des Widerstands ist sehr gut, wenn wir begreifen, daß sie der erste Schritt zu unserem Heilungsprozeß ist.

Ich erzähle den Leuten, daß jede Reaktion, die sie empfinden, dazu da ist, ihnen zu zeigen, daß sie sich bereits im Heilungsprozeß befinden, obwohl die völlige Heilung noch nicht erreicht ist. Die Wahrheit ist, daß der Prozeß in dem Augenblick beginnt, in dem wir über Veränderungen nachdenken.

Ungeduld ist nur eine andere Form des Widerstandes. Es ist Widerstand gegen Lernen und Veränderungen. Wenn wir fordern, daß etwas in genau diesem Moment erledigt und abgeschlossen sein muß, dann nehmen wir uns nicht die Zeit, diejenige Lektion zu lernen, die zu dem von uns geschaffenen Problem gehört.

Wenn Sie in ein anderes Zimmer gehen wollen, müssen Sie aufstehen und sich Schritt für Schritt in die entsprechende Richtung bewegen. Einfach im Stuhl sitzen und fordern, im anderen Zimmer sein zu wollen, wird nicht funktionieren. Hier ist es dasselbe: Wir alle wollen das Problem hinter uns haben, aber wir wollen nicht die kleinen Schritte gehen, die die Lösung ergeben.

Jetzt müssen wir unsere Verantwortung erkennen, eine Situation oder einen Zustand geschaffen zu haben. Ich spreche weder davon, Schuld zu haben, noch davon, ein schlechter Mensch zu sein, weil Sie sind, wo Sie jetzt sind. Ich spreche davon, ›die Macht in sich‹ zu erkennen, die all unsere Gedanken in Erfahrung umformt. In der Vergangenheit haben wir diese Macht benutzt, etwas zu schaffen, was wir nicht erfahren wollten. Wir haben nicht bewußt gehandelt.

Jetzt erwerben wir Bewußtsein und lernen, diese Macht gezielt und positiv zu unseren Gunsten einzusetzen, nachdem wir nun unsere Verantwortung erkannt haben.

Wenn ich einem Klienten eine Lösung vorschlage – eine neue Art, sich mit einer Sache zu befassen oder jemandem zu verzeihen – sehe ich oft, wie der Kiefer angespannt ist und hervorspringt, und die Arme eng über der Brust gekreuzt werden. Vielleicht werden sogar die Fäuste geballt. Der Widerstand kommt zum Vorschein, und ich weiß, daß wir genau den Punkt getroffen haben, der bearbeitet werden muß.

Wir alle haben unsere Lektionen zu lernen. Die Themen, die uns so schwierig erscheinen, sind nur die Lektionen, die wir uns ausgesucht haben.

Wenn uns etwas leichtfällt, ist es keine Lektion, sondern wir wissen es bereits.

Mit Hilfe des Bewußtseins können die Lektionen gelernt werden

Wenn Sie an das denken, was Ihnen am schwersten fällt und wie stark Ihr Widerstand dagegen ist, dann haben Sie ihre momentan schwierigste Lektion im Auge. Der nächste Schritt wird Ihnen leichterfallen, wenn Sie sich fügen, den Widerstand aufgeben und sich zugestehen, zu lernen, was Sie zu lernen haben. Lassen Sie sich von Ihrem Widerstand nicht abhalten, sich zu verändern. Wir können auch auf zwei Ebenen arbeiten:

1. Den Widerstand betrachten und
2. trotzdem die geistigen Veränderungen vornehmen.

Beobachten Sie sich selbst, passen Sie auf, wie Sie Widerstand leisten, machen Sie aber dennoch weiter.

Non-verbale Hinweise

Oft zeigt unser Verhalten den Widerstand.

Zum Beispiel:

Ändern des Themas
Das Zimmer verlassen
Ins Badezimmer gehen
Zu spät kommen
Krank werden

Zögern durch:

Etwas anderes tun
Mit Arbeit beschäftigt sein
Zeit verschwenden
Wegsehen oder aus dem Fenster schauen
Eine Zeitschrift durchblättern
Aufmerksamkeit verweigern
Essen, trinken oder rauchen
Eine Beziehung beginnen oder beenden
Pannen schaffen: am Auto, an Haushaltsgeräten, an der Installation

Vermutungen

Wir stellen oft Vermutungen über andere an, um unseren Widerstand zu rechtfertigen.
   Wir sagen zum Beispiel:

Es würde ohnehin nicht helfen
Meine Frau/mein Mann wird es nicht verstehen
Ich müßte meine ganze Persönlichkeit verändern
Nur verrückte Leute gehen zu Therapeuten
Sie konnten mir bei meinem Problem nicht helfen

Sie konnten mit meinem Ärger nicht umgehen
Mein Fall liegt anders
Ich möchte sie nicht belästigen
Es wird sich von alleine lösen
Niemand sonst tut es

Überzeugungen

Wir wachsen mit Überzeugungen auf, die unser Widerstand gegen Veränderung werden. Einige dieser einengenden Gedanken lauten:

Das gehört sich nicht
Das ist einfach nicht richtig
Ich habe nicht das Recht, es zu tun
Das wäre geistig unangemessen
Geistige Menschen ärgern sich nicht
Männer/Frauen tun das einfach nicht
Meine Familie hat das nie getan
Für mich gibt es keine Liebe
Das ist einfach blöd
Ich müßte zu weit fahren
Es ist zu viel Aufwand
Es ist zu teuer
Es wird zu lange dauern
Ich glaube nicht daran
So ein Mensch bin ich nicht

Die anderen

Wir geben unsere Macht an andere weiter und benutzen das als Entschuldigung für unseren Widerstand gegen Veränderung.

Wir haben Gedanken wie:

Gott glaubt es nicht
Ich warte darauf, daß die Sterne sagen, es ist in Ordnung
Hier ist nicht die richtige Umgebung
Die anderen würden nicht zulassen, daß ich mich verändere
Ich habe nicht den richtigen Lehrer, das richtige Buch, den richtigen Kurs, die richtige Handhabe
Mein Arzt läßt mich nicht
Ich bekomme keinen Urlaub
Ich möchte nicht unter ihrem Einfluß stehen
Die anderen sind an allem schuld
Die anderen müssen sich zuerst verändern
Sobald ich _____ bekomme, werde ich es tun
Du/sie verstehen es nicht
Ich möchte die anderen nicht verletzen
Es geht gegen meine Erziehung, Religion, Philosophie

Vorurteile

Wir haben Gedanken über uns selbst, die wir als Einengung oder Widerstand gegen Veränderung benutzen.

Wir sind:

Zu alt
Zu jung
Zu dick
Zu dünn
Zu klein
Zu groß
Zu faul
Zu hart
Zu schwach
Zu dumm

Zu tüchtig
Zu arm
Zu wertlos
Zu leichtsinnig
Zu ernsthaft
Zu stur
Vielleicht ist es einfach zu viel

Verzögerungstaktik

Unser Widerstand äußert sich oft als Verzögerungstaktik. Wir benutzen Entschuldigungen wie:

Das tue ich später
Im Augenblick kann ich nicht nachdenken
Ich habe gerade keine Zeit
Es würde mich zu viel Zeit meiner Arbeit kosten
Ja, das ist eine gute Idee. Irgendwann tue ich es
Ich habe zu viel anderes zu tun
Ich werde morgen darüber nachdenken
Sobald ich mit _____ fertig bin
Sobald ich von dieser Reise zurück bin
Der Zeitpunkt stimmt nicht
Es ist zu spät oder zu früh

Ablehnung

Diese Form des Widerstandes zeigt sich in der Ablehnung, irgendeine Veränderung als nötig zu betrachten.

Zum Beispiel:

An mir ist nichts falsch
Ich kann gegen dieses Problem nichts unternehmen
Das letzte Mal war es in Ordnung

Welchen Vorteil hätte eine Veränderung
Wenn ich es einfach nicht beachte, verschwindet das Problem vielleicht von alleine

Angst

Die bei weitem größte Ursache für Widerstand ist Angst — Angst vor dem Unbekannten.

Hören Sie sich das an:

Ich bin noch nicht bereit
Ich könnte versagen
Die anderen könnten mich zurückweisen
Was würden die Nachbarn denken?
Diese Dose mit Würmern will ich gar nicht erst öffnen
Ich habe Angst, es meiner Frau/meinem Mann zu erzählen
Ich weiß nicht genug
Ich könnte mich verletzen
Ich müßte mich vielleicht verändern
Es könnte mich Geld kosten
Lieber würde ich vorher sterben oder mich scheiden lassen
Ich möchte nicht, daß jemand erfährt, daß ich ein Problem habe
Ich habe Angst, meine Gefühle auszudrücken
Ich möchte nicht darüber sprechen
Ich habe die Kraft nicht
Wer weiß, wo ich ende?
Ich könnte meine Freiheit verlieren
Es ist schwierig durchzuführen
Ich habe jetzt nicht genug Geld
Ich könnte mir das Kreuz brechen
Ich wäre nicht vollkommen
Ich könnte meine Freunde verlieren

Ich vertraue niemandem
Ich könnte mein Ansehen zerstören
Ich bin nicht gut genug

Eine endlose Liste. Finden Sie Ihren Widerstand auf der Liste? Suchen Sie in diesen Beispielen Ihren ganz persönlichen Widerstand.

Eine Klientin kam zu mir, weil sie starke Schmerzen hatte. Sie hatte sich bei drei verschiedenen Autounfällen das Rückgrat, die Halswirbelsäule und das Knie gebrochen. Sie kam zu spät, hatte sich verfahren und war auch noch im Verkehr steckengeblieben.

Es fiel ihr leicht, mir all ihre Probleme zu erzählen, aber sobald ich sagte: »Lassen Sie mich einen Augenblick sprechen«, wurde sie ziemlich unruhig. Ihre Kontaktlinsen fingen gerade an, sie zu stören. Sie wollte auf einem anderen Stuhl sitzen. Sie mußte zur Toilette. Dann mußten ihre Linsen heraus. Für den Rest der Sitzung konnte ich ihre Aufmerksamkeit nicht mehr gewinnen.

Das war alles Widerstand. Sie war nicht bereit, sich von etwas zu lösen und geheilt zu werden. Ich entdeckte, daß ihre Schwester sich auch zweimal die Halswirbelsäule gebrochen hatte, ebenso wie ihre Mutter.

Ein anderer Klient war Schauspieler, Komiker, ein Straßenkünstler, und ein ziemlich guter sogar. Er prahlte damit, wie gerissen er darin war, andere, besonders Ämter, zu betrügen. Er verstand es, in fast jedem Fall davonzukommen, und doch kam er mit nichts davon. Er war immer blank, mindestens einen Monat mit der Miete im Rückstand, oft ohne Telefon. Seine Kleidung war schäbig, seine Arbeit nur sporadisch, er hatte starke Schmerzen im Körper und sein Liebesleben war gleich Null.

Seine Theorie lautete, daß er nicht mit Betrügen aufhören könne, bis etwas Gutes in seinem Leben passiert sein würde.

Natürlich konnte mit dem, was er gab, nichts Gutes in seinem Leben passieren. Zuerst mußte er einmal mit dem Betrügen aufhören.

Sein Widerstand äußerte sich in der Verweigerung, seine alten Methoden aufzugeben.

Lassen Sie Ihre Freunde aus dem Spiel

Anstatt an unseren eigenen Veränderungen zu arbeiten, entscheiden wir zu oft darüber, welche Freunde sich verändern müßten. Das ist auch Widerstand.

Ich hatte zu Beginn meiner Arbeit eine Klientin, die mich immer wieder zu ihren Freunden ins Krankenhaus schickte. Anstatt ihnen Blumen zu senden, wollte sie, daß ich deren Probleme in Ordnung bringe. Ich kam hin mit meinem Tonband in der Hand, fand jedesmal jemanden im Bett, der nicht wußte, warum ich da war, oder nicht verstand, was ich tat.

So etwas passierte mir, bevor ich gelernt hatte, niemals mit jemandem zu arbeiten, der es nicht auch wünschte.

Manchmal kommen Klienten zu mir, weil ein Freund ihnen eine Sitzung geschenkt hat. Normalerweise funktioniert das nicht so gut. Sie kommen deswegen auch nur selten zu weiterer Arbeit wieder.

Wenn bei uns etwas gut funktioniert, wollen wir es mit anderen teilen. Aber die anderen sind zu diesem Zeitpunkt und an diesem Ort vielleicht noch nicht bereit, sich zu verändern. Es ist schwierig genug, Veränderungen durchzuführen, wenn wir es wollen, aber der Versuch, jemand anderen dazu zu bewegen, sich zu verändern, wenn er oder sie es nicht will, ist umsonst und kann eine gute Freundschaft ruinieren. Ich motiviere meine Klienten, weil sie zu mir kommen. Meine Freunde lasse ich aber aus dem Spiel.

Arbeit am Spiegel

Spiegel reflektieren unsere eigenen Gefühle uns selbst gegenüber. Sie zeigen uns klar und deutlich die Bereiche, die verändert werden sollten, wenn wir ein erfreuliches und erfülltes Leben haben möchte.

Ich bitte die Menschen, jedesmal, wenn sie an einem Spiegel vorbeigehen, sich in die Augen zu schauen und etwas Positives über sich selbst zu sagen. Die wirkungsvollste Art, Erklärungen abzugeben, ist, in den Spiegel zu schauen und sie laut zu sprechen. Sofort werden Sie sich des Widerstandes bewußt und können ihn schneller bewältigen. Es ist gut, einen Spiegel zur Hand zu haben, während Sie dieses Buch lesen.

Benutzen Sie ihn möglichst oft für Ihre Erklärungen, und überprüfen Sie gleichzeitig, wo Sie widerwillig und wo Sie offen und flexibel sind.

Jetzt schauen Sie bitte in einen Spiegel, und sagen Sie zu sich: »Ich bin willens, mich zu verändern.«

Beobachten Sie, wie Sie sich fühlen. Wenn Sie zögern, widerwillig sind oder sich einfach nicht verändern wollen, dann fragen Sie sich, warum. An welcher alten Überzeugung halten Sie noch fest? Jetzt ist nicht die Zeit, sich selbst zu beschimpfen.

Stellen Sie nur fest, was vor sich geht und welche Überzeugung an die Oberfläche gelangt. Sie ist es, die Ihnen eine Menge Ärger bereitet hat. Können Sie erkennen, woher sie kam?

Wenn wir unsere Erklärungen formulieren und sie Ihnen nicht richtig vorkommen oder nichts zu geschehen scheint, ist es sehr einfach zu sagen: »Oh, Erklärungen funktionieren nicht.«

Nicht die Erklärungen funktionieren nicht, sondern wir müssen einen Schritt vorher anfangen, ehe wir Erklärungen formulieren.

Wiederkehrende Muster zeigen uns unsere Bedürfnisse

In uns gibt es ein *Bedürfnis* nach jeder Gewohnheit, nach jeder Erfahrung, die wir immer wieder machen, nach jedem Muster, das wir wiederholen. Das Bedürfnis entspricht einer Überzeugung, die wir haben. Wenn nicht das Bedürfnis wäre, brauchten wir es nicht zu haben, nicht zu tun oder nicht zu sein.

Etwas in uns braucht das Fett, die Süßigkeiten, die armselige Beziehung, die Mißerfolge, den Alkohol, die Zigaretten, den Ärger, die Armut, den Mißbrauch oder welches Problem wir auch haben.

Wie oft haben wir gesagt: »Ich will das nicht wieder tun!« Aber noch bevor der Tag dann zu Ende war, hatten wir unser Stück Kuchen gegessen, unsere Zigaretten geraucht, unseren Schluck Alkohol getrunken, häßliche Dinge zu denen gesagt, die wir lieben usw.

Dann lösen wir das ganze Problem, indem wir uns ärgerlich sagen: »Oh, du besitzt keine Willensstärke, keine Disziplin. Du bist einfach nur schwach.«

Das kommt zu der Last an Schuld hinzu, die wir bereits tragen.

Es hat nichts mit Willensstärke oder Disziplin zu tun

Gleichgültig, wovon auch immer wir uns in unserem Leben trennen wollen, es ist nur ein Symptom, nur ein äußeres Zeichen.

Der Versuch, das Symptom zu beseitigen, ohne die Ursache auszuräumen, ist vollkommen nutzlos. Denn sobald unsere Willensstärke oder Disziplin nachläßt, taucht das Symptom wieder auf.

Die Bereitwilligkeit, sich vom Bedürfnis zu lösen

Ich sage den Klienten: »In Ihnen muß ein Bedürfnis nach diesem Zustand sein, sonst hätten Sie ihn nicht. Lassen Sie uns einen Schritt zurückgehen und an der Bereitwilligkeit arbeiten, *sich von einem Bedürfnis zu lösen*. Wenn das Bedürfnis verschwunden ist, werden Sie kein Verlangen mehr haben nach Zigaretten, nach zu viel Essen oder negativen Verhaltensmustern.«

Eine der ersten nützlichen Erklärungen ist: »Ich bin bereit, mich von dem *Bedürfnis* nach Widerstand, nach Kopfschmerzen, nach Verstopfung, nach Übergewicht, Geldmangel oder was auch immer, zu lösen.« Sagen Sie: »Ich bin bereit, mich von dem Bedürfnis nach ... zu lösen.« Wenn Sie schon an diesem Punkt Widerstand leisten, dann können auch die anderen Erklärungen nicht funktionieren.

Die Netze, die wir um uns herum schaffen, müssen entflochten werden. Wenn Sie jemals versucht haben, ein Schnurknäuel zu entwirren, dann wissen Sie, daß es durch heftiges Ziehen und Zerren nur schlimmer wird. Sie müssen sehr vorsichtig und geduldig die Knoten entwirren.

Seien Sie auch mit *sich* vorsichtig und geduldig, wenn Sie Ihre geistigen Knoten entwirren. Holen Sie sich Hilfe, wenn Sie sie brauchen. Lieben Sie sich vor allem selbst während dieses Vorgangs. Die *Bereitwilligkeit,* Altes hinter sich zu lassen, ist der Schlüssel. Das ist das Geheimnis.

Wenn ich davon spreche, ›ein Bedürfnis nach einem Problem zu haben‹, dann meine ich, daß wir entsprechend unserer individuellen Zusammensetzung von Gedankenmustern das *Bedürfnis* nach bestimmten äußeren Zeichen oder Erfahrungen haben. Jedes äußere Zeichen ist der natürliche Ausdruck eines inneren Gedankenmusters. Es ist verschwendete Energie und verstärkt oft das Problem nur noch, wenn man nur gegen das äußere Zeichen oder das Symptom kämpft.

›Ich bin wertlos‹ verursacht Zögern

Eines meiner äußeren Zeichen wird wahrscheinlich Hinausschieben sein, wenn eines meiner inneren Überzeugungssysteme oder Gedankenmuster ›Ich bin wertlos‹ lautet. Zögern ist letzten Endes aber nur eine Art, uns von dort fernzuhalten, wohin wir wollen. Die meisten zögernden Menschen werden viel Zeit und Energie verbrauchen, sich wegen des Zögerns zu beschimpfen. Sie werden sich selbst faul nennen und sich selbst gefühlsmäßig als ›schlechte Menschen‹ begreifen.

Ärger über das Wohlergehen anderer

Ich hatte einen Klienten, dem es Spaß machte, Aufsehen zu erregen und der normalerweise absichtlich zu spät kam, damit er Unruhe verursachen konnte. Er war das jüngste von 18 Kindern und stand immer an letzter Stelle, wenn etwas zu haben war. Als Kind sah er jeden anderen als Besitzenden an, während er von seinem Anteil nur träumen konnte. Und auch wenn jetzt jemand Glück hatte, konnte er sich nicht mit ihm freuen. Statt dessen sagte er immer: »Oh, ich wünschte, mir würde das passieren« oder: »Oh, warum bekomme ich so etwas nicht?«

Sein Ärger über das Wohlergehen anderer war eine Sperre für seine eigene Entwicklung und Veränderung.

Selbstwert öffnet viele Türen

Eine 79jährige Klientin kam zu mir. Sie unterrichtete Gesang, und mehrere ihrer Schüler traten in der Fernsehwerbung auf. Sie wollte das auch, hatte aber Angst. Ich unterstützte sie mit ganzer Kraft und erklärte ihr: »Es gibt niemanden, der ist, wie Sie. Seien Sie einfach Sie selbst.« Ich sagte: »Tun Sie es spaßeshalber. Es gibt Leute, die genau nach dem suchen, was Sie besitzen. Machen Sie sich bei Ihnen bemerkbar.«

Sie rief mehrere Agenten, Funk- und Fernsehdirektoren an und sagte: »Ich bin Seniorin, eine ältere Bürgerin, und ich möchte in der Fernsehwerbung auftreten.« In kurzer Zeit hatte sie ein Angebot und seitdem hat sie nicht aufgehört zu arbeiten. Ich sehe sie oft im Fernsehen und in Zeitschriften. Neue berufliche Aufgaben können Sie in jedem Alter angehen, besonders wenn Sie es aus Spaß tun.

Selbstkritik
verfehlt völlig das Ziel

Selbstkritik wird nur das Zögern und die Faulheit verstärken. Die geistige Energie muß dafür verwendet werden, sich von Altem zu lösen und ein neues Gedankenmuster zu schaffen.

Sagen Sie: »*Ich bin willens, mich von dem Bedürfnis, wertlos zu sein, zu lösen. Ich bin es wert, das Allerbeste im Leben zu haben, und ich bin von Liebe erfüllt. Ich erlaube mir jetzt, das zu akzeptieren.*«

»*Wenn ich ein paar Tage lang diese Erklärungen laufend wiederhole, wird mein äußeres Zeichen des Zögerns von alleine anfangen zu verblassen.*«

»*Wenn ich innerlich ein Selbstwertmuster schaffe, werde ich nicht länger mein Wohlergehen verzögern.*«

Sehen Sie, wie das zu manchen Ihrer negativen Muster oder äußeren Zeichen paßt? Hören Sie auf, Zeit und Energie zu verschwenden, sich wegen etwas zu kritisieren, das wir nicht ändern können, solange wir bestimmte innere Überzeugungen haben.

Ändern Sie Ihre Überzeugungen.

Wir haben es nur mit Gedanken zu tun, und Gedanken können verändert werden, gleichgültig, wie wir an sie herangehen oder über welches Thema wir sonst sprechen.

Wenn wir einen Zustand verändern wollen, müssen wir es auch sagen. »Ich bin willens, mich von dem Muster zu lösen, das diesen Zustand geschaffen hat.«

Sie können das jedesmal sagen, wenn Sie an Ihre Krankheit oder Ihr Problem denken. In dem Augenblick, in dem Sie es sagen, verlassen Sie die Gruppe der Opfer. Sie sind nicht länger hilflos, Sie erkennen Ihre eigene Macht. Sie sagen: »Ich fange an zu verstehen, daß ich das geschaffen habe. Ich nehme jetzt meine eigene Macht zurück. Ich werde mich von diesem alten Gedanken lösen und ihn hinter mir lassen.«

Selbstkritik

Ich habe eine Klientin, die ein Pfund Butter und alles andere in ihrer Reichweite essen kann, wenn sie ihre eigenen negativen Gedanken nicht mehr ertragen kann. Am nächsten Tag ärgert sie sich über ihren Körper, weil er wieder schwerer geworden ist. Als kleines Mädchen ging sie um den Abendessenstisch ihrer Familie, aß sämtliche Reste auf und dazu ein Stück Butter. Die Familie lachte und fand das lustig. Das war fast die einzige Anerkennung, die sie von ihrer Familie erhielt.

Wenn Sie sich selbst kritisieren, wenn Sie über sich selbst wütend sind, wenn Sie sich selbst ›verprügeln‹, wen behandeln Sie da schlecht — Ihrer Meinung nach?

Fast unsere gesamte Veranlagung, sowohl das Negative als auch das Positive, wurde von uns akzeptiert, als wir etwa drei Jahre waren. Unsere Erfahrungen basieren seitdem darauf, was wir zu jener Zeit über uns und das Leben glaubten und akzeptierten. So, wie wir als kleine Kinder behandelt wurden, behandeln wir uns normalerweise heute noch. Die Person, die Sie kritisieren, ist das drei Jahre alte Kind in Ihnen.

Wenn Sie ein Mensch sind, der sich darüber ärgert, daß er Angst hat und furchtsam ist, versetzen Sie sich zurück in die Zeit, als Sie drei Jahre alt waren. Was würden Sie tun, wenn Sie ein dreijähriges Kind vor sich hätten, das Angst hat? Würden Sie es beschimpfen oder würden Sie Ihre Arme ausbreiten und es beruhigen, bis es sich beschützt und erleichtert fühlt? Die Erwachsenen, die Sie als Kind um sich hatten, wußten vielleicht nicht, wie sie Sie damals beruhigen konnten. Jetzt sind Sie der Erwachsene in Ihrem Leben, und wenn Sie das Kind in Ihrem Leben und das Kind in Ihnen nicht beruhigen, dann ist das wirklich sehr traurig.

Was in der Vergangenheit geschehen ist, ist geschehen und ist jetzt vorbei. Jetzt leben wir in der Gegenwart, und Sie haben die Gelegenheit, sich so zu behandeln, wie es Ihrer Vorstellung entspricht. Ein erschrockenes Kind muß beruhigt und nicht beschimpft werden. Selbst-Beschimpfung verängstigt Sie nur noch mehr und verbaut Ihnen jeden Ausweg. Wenn sich das Kind in Ihnen unsicher fühlt, verursacht es viel Ärger. Erinnern Sie sich, wie Sie sich fühlten, wenn man Sie herabgewürdigt hatte, als Sie jung waren? Das Kind in Ihnen empfindet das jetzt genauso.

Seien Sie nett zu sich selbst. Fangen Sie an, sich selbst zu lieben und anzuerkennen. Das ist es, was das kleine Kind braucht, um sich in höchstem Maße zu entfalten.

In der Unendlichkeit des Lebens, dort wo ich bin,
ist alles vollkommen, ganz und vollständig.
Ich betrachte jeden Widerstand in mir nur als etwas,
von dem ich mich auch lösen muß.

Er hat keine Macht über mich. Ich bin die Macht
in meinem Leben. So gut ich kann,
schwimme ich in dem Strom von Veränderungen,
die in meinem Leben stattfinden.

Ich erkenne mich selbst an und die Art,
in der ich mich verändere.

Ich tue mein Bestes. Jeder Tag wird einfacher.

Ich freue mich darüber, daß ich mich im Rhythmus
und im Strom meines sich stetig verändernden
Lebens befinde.

Heute ist ein wunderbarer Tag.

Ich entscheide mich, ihn dazu zu machen.

Alles ist gut angelegt in meiner Welt.

7

Wie man sich verändern kann

*»Ich überquere Brücken
mit Freude und Leichtigkeit.«*

Ich liebe das ›*Wie* …‹. Jede Theorie der Welt ist nutzlos, es sei denn, wir wissen, *wie* sie angewandt und eine Veränderung herbeigeführt wird.

Ich bin immer ein sehr pragmatischer, praktischer Mensch gewesen, der das starke Bedürfnis hatte zu wissen, *wie* vorzugehen ist.

Die Grundsätze, mit denen wir jetzt arbeiten werden, lauten:
— Wir wollen die Bereitwilligkeit unterstützen, etwas hinter uns zu lassen;
— Wir wollen das Bewußtsein kontrollieren;
— Wir wollen lernen, wie man sich selbst und anderen vergibt, so daß wir erlöst werden.

Sich vom Bedürfnis lösen

Manchmal, wenn wir versuchen, uns von einem Verhaltensmuster zu lösen, scheint die gesamte Situation für eine Weile schlimmer zu sein. Das ist nicht schlecht. Es ist ein Zeichen dafür, daß sich die Situation zu bewegen beginnt.

Unsere Erklärungen funktionieren. Deswegen müssen wir weitermachen.

Beispiele

Wir arbeiten daran, unseren Wohlstand zu vergrößern, und verlieren unsere Brieftasche.

Wir arbeiten daran, unsere Beziehung zu verbessern, und haben einen Streit.

Wir arbeiten daran, gesund zu werden, und erkälten uns.

Wir arbeiten daran, unsere kreativen Begabungen und Fähigkeiten zum Ausdruck zu bringen, und werden gefeuert.

Manchmal bewegt sich das Problem in eine andere als die gewollte Richtung, und wir fangen an, mehr zu sehen und zu begreifen.

Lassen Sie uns das an einem Beispiel verdeutlichen: Sie versuchen, das Rauchen aufzugeben.

Sie sagen: »Ich bin willens, das ›Bedürfnis‹ nach Zigaretten auszuschalten.« Während Sie so weitermachen, stellen Sie fest, daß Ihre Beziehungen unerfreulicher werden.

Verzweifeln Sie nicht, es ist ein Zeichen für den funktionierenden Vorgang.

Sie könnten sich selbst eine Reihe von Fragen stellen, wie: »Bin ich gewillt, unerfreuliche Beziehungen aufzugeben? Haben meine Zigaretten einen ›Vorhang‹ geschaffen, hinter dem ich nicht sehen konnte, wie unerfreulich diese Beziehungen sind? Warum schaffe ich mir solche Beziehungen?«

Sie stellen fest, daß die Zigaretten nur ein Symptom und keine Ursache sind.

Jetzt entwickeln Sie Einsicht und Verständnis, das Sie befreit.

Sie fangen an zu sagen: »Ich bin gewillt, mich von dem ›Bedürfnis‹ nach unerfreulichen Beziehungen zu lösen.«

Dann erkennen Sie den Grund dafür, daß Sie sich unwohl fühlen, nämlich, daß andere Menschen Sie dauernd zu kritisieren scheinen.

Da wir uns darüber bewußt sind, daß immer wir unsere gesamten Erfahrungen schaffen, fangen Sie nun an zu sagen: »Ich bin willens, mich von dem Bedürfnis zu lösen, kritisiert zu werden.«

Dann denken Sie über Kritik nach und vergegenwärtigen sich, daß Sie als Kind nur kritisiert wurden. Das kleine Kind in Ihnen fühlt sich nur ›zu Hause‹, wenn es kritisiert wird. Ihre Art, sich davor zu verstecken, entwickelte sich dahin, einen ›Vorhang‹ zu schaffen.

Vielleicht betrachten Sie den nächsten Schritt unter dem Vorsatz, daß Sie erklären: »Ich bin willens zu vergeben...«

Während Sie mit Ihren Erklärungen fortfahren, könnten Sie feststellen, daß Zigaretten Sie nicht länger reizen und daß die Menschen in Ihrem Leben Sie nicht mehr kritisieren. Dann *wissen* Sie, daß Sie von dem Bedürfnis befreit sind.

Es dauert normalerweise eine Weile, ehe es klappt. Wenn Sie ausharren und gewillt sind, sich jeden Tag ein paar ruhige Augenblicke zu gönnen, in denen Sie Ihren eigenen Veränderungsprozeß überdenken, dann werden Sie die Antworten erhalten.

Die Vernunft in uns ist dieselbe Vernunft, die diesen gesamten Planeten geschaffen hat. Vertrauen Sie Ihrer Inneren Führung, daß sie Ihnen offenbart, was immer Sie wissen müssen.

Übung: Sich von einem Bedürfnis lösen

Würden Sie an einem Seminar teilnehmen, würde ich Sie bitten, diese Übung mit einem Partner zu machen. Sie können sie jedoch genausogut mit einem Spiegel machen, möglichst mit einem großen.

Denken Sie einen Moment an etwas in Ihrem Leben, das Sie verändern möchten. Gehen Sie zum Spiegel, schauen Sie sich in die Augen, und sagen Sie laut: »Ich bin mir jetzt im klaren darüber, daß ich diesen Zustand geschaffen habe, und ich bin jetzt gewillt, mich von dem Verhaltensmuster in meinem Bewußtsein zu lösen, das für diesen Zustand verantwortlich ist.« Sagen Sie es mehrmals, mit Gefühl.

Wenn Sie einen Partner hätten, sollte er Ihnen sagen, ob er glaubt, daß Sie es ernst meinen.

Ich würde von Ihnen verlangen, daß Sie Ihren Partner *überzeugen.*

Stellen Sie sich selbst die Frage, ob Sie es ernst meinen. Überzeugen Sie Ihr Spiegelbild, daß Sie dieses Mal tatsächlich bereit *sind,* aus der Knechtschaft der Vergangenheit herauszutreten.

An diesem Punkt bekommen viele Menschen Angst, weil sie nicht wissen, *wie* sie den Vorgang bewerkstelligen sollen. Sie haben Angst, sich einzusetzen, ehe sie alle Antworten kennen. Auch das ist nur Widerstand. Überwinden Sie ihn.

Einer der Vorteile ist nämlich, daß wir nicht wissen müssen, wie. Wir müssen nur willens sein. Die Vernunft des Universums oder Ihr Unterbewußtsein wird das ›Wie‹ schon ausfindig machen. Jeder Gedanke, den Sie denken und jedes Wort, das Sie sprechen, wird beantwortet werden; jetzt ist der Augenblick der Macht. Die Gedanken, die Sie gerade denken, und die Worte, die Sie sprechen, gestalten Ihre Zukunft.

Ihr Geist ist ein Werkzeug

Sie sind viel mehr als Ihr Geist. Sie denken vielleicht, daß Ihr Geist den Ton angibt. Aber das kommt nur daher, daß Sie Ihren Geist geschult haben, so zu denken. Sie können Ihr Werkzeug auch ent-schulen oder ›umschulen‹.

Ihr Geist ist ein Werkzeug, das Sie auf jede Art, die Sie wünschen, einsetzen können. Die Art, wie Sie Ihren Geist gerade benutzen, ist nur Gewohnheitssache. Gewohnheiten, alle Gewohnheiten, können verändert werden, wenn Sie es wollen, oder sogar, wenn wir nur wissen, daß es möglich ist.

Beruhigen Sie für einen Moment das Geplapper Ihres Geistes, und denken Sie ernsthaft über diese Vorstellung nach: *Ihr Geist ist ein Werkzeug. Sie haben die Wahl, dieses auf jede Art, die Ihnen gefällt, zu benutzen.*

Die Gedanken, für die Sie sich ›entscheiden‹, schaffen die Erfahrungen, die Sie machen. Wenn Sie glauben, daß es hart oder schwierig ist, einen Gedanken oder eine Gewohnheit zu verändern, dann wird die Wahl dieses Gedankens für Sie zur Wirklichkeit werden. Wenn Sie sich für den Gedanken entscheiden würden: »Es wird leichter für mich, Veränderungen vorzunehmen«, dann wird die Wahl dieses Gedankens für Sie zur Wirklichkeit werden.

Kontrolle des Geistes

Es gibt eine unglaubliche Macht und Vernunft in Ihnen, die ununterbrochen auf Ihre Gedanken und Wörter antwortet. Sie schließen sich dieser Macht an, indem Sie lernen, Ihren Geist durch bewußte Auswahl der Gedanken zu kontrollieren.

Denken Sie nicht, Ihr Geist sei der ›Kontrolleur‹. *Sie* befinden sich in der Situation, Ihren Geist zu kontrollieren. *Sie* benutzen Ihren Geist. Sie *können* aufhören, diese überholten Gedanken zu denken.

Wenn Ihr früheres Denken zurückzukehren und zu sagen versucht: »Es ist so schwierig, sich zu verändern«, nehmen Sie eine geistige Kontrolle vor. Sagen Sie zu Ihrem Geist: »Ich entscheide mich jetzt dafür zu glauben, daß es mir leichter fällt, Veränderungen vorzunehmen.« Sie müssen diese Zwiesprache mit Ihrem Geist vielleicht häufiger führen, damit er erkennt, daß Sie die Kontrolle haben und daß das, was Sie sagen, gilt.

Das einzige, was Sie immer kontrollieren können, ist Ihr gegenwärtiges Denken

Ihre früheren Gedanken sind passé; Sie können mit ihnen nichts weiter anfangen, als die von ihnen verursachten Erfahrungen auszuleben. Ihre zukünftigen Gedanken sind noch nicht entworfen, und Sie wissen auch nicht, wie sie sein werden. Ihr jetziger Gedanke, der, den Sie in diesem Augenblick denken, ist völlig unter Ihrer Kontrolle.

Beispiel

Nehmen Sie ein kleines Kind, dem lange Zeit erlaubt war, beliebig lange aufzubleiben. Dann treffen Sie die Entscheidung, daß dieses Kind jeden Abend zum 20 Uhr zu Bett gehen soll. Wie wird Ihrer Meinung nach die erste Nacht werden?

Das Kind wird gegen diese neue Regel rebellieren und wird vielleicht um sich treten, schreien und alles Mögliche tun, um nicht ins Bett gehen zu müssen. Wenn Sie *dieses* Mal nachgeben, gewinnt das Kind und wird versuchen, Sie immer zu dominieren.

Wenn Sie aber ruhig an Ihrer Entscheidung festhalten und standhaft bleiben, daß dies die neue Bettzeit ist, wird das Rebellieren nachlassen. Nach zwei oder drei Abenden ist die neue Regelung eingespielt.

Genauso geht es auch Ihrem Geist. Zuerst wird er natürlich rebellieren. Er will nicht umgeschult werden. Aber Sie haben die Kontrolle, und wenn Sie konzentriert und standhaft bleiben, wird die neue Denkart nach sehr kurzer Zeit eingespielt sein. Und Sie werden sich gut dabei fühlen, sich zu vergegenwärtigen, daß *Sie nicht das hilflose Opfer Ihrer eigenen Gedanken sind, sondern eher Herr Ihres eigenen Geistes.*

Übung: Etwas hinter sich lassen

Während Sie dieses hier lesen, atmen Sie tief ein; während Sie ausatmen, entspannen Sie Ihren Körper. Entspannen Sie Ihre Kopfhaut, Ihre Stirn und Ihr Gesicht. Ihr Kopf muß nicht angespannt sein, damit Sie lesen können. Entspannen Sie Ihre Zunge, Ihren Hals und Ihre Schultern.

Sie können ein Buch mit entspannten Armen und Händen halten. Tun Sie das jetzt. Entspannen Sie Ihren Rücken, Ihren Unterleib und Ihre Hüfte. Atmen Sie ruhig während Sie Ihre Beine und Füße entspannen.

Findet eine große Veränderung in Ihrem Körper statt, seit Sie mit dieser Entspannung begonnen haben? Beobachten Sie, wie lange Sie es durchhalten. Wenn Sie es mit Ihrem Körper geschafft haben, dann versuchen Sie es auch mit Ihrer Vernunft.

Sagen Sie in dieser entspannten, bequemen Haltung zu sich selbst: »Ich bin willens, etwas hinter mir zu lassen. Ich löse mich von etwas. Ich befreie mich von jeglicher Spannung. Ich befreie mich von jeder Angst. Ich befreie mich von jeglichem Ärger. Ich befreie mich von jeder Schuld. Ich befreie mich von jeglicher Traurigkeit. Ich lasse alle früheren Einengungen hinter mir. Ich lasse alles Alte hinter mir und bin zufrieden. Ich habe Frieden mit mir selbst gefunden. Ich habe Frieden mit dem Lebensvorgang gefunden. Ich fühle mich beschützt.«

Machen Sie diese Übung zwei- oder dreimal. Fühlen Sie das Wohlbefinden des Sich-Lösens. Wiederholen Sie sie jedesmal, wenn Sie fühlen, daß belastende Gedanken entstehen. Sie benötigen ein bißchen Übung, damit die Routine Teil Ihrer selbst wird. Wenn Sie sich zuerst in diesen friedlichen Zustand versetzen, können Ihre Erklärungen leichter in Ihnen einen Halt finden. Sie sind offen und empfänglich für sie. Es gibt keinen Grund für einen Kampf, für Belastung oder Überforderung. Entspannen Sie sich einfach, und denken Sie die richtigen Gedanken.

Ja, so einfach ist das.

Körperliche Befreiung

Manchmal müssen wir die Erfahrung machen, körperlich von etwas loszukommen. Erfahrungen und Gefühle können im Körper eingeschlossen werden. Es kann sehr befreiend sein im Auto, mit hochgekurbelten Fenstern, zu schreien, nachdem wir verbale Äußerungen unterdrücken mußten. Eine harmlose Methode, aufgestauten Ärger loszuwerden, ist, aufs Bett einzuschlagen oder in die Kissen zu treten. Dasselbe gilt für Tennis spielen oder Laufen.

Vor einiger Zeit hatte ich ein oder zwei Tage lang Schmerzen in der Schulter. Ich versuchte, sie nicht zu beachten, aber sie ließen nicht nach. Schließlich setzte ich mich hin und fragte mich: »Was geschieht hier? Was fühle ich?«

»Es fühlt sich wie Brennen an. Brennen..., Brennen..., das bedeutet Ärger. Worüber ärgerst du dich?«

Ich konnte mir nicht vorstellen, was mich ärgerte, deswegen sagte ich: »Nun gut, wir werden sehen, ob ich es herausfinden kann.« Ich legte zwei große Kissen auf das Bett und fing an, kräftig auf sie einzuschlagen.

Nach etwa zwölf Schlägen wußte ich genau, worüber ich mich ärgerte. Es war so klar. Deswegen schlug ich die Kissen noch heftiger, machte ein bißchen Krach und befreite meinen Körper von diesen Gefühlen. Als ich es hinter mir hatte, fühlte ich mich viel besser und am nächsten Tag war meine Schulter wieder in Ordnung.

Wenn man sich von der Vergangenheit bremsen läßt

Viele Menschen kommen zu mir und sagen, sie könnten *das Heute nicht genießen, weil dies oder jenes in der Vergangenheit geschah.* Sie können heute kein erfülltes Leben leben, weil sie in der Vergangenheit etwas nicht getan haben oder es nicht auf eine bestimmte Weise taten. Sie können das Heute nicht genießen, weil sie etwas, das sie in der Vergangenheit besessen haben, nicht mehr besitzen. Sie würden jetzt keine Liebe akzeptieren, weil sie in der Vergangenheit verletzt wurden. Weil etwas Unerfreuliches passierte, als sie einst etwas machten, sind sie sicher, daß dies heute wieder geschehen wird. Sie sind sicher, für immer schlechte Menschen zu sein, weil sie einst etwas taten, das sie jetzt bereuen. Weil ihnen einst jemand etwas angetan hat, ist es jetzt der Fehler der anderen, daß ihr Leben nicht so ist, wie sie es haben möchten. Weil sie sich in der Vergangenheit über eine Situation geärgert haben, behalten sie diese Selbstgerechtigkeit bei. Weil sie früher ein paar Mal schlecht behandelt wurden, werden sie niemals vergeben und vergessen.

Weil ich nicht zum Schulfest des Gymnasiums eingeladen wurde, kann ich das Leben heute nicht genießen.

Weil mein erstes Vorsprechen schwach war, werde ich immer Angst vor dem Vorsprechen haben.

Weil ich nicht länger verheiratet bin, kann ich kein erfülltes Leben führen.

Weil meine erste Beziehung zerbrach, kann ich jeglicher Liebe gegenüber nicht mehr offen sein.

Weil mich früher eine Bemerkung verletzte, werde ich niemandem mehr vertrauen.

Weil ich früher mal etwas gestohlen habe, muß ich mich selbst für immer bestrafen.

Weil ich als Kind arm war, werde ich es nie zu etwas bringen.

Dieses ›Sich-an-der-Vergangenheit-Festklammern‹ wollen wir oft nicht wahrhaben — gleichgültig, was oder wie schrecklich es war — *es verletzt uns aber nur.* ›Die anderen‹ kümmern sich überhaupt nicht darum. Normalerweise sind ›die anderen‹ sich dessen nicht einmal bewußt. Wir verletzen uns nur selbst, wenn wir uns weigern, in diesem Moment so erfüllt wie möglich zu leben.

Die Vergangenheit ist passé und kann nicht verändert werden. Jetzt ist der einzige Augenblick, den wir erleben können.

Auch wenn uns die Vergangenheit mißmutig stimmt, erleben wir in diesem Augenblick nur die Erinnerung daran und verlieren währenddessen die wirkliche Erfahrung dieses Augenblicks.

Übung: Sich befreien

Wir wollen jetzt die Vergangenheit in unserem Gedächtnis wegräumen. Befreien Sie sich von Ihrer emotionalen Verbundenheit. Lassen Sie die Erinnerungen einfach Erinnerungen sein.

Wenn Sie daran denken, was Sie in der dritten Klasse so angezogen haben, dann empfinden Sie normalerweise keine emotionale Verbundenheit. Es ist einfach Erinnerung.

Genauso können wir mit allen vergangenen Ereignissen in unserem Leben umgehen. Wenn wir sie hinter uns lassen, werden wir frei, all unsere geistige Macht zu benutzen, das Jetzt zu genießen und eine großartige Zukunft zu ermöglichen.

Sie sollten alles auflisten, was Sie loswerden möchten. Wie bereit sind Sie dazu? Stellen Sie Ihre Reaktionen fest. Was werden Sie tun müssen, um all das loszuwerden? Wie stark ist Ihr Wille, es zu tun? Wie stark ist Ihr Widerstand?

Vergebung

Nächster Schritt: *Vergebung*. Es befreit uns von der Vergangenheit, wenn wir anderen vergeben. Der ›*Course of miracles*‹ betont immer wieder, daß Vergebung die Antwort auf fast alles ist. Wenn wir uns stur verhalten, weiß ich, daß normalerweise noch mehr Vergebung geleistet werden muß. Wenn wir nicht frei im gegenwärtigen Lebensstrom schwimmen, bedeutet es normalerweise daß wir an Vergangenem festhalten. Es kann Bedauern, Traurigkeit, Verletztsein, Angst oder Schuld, Vorwurf, Ärger, Verdruß und manchmal sogar das Verlangen nach Rache sein. *Jeder dieser Zustände stammt aus dem Bereich des Nicht-Vergebens, eine Weigerung, etwas hinter sich zu lassen und sich ins Jetzt zu bewegen.*

Liebe ist immer schon das Heilmittel für alle möglichen Krankheiten gewesen. Und der Weg zur Liebe ist die Vergebung. Vergebung löst Verdruß. Es gibt mehrere Wege dorthin.

Übung: Verdruß abbauen

Eine bewährte Übung von Emmet Fox, die immer funktioniert, zeigt, wie man Verdruß abbauen kann. Er empfiehlt, ruhig zu sitzen, die Augen zu schließen und den Körper zu entspannen. Dann stellen Sie sich vor, Sie säßen in einem verdunkelten Theater. Vor Ihnen befindet sich die kleine Bühne. Auf diese Bühne setzen Sie die Person, die Ihnen am meisten mißfällt. Diese Person kann aus der Vergangenheit oder aus der Gegenwart sein. Sie kann tot oder am Leben sein. Wenn Sie diese Person deutlich sehen, stellen Sie sich bildlich vor, daß ihr Gutes widerfährt. Dinge, die ihr viel bedeuten. Sehen Sie sie lächelnd und glücklich. Halten Sie dieses Bild für ein paar Minuten fest, dann lassen Sie es verblassen. Ich möchte einen weiteren Schritt hinzufügen. Nachdem die Person die Bühne verlassen hat, setzen Sie sich selbst dorthin. Schauen Sie, was Ihnen Gutes widerfährt. Sehen Sie sich lächelnd und glücklich. Seien Sie sich bewußt, daß der Überfluß des Universums für uns alle erreichbar ist.

Die oben beschriebene Übung löst die dunklen Wolken des Verdrusses, den die meisten von uns mit sich herumtragen. Einigen wird es sehr schwer fallen, sich so zu verhalten. Sie könnten jedes Mal, wenn Sie die Übung machen, eine andere Person nehmen. Machen Sie die Übung einen Monat lang einmal täglich. Sie werden beobachten, daß Sie sich immer unbeschwerter fühlen.

Übung: Rache

Diejenigen, die den geistigen Pfad beschreiten, kennen die Wichtigkeit des Vergebens. Es gibt für einige von uns einen notwendigen Schritt vor einer möglichen völligen Vergebung. Manchmal muß sich das kleine Kind in uns rächen, bevor es zur Vergebung bereit ist. Dafür ist diese Übung sehr hilfreich. Schließen Sie Ihre Augen, sitzen Sie ruhig und friedlich. Denken Sie an die Person, der Sie am wenigsten vergeben können. Was würden Sie ihr wirklich antun wollen? Was muß sie tun, um von Ihnen Vergebung zu erlangen? Stellen Sie sich vor, das geschähe jetzt. Gehen Sie ins Detail. Wie lange soll sie leiden und Buße tun?

Wenn Sie meinen, es sei genug, ziehen Sie einen Schlußstrich, und lassen Sie es für immer vorbei sein. Normalerweise fühlt man sich an diesem Punkt erleichtert, und es fällt leichter, über Vergebung nachzudenken. Es wäre nicht gut für Sie, sich dieser Übung jeden Tag zu unterziehen. Es kann befreiend sein, diese Übung einmal als Abschluß sorgfältig durchzumachen.

Übung: Vergebung

Jetzt sind wir zur Vergebung bereit. Machen Sie diese Übung entweder mit einem Partner, oder sprechen Sie sie laut, wenn Sie alleine sind.

Sitzen Sie wieder ruhig mit geschlossenen Augen, und sagen Sie: »Die Person, der ich vergeben muß, heißt _____ ich vergebe ihr _____.« Wiederholen Sie das immer wieder. Einigen werden Sie vieles zu vergeben haben, anderen nur zwei oder drei Dinge. Wenn Sie einen Partner haben, soll er zu Ihnen sagen: »Danke, du bist jetzt frei.« Wenn nicht, stellen Sie sich vor, daß die Person, der Sie vergeben, es zu Ihnen sagt. Machen Sie diese Übung mindestens fünf oder zehn Minuten lang. Suchen Sie in Ihrem Inneren nach Ungerechtigkeiten, die Sie noch in sich tragen. Dann lassen Sie von ihnen ab.

Nachdem Sie jetzt so viel wie möglich geklärt haben, richten Sie die Aufmerksamkeit auf sich. Sagen Sie laut zu sich: »Ich vergebe mir selbst wegen _____«. Tun Sie das weitere fünf Minuten. Das sind wirkungsvolle Übungen, und es wäre gut, sie mindestens einmal in der Woche zu machen, um jeden noch vorhandenen innerlichen Müll loszuwerden. Von manchen Erfahrungen trennt man sich leicht, andere müssen wir aber scheibchenweise abtrennen, bis sie uns eines Tages plötzlich freigeben und sich auflösen.

Übung: Visualisierung

Noch eine gute Übung. Bitten Sie entweder jemanden, Ihnen das vorzulesen, oder sprechen Sie es auf Tonband, und hören Sie zu.

Fangen Sie damit an, daß Sie sich selbst als kleines Kind im Alter von fünf oder sechs Jahren bildlich sehen. Schauen Sie tief in die Augen dieses kleinen Kindes. Erkennen Sie die vorhandene Sehnsucht, und vergegenwärtigen Sie sich, daß es nur eins gibt, was dieses kleine Kind von Ihnen möchte: Liebe. Strecken Sie deshalb Ihre Arme aus, und umarmen Sie dieses Kind. Halten Sie es liebevoll und zärtlich. Sagen Sie ihm, wie sehr Sie es lieben, wie wichtig es Ihnen ist. Bewundern Sie alles an diesem Kind, und sagen Sie ihm, daß es in Ordnung ist, beim Lernen Fehler zu machen. Versprechen Sie, immer da zu sein, gleichgültig, was geschieht. Jetzt lassen Sie dieses kleine Kind sehr klein werden, bis es so klein ist, daß es in Ihr Herz paßt. Tun Sie es da hinein, damit Sie jederzeit dieses kleine Gesicht, das zu Ihnen aufschaut, sehen und dem kleinen Kind viel Liebe schenken können.

Jetzt stellen Sie sich Ihre Mutter als kleines Mädchen von vier oder fünf Jahren bildlich vor, verängstigt und nach Liebe suchend, ohne zu wissen, wo sie sie finden kann. Strecken Sie Ihre Arme aus, und halten Sie dieses kleine Mädchen, und geben Sie ihm zu verstehen, wie sehr Sie es lieben, wie wichtig es Ihnen ist. Geben Sie ihm zu verstehen, daß es sich darauf verlassen kann, Sie immer in seiner Nähe zu haben, egal, was geschieht. Wenn sich das kleine Mädchen beruhigt hat und sich sicher fühlt, lassen Sie es sehr klein werden, bis es in Ihr Herz paßt. Tun Sie es zusammen mit dem kleinen Kind, das Sie selbst waren, hinein. Diese beiden sollen sich viel Liebe schenken.

Jetzt stellen Sie sich Ihren Vater als kleinen Jungen im Alter von drei oder vier Jahren vor, verängstigt, weinend und nach Liebe suchend. Sie sehen die Tränen sein kleines

Gesicht hinunterkullern, weil er nicht weiß, wohin er sich wenden soll. Sie verstehen es inzwischen, verängstigte kleine Kinder zu beruhigen; strecken Sie deshalb Ihre Arme aus, und halten Sie diesen zitternden kleinen Jungen fest. Trösten Sie ihn. Singen Sie ihm ein Lied. Lassen Sie ihn fühlen, wie sehr Sie ihn lieben. Lassen Sie ihn fühlen, daß Sie immer für ihn da sein werden.

Wenn seine Tränen getrocknet sind und Sie Liebe und Frieden in diesem kleinen Körper fühlen, lassen Sie ihn sehr klein werden, so klein, daß auch er in Ihr Herz paßt. Tun Sie ihn dahin, damit diese drei kleinen Kinder sich gegenseitig viel Liebe schenken können und Sie sie alle lieben können.

Es gibt so viel Liebe in Ihrem Herzen, daß Sie den gesamten Planeten heilen könnten. Aber lassen Sie uns jetzt diese Liebe nur für Ihre Heilung verwenden. Spüren Sie eine Wärme, die anfängt, mitten in Ihrem Herzen zu glühen, eine Milde, eine Sanftheit. Dieses Gefühl sollte die Art und Weise, in der Sie über sich denken und sprechen, verändern.

In der Unendlichkeit des Lebens, dort wo ich bin,
ist alles vollkommen, ganz und vollständig.

✶

Veränderung ist das Naturgesetz meines Lebens.
Ich heiße Veränderungen willkommen.

✶

Ich bin willens, mich zu verändern.
Ich entschließe mich, mein Denken zu verändern.

✶

Ich entschließe mich, meine Wortwahl zu ändern.

✶

Ich bewege mich mit Wohlgefühl und Freude
vom Alten zum Neuen.
Es fällt mir leichter zu vergeben, als ich dachte.

✶

Vergeben macht mich frei und leicht.

✶

Je mehr Verdruß ich in mir abbaue,
desto mehr Liebe bringe ich zum Ausdruck.

✶

Das Verändern meiner Gedanken bringt mir
Zufriedenheit.

✶

Ich lerne zu entscheiden, das Heute zu
einer vergnüglichen Erfahrung zu machen.

8

Das Neue aufbauen

*»Die Antworten in meinem Inneren gelangen
mit Leichtigkeit in mein Bewußtsein.«*

Ich möchte nicht dick sein
Ich möchte nicht ohne Geld sein
Ich möchte nicht alt sein
Ich möchte nicht hier leben
Ich möchte diese Beziehung nicht haben
Ich möchte nicht wie meine Mutter/mein Vater sein
Ich möchte nicht auf dieser Arbeitsstelle festsitzen
Ich möchte nicht diese Haare/Nase/diesen Körper haben
Ich möchte nicht einsam sein
Ich möchte nicht unglücklich sein
Ich möchte nicht krank sein

Es wächst das,
worauf Sie Ihre Aufmerksamkeit richten

Die Aussagen zeigen, wie wir kulturbedingt dazu erzogen wurden, das Negative geistig zu bekämpfen. Wir denken, das Positive stellt sich automatisch ein, wenn wir so vorgehen. Aber so funktioniert es nicht.

Wie oft haben Sie darüber geklagt, was Sie alles nicht wollten? Brachte es jemals das, was Sie wirklich wollten? Es ist reine Zeitverschwendung, gegen das Negative anzukämpfen, wenn Sie Ihr Leben wirklich verändern wollen. *Je länger Sie sich damit beschäftigen, was Sie nicht wollen, desto mehr davon rufen Sie herbei. Das, was Ihnen immer an sich und an Ihrem Leben mißfallen hat, ist wahrscheinlich immer noch vorhanden.*

Das, worauf Sie Ihre Aufmerksamkeit richten, wächst und wird dauerhaft in Ihrem Leben. Rücken Sie vom Negativen ab, und richten Sie Ihre Aufmerksamkeit auf das, was Sie wirklich sein oder haben wollen. Wir wollen die obengenannten negativen Erklärungen in positive umkehren:

Ich bin schlank
Ich bin wohlhabend
Ich bleibe ewig jung
Ich ziehe jetzt an einen besseren Ort um
Ich habe eine wunderbare neue Beziehung
Ich bin eine eigenständige Persönlichkeit
Ich liebe meine Haare/Nase/meinen Körper
Ich bin voller Liebe und Zuneigung
Ich bin fröhlich, glücklich und frei
Ich bin völlig gesund

Affirmationen

Lernen Sie in Affirmationen zu denken. Zu Affirmationen gehört jede Art von Äußerungen, die Sie machen. Wir denken zu oft negativ. Negatives Denken schafft nur mehr von dem, was Sie nicht haben wollen. Zu sagen: »Ich hasse meine Arbeit«, das hilft Ihnen nicht weiter. Die Affirmation: »Ich trete jetzt eine tolle, neue Arbeitsstelle an« wird Kanäle in Ihrem Bewußtsein öffnen, die das ermöglichen.

Stellen Sie ständig in positiver Form fest, wie Sie sich Ihr Leben vorstellen. Es gibt jedoch einen Punkt, der dabei sehr wichtig ist: *Machen Sie Ihre Affirmationen immer in der Gegenwartsform.* Zum Beispiel: ›Ich bin‹ oder ›Ich habe‹. Ihr Unterbewußtsein ist ein derartig gehorsamer Diener, daß Ihre Erklärung ›Ich werde‹ oder ›Ich werde haben‹ immer dort verharren wird – eben in der Zukunft, außerhalb Ihrer Reichweite!

Der Prozeß des Sich-selbst-Liebens

Wie ich bereits gesagt habe, ist das Hauptanliegen, an dem wir arbeiten, *die Eigenliebe.* Sie ist der Zauberstab, der die Probleme löst. Erinnern Sie sich an die Zeiten, als Sie sich noch wohl fühlten und wie zufriedenstellend damals Ihr Leben verlief? Erinnern Sie sich an die Zeiten, als Sie verliebt waren und in diesen Phasen keine Probleme zu haben glaubten?

Nun, die Eigenliebe wird Ihnen eine solche Flut von Zufriedenheit und Glück bringen, daß Sie wie auf einer Wolke schweben werden. *Eigenliebe vermittelt Ihnen positive Gefühle.*

Wirkliche Eigenliebe ist unmöglich, wenn Sie sich nicht anerkennen und akzeptieren. Das bedeutet, in keinem Fall Selbstkritik zu üben. Ich kann sofort all die Einwände von Ihnen hören:

»Aber ich habe mich immer kritisiert.«

»Wie kann ich das eigentlich an mir mögen?«

»Meine Eltern/Lehrer/Liebhaber haben mich immer kritisiert.«

»Woher wird meine Motivation kommen?«

»Es ist aber in meinen Augen falsch, das zu tun.«

»Wie kann ich mich ändern, wenn ich nicht selbstkritisch bin?«

Das Bewußtsein trainieren

Die obengenannte Selbstkritik bedeutet nur, daß das Bewußtsein das alte Geplapper fortsetzt. Erkennen Sie, wie Sie Ihr Bewußtsein geschult haben, sich zu beschimpfen und Veränderungen gegenüber Widerstand zu leisten? Ignorieren Sie diese Gedanken, und fahren Sie mit der nächstliegenden wichtigen Arbeit fort!

Wir wollen zu einer Übung zurückkehren, die wir vorher gemacht haben. Schauen Sie wieder in den Spiegel, und sagen Sie: »Ich liebe mich und erkenne mich an, wie ich bin.«

Wie empfinden Sie das jetzt? Fällt es Ihnen nach dem Vergeben etwas leichter? Das ist immer noch das Hauptanliegen. Selbst-Anerkennung und Selbst-Akzeptanz sind die Schlüssel zu positiven Veränderungen.

In der Zeit, als meine eigene Selbstverleugnung so beherrschend war, habe ich mich gelegentlich selbst geohrfeigt. Ich kannte die Bedeutung von Selbst-Akzeptanz nicht. Niemand hätte mich vom Gegenteil überzeugen können, denn mein Glaube an meine Mängel und Grenzen war stärker. Wenn mir jemand sagte, ich würde geliebt, war meine spontane Reaktion: »Warum? Was in der Welt könnte jemand an mir finden?«

Oder der klassische Gedanke: »Wenn sie nur wüßten, wie ich wirklich bin, dann würden sie mich nicht lieben.«

Ich war mir nicht im klaren darüber, daß alles Gute damit beginnt, das zu akzeptieren, was in einem steckt, und jenes Ich zu lieben, das auch Sie sind. Es dauerte ziemlich lange, eine friedliche, liebende Beziehung zu meinem Ich zu entwickeln.

Damals verfolgte ich jene kleinen Dinge, die ich für meine ›alten Eigenschaften‹ hielt. Das half sogar, so daß sich meine Gesundheit besserte. Stabile Gesundheit beginnt mit Eigenliebe. Das trifft ebenso auf Wohlstand, Liebe und kreative

Ausdrucksfähigkeit zu. Später lernte ich vollständige Eigenliebe und Anerkennung, sogar der — wie ich meinte — ›weniger guten Eigenschaften‹. Das geschah aber erst, als ich wirklich Fortschritte machte.

Übung: Ich erkenne mich selbst an

Ich habe mit Hunderten von Menschen diese Übung gemacht, und die Ergebnisse sind erstaunlich. Sagen Sie im kommenden Monat immer wieder zu sich selbst: »*Ich erkenne mich selbst an.*« Machen Sie das mindestens drei- oder vierhundertmal am Tag. Nein, das ist nicht zu oft. Wenn Sie sich Sorgen machen, überdenken Sie das Problem mindestens genauso oft.

Lassen Sie ›Ich erkenne mich selbst an‹ ein immer wiederkehrendes Mantra werden, etwas, was Sie fast ununterbrochen einfach immer wieder zu sich sagen.

Wenn Sie sagen: »Ich erkenne mich selbst an«, bringt das garantiert alles zum Vorschein, was sich tief in Ihrem Bewußtsein dagegen auflehnt.

Wenn negative Gedanken aufkommen, wie: »Wie kann ich mich selbst anerkennen, wenn ich so dick bin« oder: »Es ist dumm zu meinen, es würde mir irgendwie nützen« oder: »Ich habe nichts Gutes an mir« oder was immer Ihr negatives Geplapper sein mag, dann ist *dies* der Zeitpunkt, das Bewußtsein zu kontrollieren.

Messen Sie dem keine Bedeutung bei. Betrachten Sie einfach den Gedanken als das, was er ist: eine weitere Möglichkeit, Sie in der Vergangenheit festzuhalten. Sagen Sie freundlich zu dem Gedanken: »Ich lasse von dir ab, jetzt erkenne ich mich an.« Allein die Erwägung, diese Übung zu machen, kann eine Menge zum Vorschein bringen, wie: »Es ist dumm«, »Es ist nicht wahr«, »Es ist eine Lüge«, »Es klingt überheblich« oder: »Wie kann ich mich selbst anerkennen, wenn ich das tue?«

Lassen Sie das einfach an sich vorüberziehen. Es sind nur Widerstandsgedanken. Sie haben keine Macht über Sie, außer Sie entscheiden sich dafür, sie zu glauben.

»Ich erkenne mich an, ich erkenne mich an, ich erkenne *mich selbst an.*« Gleichgültig, was geschieht; gleichgültig, wer was zu Ihnen sagt; gleichgültig, wer sich wie Ihnen gegenüber verhält, bleiben Sie dabei. Wenn Sie das tatsächlich zu sich selbst sagen, obwohl jemand etwas tut, was Sie nicht gutheißen können, dann werden Sie erkennen, daß Sie sich voranentwickeln und sich ändern.

Gedanken haben keine Macht über uns, außer wir geben Ihnen nach. Gedanken sind nur aneinandergereihte Wörter. Sie haben *überhaupt keine Bedeutung.* Nur *wir* geben ihnen eine Bedeutung. *Wir* wollen entscheiden, Gedanken zu denken, die uns kräftigen und uns unterstützen.

Teil der Selbstakzeptanz ist, sich von der Meinung anderer freizumachen. Wenn ich mit Ihnen zusammen wäre und Ihnen fortgesetzt erzählte: »Sie sind ein violettes Schwein, Sie sind ein violettes Schwein«, würden Sie mich entweder auslachen, sich belästigt fühlen oder denken, ich sei verrückt. Es wäre höchst unwahrscheinlich, daß Sie glaubten, ich hätte recht. Vieles von dem jedoch, was wir über uns glauben, ist genauso abwegig und unwahr. Der Glaube, daß Ihr Selbstwert von der Erscheinung Ihres Körpers abhängt, ist Ihre Art zu glauben: »Ich bin ein violettes Schwein.«

Das, was wir oft als falsch an uns betrachten, ist nur der Ausdruck unserer eigenen Individualität. Es ist unsere Einzigartigkeit und das Besondere an uns. Natur wiederholt sich niemals. Seit es Leben auf diesem Planeten gibt, hat es niemals zwei identische Schneeflocken oder Regentropfen gegeben. Und jedes Gänseblümchen unterscheidet sich von jedem anderen Gänseblümchen. Unsere Fingerabdrücke sind unterschiedlich und wir selbst sind unterschiedlich. *Wir sollen auch unterschiedlich sein. Wenn wir das akzeptieren, dann gibt es keine Konkurrenz und keinen Vergleich.* Der Versuch, so zu sein wie ein anderer, bedeutet, unsere Seele verkümmern zu lassen. Wir sind auf diesen Planeten gekommen, um unser Ich zum Ausdruck zu bringen.

Ich wußte nicht einmal, wer ich war, bis ich anfing, mich so zu lieben, wie ich gerade bin.

Benutzen Sie Ihr Bewußtsein

Denken Sie Gedanken, die Sie glücklich machen. Tun Sie Dinge, die Ihnen guttun. Essen Sie das, was Ihrem Körper gut bekommt. Wählen Sie eine Gangart, die Ihnen guttut.

Das Pflanzen von Samenkörnern

Denken Sie einen Moment lang an eine Tomatenpflanze. Eine gesunde Pflanze kann über hundert Tomaten tragen. Wir müssen mit einem kleinen getrockneten Samenkorn anfangen, um diese Pflanze mit all ihren Tomaten zu bekommen. Dieses Samenkorn sieht nicht wie eine Tomatenpflanze aus. Es schmeckt nicht wie eine Tomate. Sie würden nicht einmal glauben, daß es ein Tomatengewächs wird, wenn Sie es nicht bestimmt wüßten. Aber stellen Sie sich vor, Sie pflanzten dieses Samenkorn in fruchtbare Erde, bewässern es und lassen es von der Sonne bescheinen.

Wenn der erste winzige Trieb erscheint, treten Sie ja auch nicht drauf und sagen: »Das ist keine Tomatenpflanze.« Sie schauen ihn vielmehr an und sagen: »Oh, toll! Sie wächst.« Und mit Freude beobachten Sie ihr Wachsen. Wenn Sie die Pflanze weiterhin gießen, sie viel Sonne bekommt und Sie das Unkraut jäten, bekommen Sie vielleicht eine Tomatenpflanze mit mehr als hundert köstlichen Tomaten. Das alles hat mit diesem winzigen Samenkorn angefangen.

Dasselbe gilt für das Schaffen eigener, neuer Erfahrungen. Die Erde, in die Sie einsäen, ist Ihr Unterbewußtsein. Das Samenkorn ist die neue Affirmation. *Alle Ihre neuen Erfahrungen stecken in diesem winzigen Samenkorn.* Sie wässern es mit Affirmationen. Sie lassen es vom Sonnenschein positiver Gedanken bescheinen. Sie jäten das Unkraut im Garten, indem Sie die aufkommenden negativen Gedanken entfernen. Und wenn Sie erst mal den winzigsten Anhaltspunkt sehen, werden Sie nicht drauftreten und sagen: »Das ist nicht genug!« Statt dessen betrachten Sie diesen ersten Durchbruch und sagen mit fröhlicher Stimme: »Wie toll! Es wird. Es funktioniert!« Dann beobachten Sie sein Wachsen, und es wird Ihr Wunsch sein, den Abschluß zu erleben.

Übung: Schaffen Sie neue Veränderungen

Jetzt nehmen Sie sich Ihre Liste vor, auf der Sie Ihre Fehler festgehalten haben und kehren Sie in positive Affirmationen um. Oder Sie listen alle Veränderungen auf, die Sie sich vornehmen, die Sie haben und die Sie auch wirklich durchführen wollen.

Dann wählen Sie drei Dinge aus dieser Liste und kehren Sie in positive Affirmationen um:

Angenommen Ihre Negativliste sah ungefähr so aus:

Mein Leben ist ein Durcheinander
Ich müßte abnehmen
Niemand liebt mich
Ich möchte umziehen
Ich hasse meine Arbeitsstelle
Ich müßte geordneter leben
Ich tue nicht genug
Ich bin nicht gut genug

Sie können Sie ungefähr so umkehren:

Ich bin gewillt, mich von dem Verhalten, das diesen Zustand geschaffen hat, zu lösen
Ich befinde mich im Prozeß positiver Veränderungen
Ich habe einen gesunden, schlanken Körper
Ich erfahre überall, wohin ich komme, Liebe
Ich habe den vollkommenen Lebensraum
Ich verschaffe mir jetzt eine tolle, neue Arbeitsstelle
Ich habe jetzt alles sehr gut geregelt
Ich schätze all mein Tun
Ich liebe mich und erkenne mich selbst an
Ich vertraue darauf, daß das Leben mir ein Höchstmaß an Gutem bieten wird
Ich verdiene das Beste und nehme es jetzt auch an

Aus dieser Gruppe Erklärungen werden alle Veränderungen entstehen, die Sie aufgelistet haben. Eigenliebe und die Anerkennung ihrer selbst, das Schaffen einer Umgebung mit Sicherheit, Vertrauen, Wertschätzung durch andere sowie die Fähigkeit, das alles anzunehmen, werden es Ihrem Körper ermöglichen, sein Gewicht zu normalisieren. Das alles wird zu einem geordneten Zustand Ihres Bewußtseins führen, liebevolle Beziehungen in Ihrem Leben ermöglichen, eine neue Arbeitsstelle und einen neuen Wohnort interessant erscheinen lassen. Der Wachstumsprozeß einer Tomatenpflanze ist wunderbar. Es ist wunderbar, wie wir unsere Wünsche darlegen können.

Das Gute verdienen

Glauben Sie, daß Sie verdienen, was Sie sich wünschen? Wenn nicht, werden Sie sich selbst nicht erlauben, es zu besitzen. Nicht kontrollierbare Umstände werden auftauchen, die Sie frustrieren werden.

Übung: Ich verdiene ...

Schauen Sie wieder in den Spiegel und sagen Sie zu sich: »Ich verdiene zu haben/zu sein ... und akzeptiere es jetzt.« Sagen Sie es zwei- oder dreimal.

Wie fühlen Sie sich? Achten Sie immer auf Ihre Gefühle und darauf, was in Ihrem Körper vorgeht. Empfinden Sie es als richtig, oder fühlen Sie sich noch immer unwürdig?

Wenn Sie irgendwelche negativen Gefühle in Ihrem Körper spüren, bestärken Sie sich mit der Erklärung: »Ich löse mich von dem Muster meines Bewußtseins, das den Widerstand gegen mein Wohlergehen hervorruft.« »Ich verdiene ...«

Wiederholen Sie das, bis Sie das Gefühl des Akzeptierens bekommen — auch wenn es mehrere Tage dauert.

Holistische Philosophie

In unserem Bemühen, das Neue zu schaffen, wollen wir einen holistischen Weg beschreiten. Die holistische Philosophie will das gesamte Wesen fördern und hegen — Körper, Geist und Seele. Wenn wir einen dieser Bereiche auslassen, sind wir unvollständig, es mangelt an Vollkommenheit. Es spielt keine Rolle, wo wir beginnen, solange wir auch die anderen Bereiche einschließen.

Wenn wir mit dem Körper beginnen, würden wir wohl mit der Ernährung anfangen; wir würden die Beziehung zwischen unserer Auswahl an Lebensmitteln und Getränken erfahren und ihren Einfluß auf unser Befinden. Wir wollen die beste Auswahl für unseren Körper treffen. Es gibt Kräuter und Vitamine, Homöopathie und Bachs Blüten-Medizin. Wir können auch unseren Dickdarmbereich erforschen.

Wir sollten eine Sportart finden, die uns gefällt. Sport ist etwas, das unseren Knochenbau stärkt und unseren Körper jung erhält. Außer Sport und Schwimmen könnten Sie Tanz, Tai-Chi, Kampfsport und Yoga erwägen. Ich liebe mein Trampolin und benutze es täglich. Mein Schrägbrett intensiviert meine Entspannungsphasen.

Wir könnten einige Formen der Körperarbeit erforschen, wie zum Beispiel Rolfing. Massage, Fußreflexzonenmassage, Akupunktur oder Chiropraktik tun alle gut. Es gibt auch die Methode nach Alexander, Bioenergetik, Feldenkrais, Gesundheit durch Handauflegen und die Reiki-Formen für Körperübungen.

Geistig könnten wir Visualisierungstechniken, gezielte bildhafte Vorstellungen und Erklärungen ausprobieren. Es gibt eine Menge psychologische Techniken: Gestalt-Therapie, Hypnose, Rebirthing, Psychodrama, Rückkehr in frühere Leben, Maltherapie sowie Traumarbeit.

Meditation ist in jeder Form eine wunderbare Art, das Bewußtsein zu beruhigen, Ihrer ›Weisheit‹ zu ermöglichen, an die Oberfläche zu gelangen. Ich sitze normalerweise mit geschlossenen Augen und sage: »Was muß ich wissen?« und warte dann ruhig auf die Antwort. Wenn die Antwort erscheint, ist es gut, wenn nicht, ist es auch gut, dann kommt sie ein anderes Mal.

Es gibt *Gruppen,* die Seminare aller Art abhalten, wie zum Beispiel: Einsicht, Training für liebevolle Beziehungen, est, Sammelt Erfahrung, Ken Keyes Gruppen, Aktualisation und vieles mehr. Viele dieser Gruppen halten Wochenendseminare ab. Diese Wochenenden geben Ihnen die Möglichkeit, das Leben unter einem völlig neuen Gesichtspunkt zu betrachten. Genau wie meine Seminare. Kein einziges Seminar wird *alle* Ihre Probleme für immer lösen können. Sie können Ihnen aber helfen, Ihr Leben zu verändern.

Für die Arbeit in der geistigen Sphäre gibt es Gebet, Meditation und die Herstellung einer Verbindung zu Ihrem Höheren Ich. In meinen Augen sind Vergebung und bedingungslose Liebe geistige Praktiken.

Es gibt viele geistige Gruppen. Außer den christlichen Kirchen gibt es Metaphysische Kirchen wie Religiöse Wissenschaft und die Unitarier. Es gibt Selbst-Erfahrungs-Gesellschaften, M.S.I.A., Transzendentale Meditation, die Rajneesh Stiftung, die Siddha Stiftung usw.

Ich möchte, daß Sie erkennen, daß es viele, viele Methoden gibt, die Sie probieren können. Wenn eine bei Ihnen nicht funktioniert, versuchen Sie eine andere. Diese Vorschläge sind erwiesenermaßen hilfreich. Ich kann nicht sagen, welche Richtung Ihnen gefallen wird. Das werden Sie selbst entdecken müssen. Keine Methode, keine Person, keine Gruppe hat für jeden alle Antworten parat. Ich habe auch nicht für jeden eine Antwort. Ich bin nur ein Steinchen mehr auf dem Weg zu holistischer Gesundheit.

In der Unendlichkeit des Lebens, dort wo ich bin,
ist alles vollkommen, ganz und vollständig.
Mein Leben ist immer wieder ein neues.

Jeder Augenblick meines Lebens ist neu, frisch und
wesentlich. Ich benutze mein affirmatives Denken,
um genau das zu schaffen, was ich möchte.

Dies ist ein neuer Tag. Ich bin ein neues Ich.

Ich denke anders. Ich spreche anders.
Ich handle anders.
Andere behandeln mich anders.

Meine neue Welt ist ein Abbild meines neuen
Denkens. Es ist eine Freude und eine Lust,
neue Samen zu pflanzen, denn ich weiß, daß diese
Samen meine neuen Erfahrungen sein werden.

Alles ist gut angelegt in meiner Welt.

9

Tägliche Arbeit

*»Es ist mir ein Vergnügen,
meine neuen geistigen Fähigkeiten anzuwenden.«*

Wenn ein Kind schon nach dem ersten Sturz aufgäbe, könnte es niemals laufen lernen

Nur durch Praxis wird neu erworbenes Wissen zu einem Bestandteil Ihres Lebens. In erster Linie benötigt man Konzentration, und manche von uns entscheiden sich dann für diese ›harte Arbeit‹. Ich möchte es allerdings nicht harte Arbeit nennen, sondern ich bezeichne es eher als etwas Neues, das gelernt wird.

Der Lernprozeß bleibt immer derselbe, ungeachtet der Aufgabe – ob Sie Autofahren lernen, Schreibmaschine schreiben, Tennis spielen oder positiv denken. Zuerst tasten und kramen wir herum, weil unser Unterbewußtsein durch Ausprobieren lernt. Wenn wir dann zur Praxis zurückkehren, geht es jedesmal leichter und gelingt ein bißchen besser als am Tag zuvor. Natürlich werden wir nicht schon am ersten Tag ›perfekt‹ sein. Aber Sie werden Ihr möglichstes tun. Das reicht für den Anfang. Sagen Sie oft zu sich: »Ich tue mein Bestes.«

Machen Sie sich Mut

Ich erinnere mich gut an meinen ersten Vortrag. Als ich das Podium verließ, sagte ich sofort zu mir: »Louise, du warst toll. Du warst absolut fantastisch fürs erste Mal. Beim fünften oder sechsten Mal wirst du ein Profi sein.«

Ein paar Stunden später sagte ich zu mir: »Ich meine, daß wir ein paar Dinge ändern könnten. Laß uns dies oder das hinzufügen.« Ich lehnte jede Art von Selbstkritik ab.

Wenn ich das Podium verlassen und angefangen hätte, mich zu kritisieren: »Oh, du warst furchtbar. Du hast diesen oder jenen Fehler gemacht«, dann hätte ich vor dem zweiten Vortrag Angst gehabt. So aber wurde der zweite besser als der erste und etwa beim sechsten fühlte ich mich wie ein Profi.

Erkennen Sie
die uns immer umgebende Gesetzmäßigkeit

Kurz bevor ich anfing, dieses Buch zu schreiben, kaufte ich mir einen Computer mit Textverarbeitungsprogramm. Ich nannte ihn meinen ›Zauberer‹. Ich hatte mich dazu entschlossen, etwas Neues zu lernen. Ich entdeckte, daß das Lernen des Computer-Systems dem Lernen der geistigen Gesetze sehr ähnlich ist. Wenn ich die erlernte Gesetzmäßigkeit des Computers anwandte, ›zauberte‹ er für mich. Wenn ich seinen Gesetzen aber nicht aufs Wort folgte, passierte nichts, oder er funktionierte nicht so, wie *ich* es wollte. Er gab nicht einen Millimeter nach.

Also mußte ich üben.

Dasselbe gilt für die Aufgabe, die Sie jetzt bewältigen wollen. Sie müssen die Geistigen Gesetze lernen und sie genau befolgen. Sie können sie nicht Ihrer alten Denkweise unterwerfen. Sie müssen die neue Sprache lernen und sie anwenden, *dann* werden Sie in Ihrem Leben ›Zauberei‹ entdecken.

Intensivieren Sie das Lernen

Je mehr Möglichkeiten Sie finden, Ihr neues Lernen zu intensivieren, desto besser. Ich schlage vor:

Dankbarkeit ausdrücken
Affirmationen aufschreiben
Meditation üben
Spaß an Sport haben
Sinnvolle Ernährung
Affirmationen laut sprechen
Affirmationen singen
Sich Zeit für Entspannungsübungen nehmen
Visualisieren
Lesen und Lernen

Meine tägliche Arbeit

Meine eigene tägliche Arbeit verläuft ungefähr so: Mein erster Gedanke beim Aufwachen, ehe ich meine Augen öffne, ist Dankbarkeit für alles, was ich mir nur denken kann. Nach dem Duschen folgen etwa eine halbe Stunde Meditation, Affirmationen und Gebete.

Danach ungefähr 15 Minuten Sport, normalerweise auf dem Trampolin. Manchmal mache ich um 6 Uhr bei der Fernsehaerobic mit.

Jetzt bin ich fürs Frühstück fertig, das aus Obst, Fruchtsäften und Kräutertee besteht. Ich danke Mutter Erde dafür, daß sie diese Nahrungsmittel für mich bereithält, und ich danke den Nahrungsmitteln dafür, daß sie ihr Leben hergeben, mich zu ernähren.

Vor dem Mittagessen trete ich gerne vor den Spiegel und spreche einige Affirmationen laut, vielleicht singe ich sie sogar.

Ungefähr so:

Louise, du bist wunderbar, ich liebe dich
Heute ist einer der besten Tage deines Lebens
Alles entwickelt sich zu deinem allerbesten
Alles, was du wissen mußt, wird dir offenbart
Du bekommst alles, was du brauchst
Alles ist gut angelegt

Das Mittagessen besteht oft aus einem großen Salat. Wieder wird das Essen gesegnet, und ich bedanke mich.

Nachmittags verbringe ich ein paar Minuten auf meinem Schrägbrett und lasse meinen Körper entspannen. Vielleicht höre ich gleichzeitig ein Tonband.

Zum Abendessen gibt es gedämpftes Gemüse und Getreide. Manchmal esse ich Fisch oder Huhn. Mein Körper funktioniert am besten mit einfacher Kost. Ich esse abends gerne mit anderen, und wir segnen uns sowie das Essen.

Manchmal nehme ich mir abends ein paar Minuten zum Lesen und Lernen. Es gibt immer etwas, das man lernen kann. Jetzt könnte ich auch meine jeweiligen Affirmationen 10- oder 20mal aufschreiben.

Beim Zubettgehen sammle ich meine Gedanken. Ich gehe den Tag noch mal durch und segne jede Tat. Ich erkläre, daß ich tief schlafen und morgens fröhlich und erfrischt aufwachen werde und mich auf den neuen Tag freue.

Das klingt überwältigend, oder? Anfangs scheint es, als ob man mit vielem zurechtkommen müsse, aber nach kurzer Zeit neuen Denkens wird es genauso Teil Ihres Lebens wie Baden oder Zähneputzen. Sie werden es automatisch tun.

Es wäre für eine Familie wunderbar, morgens ein paar dieser Dinge gemeinsam zu tun. Den Tag morgens mit gemeinsamem Meditieren zu beginnen, oder einfach vor dem Abendessen, das bringt allen Frieden und Harmonie. Sie könnten eine halbe Stunde früher aufstehen, wenn Sie meinen, Sie hätten nicht genügend Zeit. Die Wohltat wäre den Aufwand sicher wert.

Wie beginnen Sie Ihren Tag?

Was sagen Sie morgens als erstes, wenn Sie aufwachen? Wir haben alle etwas, das wir fast jeden Morgen sagen. Ist es positiv oder negativ? Ich kann mich daran erinnern, daß ich früher beim Aufwachen unter Stöhnen sagte: »*Oh Gott, wieder ein Tag.*« Und genauso war der Tag dann auch: Eins nach dem anderen ging schief. Wenn ich jetzt aufwache, sogar ehe ich meine Augen geöffnet habe, danke ich dem Bett für den guten Schlaf. Nicht zuletzt haben wir die ganze Nacht bequem miteinander verbracht. Dann verbringe ich ungefähr 10 Minuten, immer noch mit geschlossenen Augen, um für alles Gute in meinem Leben zu danken. Ich plane meinen Tag ein bißchen und erkläre, daß alles gutgehen wird und daß ich an allem Freude haben werde. Das geschieht alles, ehe ich aufstehe, meditiere oder bete.

Meditation

Nehmen Sie sich jeden Tag ein paar Minuten, um ruhig sitzend zu meditieren. Wenn Sie zum ersten Mal meditieren, beginnen Sie mit fünf Minuten. Sitzen Sie ruhig, beobachten Sie Ihre Atmung, und lassen Sie Ihre Gedanken sanft durch Ihr Bewußtsein strömen. Beachten Sie sie nicht zu sehr, dann fließen sie einfach. In der Natur des Bewußtseins liegt das Denken, deshalb sollten Sie nicht versuchen, Ihre Gedanken abzuschalten. Es gibt einige Kurse und Bücher, die Sie die verschiedenen Meditationsformen entdecken lassen. Es ist einerlei, wo Sie beginnen, denn Sie werden am Ende jene Methode finden, die für Sie die beste ist. Ich sitze normalerweise ruhig und frage mich: »Was muß ich wissen?« Ich lasse eine Antwort kommen, wann sie kommen möchte, wenn nicht, weiß ich, daß sie später kommen wird. Es gibt keine richtige oder falsche Art zu meditieren.

Eine andere Form der Meditation ist, ruhig zu sitzen und die Atmung zu beobachten, wie sie in den Körper hinein- und herausströmt. Beim Einatmen zählen Sie eins, beim Ausatmen zwei. Zählen Sie so bis zehn weiter, dann beginnen Sie wieder bei eins. Wenn Sie sich dabei ertappen, ans Wäschewaschen zu denken, fangen Sie wieder bei eins an. Wenn Sie feststellen, daß Sie unwillkürlich bis fünfundzwanzig weitergezählt haben, fangen Sie einfach wieder bei eins an.

Eine Klientin schien auf mich den Eindruck einer fröhlichen und intelligenten Person zu machen. Ihr Denken war normalerweise klug und rasch, auch hatte sie viel Sinn für Humor. Und trotzdem kam sie mit ihrer Rolle nicht zurecht. Sie hatte Übergewicht, besaß kein Geld, war enttäuscht über ihre Berufslaufbahn und seit vielen Jahren ohne Liebesbeziehung. Sie konnte rasch alle metaphysischen Vorstellungen akzeptieren, sie wirkten auf sie sehr vernünftig. Sie war jedoch zu klug, zu rasch. Sie fand es schwierig, sich so weit ruhig zu verhalten, daß sie über einen angemessenen Zeitraum die Gedanken umsetzen konnte, die sie so rasch erfassen konnte.

Die tägliche Meditation half ihr enorm. Wir fingen mit nur fünf Minuten täglich an und arbeiteten uns schrittweise auf 15 oder 20 Minuten herauf.

Übung: Tägliche Affirmationen

Nehmen Sie ein oder zwei Affirmationen und *schreiben* Sie diese 10- oder 20mal täglich. *Lesen Sie sie laut,* mit Begeisterung. Machen Sie aus Ihren Affirmationen ein Lied, und *singen Sie sie* fröhlich. Wiederholen Sie den ganzen Tag Ihre Affirmationen in Ihrem Bewußtsein. Ständig benutzte Affirmationen werden zu Überzeugungen und werden *immer* Ergebnisse hervorbringen, die wir uns manchmal gar nicht vorstellen können.

Eine meiner Überzeugungen ist, daß ich immer ein gutes Verhältnis zu meinen Vermietern habe. Mein letzter Vermieter in New York war dafür bekannt, ein besonders schwieriger Mensch zu sein. Alle Mieter beklagten sich über ihn. In den fünf Jahren, die ich dort wohnte, sah ich ihn nur dreimal. Als ich mich dazu entschlossen hatte, nach Kalifornien umzuziehen, wollte ich meine gesamte Habe verkaufen und frisch und unbelastet von der Vergangenheit wieder anfangen. Ich fing an, Affirmationen wie diese zu äußern:

All mein Besitz ist leicht und schnell zu verkaufen
Der Umzug wird sehr einfach zu bewältigen sein
Alles wird in der gottgegebenen richtigen Ordnung ablaufen
Alles ist gut angelegt

Ich verschwendete keinen Gedanken daran, wie schwierig es sein könnte, etwas zu verkaufen oder wo ich die letzten paar Nächte schlafen würde oder an irgendwelche anderen negativen Vorstellungen. Ich wiederholte statt dessen meine Affirmationen. Meine Klienten und Schüler kauften schnell die wenigen Sachen und die meisten Bücher. Ich informierte meinen Vermieter in einem Brief, daß ich meinen Mietvertrag nicht verlängern würde. Zu meiner Überraschung erhielt ich von ihm einen Anruf, in dem er mir mitteilte, er bedauere meinen Auszug. Er bot mir an, mir für meinen Vermieter in Kalifornien eine Empfehlung zu schreiben, und fragte, ob er nicht meine Möbel kaufen könnte, weil er sich entschlossen hätte, die Wohnung möbliert zu vermieten.

Meine Höhere Vernunft hatte zwei Überzeugungen zusammengefügt und zwar so, wie ich es mir nicht hätte träumen lassen: »Ich habe immer eine gute Beziehung zu meinem Vermieter«, und: »Alles wird leicht und schnell zu verkaufen sein.« Zur Verwunderung der anderen Mieter konnte ich in meinem eigenen Bett in einer angenehm möblierten Wohnung bis zum letzten Moment schlafen und *bekam es sogar bezahlt!* Ich zog mit ein paar Kleidungsstücken, meinem Entsafter, meinem Mixer, meinem Fön, meiner Schreibmaschine sowie einem dicken Scheck aus und stieg in aller Ruhe in den Zug nach Los Angeles.

Glauben Sie nicht an Einengung

Nach meiner Ankunft in Kalifornien mußte ich mir ein Auto kaufen. Ich hatte noch nie einen Kredit aufgenommen, da ich bisher weder ein Auto besessen noch einen größeren Kauf getätigt hatte. Die Banken gewährten mir keinen Kredit. In meinem Fall half es nicht, Frau und selbständig zu sein. Ich wollte nicht meine gesamten Ersparnisse für einen Autokauf verwenden. Einen Kredit aufnehmen zu wollen, war, wie wenn sich eine Katze in den Schwanz beißt. Ich verweigerte jeden negativen Gedanken an diese Situation oder die Bank. Ich mietete ein Auto und erklärte ohne Unterlaß: »Ich werde ein wunderschönes neues Auto haben, und es erreicht mich mühelos.«

Ich erzählte auch jedem, den ich traf, daß ich ein neues Auto kaufen wollte und daß es mir bis jetzt nicht möglich war, einen Kredit aufzunehmen. Nach ungefähr drei Monaten lernte ich eine Geschäftsfrau kennen, die mich sofort mochte. Als ich ihr meine Geschichte von dem Auto erzählte, sagte sie: »Ich werde mich darum kümmern.«

Sie hatte bei einer Bank eine Freundin, die ihr noch einen Gefallen schuldete. Sie rief sie an und erzählte ihr, daß ich eine ›alte‹ Freundin sei und versah mich mit den besten Referenzen. Nach drei Tagen fuhr ich in einem tollen neuen Auto vom Hof eines Autohändlers fort.

Meine Freude war nicht so groß wie die ›Ehrfurcht vor diesem Vorgang‹. Ich glaube, der Grund dafür, daß es drei Monate dauerte, bis ich das Auto hatte, war, daß ich mich niemals vorher auf eine Ratenzahlung eingelassen hatte.

Das kleine Kind in mir hatte Angst davor und brauchte Zeit und Mut zu diesem Schritt.

Übung: Eigenliebe

Ich nehme an, daß Sie bereits pausenlos ›Ich erkenne mich an‹ sagen. Das ist ein starkes Fundament. Behalten Sie es mindestens einen Monat lang bei.

Jetzt nehmen Sie sich ein Stück Papier und schreiben oben hin: »Ich liebe mich, deshalb…«

Beenden Sie diesen Satz mit möglichst vielen Varianten. Lesen Sie es täglich, und fügen Sie Neues hinzu, an das Sie gerade denken.

Wenn Sie einen Partner haben, mit dem Sie arbeiten können, dann tun Sie es. Halten Sie sich an den Händen, und sagen Sie abwechselnd: »Ich liebe mich, deshalb…« Die größte Wohltat bei dieser Übung ist, daß Sie folgendes lernen: es ist nahezu unmöglich, sich zu kritisieren, wenn Sie sagen, Sie lieben sich.

Übung: Das Neue fordern

Sehen oder stellen sich vor, daß Sie das haben, tun oder sind, auf das Sie hinarbeiten. Ergänzen Sie die Einzelheiten. Fühlen Sie, sehen Sie, schmecken Sie, berühren Sie, hören Sie. Stellen Sie die Reaktion anderer auf Ihre neue Erscheinung fest. Bringen Sie alles in Ordnung, ungeachtet der Reaktionen anderer.

Übung: Vergrößern Sie Ihr Wissen

Lesen Sie so viel wie möglich darüber, wie das Gehirn arbeitet, um Ihr Bewußtsein und Ihr Verständnis zu erweitern. Es gibt auch auf diesem Gebiet so viel Wissenswertes für Sie. Dieses Buch ist nur ein Schritt auf Ihrem Weg! Beschaffen Sie sich andere Sehweisen. Hören Sie zu, wenn andere etwas sagen.

Lernen Sie eine gewisse Zeit in einer Gruppe, bis Sie sie überholt haben.

Das ist eine Lebensaufgabe. Sie fühlen sich besser, und Ihr Leben wird schöner, je mehr Sie lernen, je mehr Sie wissen, je mehr Sie es üben und anwenden. Wenn Sie sich dieser Mühe unterziehen, *›fühlen Sie sich gut‹!*

Beginnen Sie Ergebnisse zu zeigen

Nach Anwendung so vieler Methoden wie möglich werden sich auch Ergebnisse Ihrer Bemühungen zeigen. Sie werden sehen, daß sich kleine Wunder in Ihrem Leben ereignen. Was Sie bereitwillig abschaffen, verschwindet von alleine. Dinge und Ereignisse, die Sie sich wünschen, werden scheinbar wie aus heiterem Himmel in Ihrem Leben auftauchen. Sie werden Gutes erhalten, von dem Sie nicht einmal geträumt haben!

Ich war so überrascht und erfreut, als ich nach ein paar Monaten meiner Bewußtseinsarbeit anfing, jünger auszusehen. Heute sehe ich zehn Jahre jünger aus als vor zehn Jahren!

Lieben Sie sich, wie Sie sind und was Sie tun! Lachen Sie über sich und über das Leben, und nichts wird Sie beeinträchtigen können. Es ist sowieso alles nur vorübergehend. Im nächsten Leben werden Sie es ohnehin anders tun, warum also nicht sofort?

Sie könnten ein Buch von Norman Cousins lesen. Er heilte sich mit Lachen von einer verhängnisvollen Krankheit. Unglücklicherweise änderte er nicht das Bewußtseinsmuster, das diese Krankheit verursacht hatte und rief einfach eine andere hervor. Aber auch von dieser lachte er sich wieder gesund!

Es gibt so viele Möglichkeiten, Ihre Heilung anzugehen. Versuchen Sie alle, und benutzen Sie die, die Ihnen am meisten entgegenkommt.

Wenn Sie abends zu Bett gehen, schließen Sie die Augen, und danken Sie wieder für all das Gute in Ihrem Leben. Das wird Ihnen noch mehr Gutes einbringen.

Bitte hören Sie abends nicht als letztes Nachrichten oder sehen Sie sie im Fernsehen an. Die Nachrichten sind nur eine Aufzählung von Katastrophen, und die wollen Sie ja nicht in Ihre Traumwelt mitnehmen. Während des Träumens wird auch klärende Arbeit geleistet. Sie können Ihre Träume veranlassen bei allem, woran Sie arbeiten, zu helfen. Oft werden Sie gegen Morgen eine Lösung finden.

Gehen Sie friedvoll schlafen. Vertrauen Sie dem Ablauf des Lebens. Achten Sie auf alles, was Ihr höchstes Gut oder Ihre größte Freude sein könnte.

Es gibt keinen Grund, aus Ihrer jetzigen Beschäftigung eine Schinderei zu machen. Es kann Spaß machen. Es kann ein Spiel sein. Es hängt nur von Ihnen ab!

Wenn Sie wollen, kann es sogar Spaß machen, zu vergeben und sich von Verdruß zu lösen. Noch einmal: Schreiben Sie ein Lied über den Menschen und die Umstände, von denen Sie sich sehr schwer lösen. Es erhellt den gesamten Vorgang, wenn Sie ein Liedchen singen. Wenn ich mit Einzelklienten arbeite, bringe ich in die Sitzung so bald wie möglich Lachen ein. Je schneller wir über die ganze Sache lachen können, desto einfacher ist es, sie hinter sich zu lassen.

Sie würden sofort vor Lachen aus dem Sitz fallen, wenn Sie Ihre Probleme auf der Bühne in einem Stück von Neil Simon sehen würden. Tragödie und Komödie sind dasselbe. Es kommt auf uns an! »Was sind wir Sterbliche doch für Narren!«

Tun Sie, was Sie nur können, daß Ihre Wandlung Freude und Vergnügen ist. Viel Spaß!

In der Unendlichkeit des Seins,
dort wo ich bin,
ist alles vollkommen, ganz und vollständig.
Ich unterstütze mich selbst,
und das Leben unterstützt mich.

✳

Ich erkenne überall um mich herum
und in jedem Bereich meines Lebens Zeichen dafür,
daß das Gesetz funktioniert.

✳

Ich verstärke mit Freude das, was ich lerne.
Mein Tag beginnt mit Dankbarkeit und Freude.
Ich sehe mit Begeisterung den Abenteuern
des Tages entgegen und weiß,
daß in meinem Leben ›alles gut ist‹.

✳

Ich liebe mich und alles, was ich tue.

✳

Ich bin der lebende, liebende, freudige Ausdruck
des Lebens.

✳

Alles ist gut angelegt in meiner Welt.

Teil 3

Diese Gedanken in die Tat umsetzen

10

Beziehungen

»Meine Beziehungen sind harmonisch.«

Es scheint, als sei alles im Leben Beziehung. Wir haben mit allem Beziehungen. Sie haben jetzt sogar eine Beziehung zu diesem Buch, das Sie lesen, zu mir und meinen Vorstellungen.

Die Beziehung, die Sie zu Gegenständen, Nahrungsmitteln, dem Wetter, dem Reisen und zu Menschen haben, spiegeln die Beziehung wider, die Sie zu sich selbst haben. Die Beziehung, die Sie zu sich haben, wird in hohem Maße von den Beziehungen beeinflußt, die Sie zu den Erwachsenen hatten, die Sie in Ihrer Kindheit umgaben. Die damalige Verhaltensweise der Erwachsenen uns gegenüber ist oft so, wie wir heute zu uns sind, sowohl im Positiven als auch im Negativen. Vergegenwärtigen Sie sich einen Augenblick die Wörter, die Sie benutzen, wenn Sie sich selbst beschimpfen. Sind es nicht dieselben Wörter, die Ihre Eltern benutzten, als sie Sie beschimpften? Welche Wörter benutzten sie, als Sie gelobt wurden? Ich bin sicher, daß Sie dieselben Wörter benutzen, wenn Sie sich selbst loben.

Vielleicht wurden Sie nie gelobt, deshalb haben Sie jetzt keine Vorstellung davon, wie man sich selbst lobt. Vielleicht denken Sie, daß es an Ihnen nichts Lobenswertes gibt. Ich beschuldige unsere Eltern nicht, weil wir alle Opfer von Opfern sind. Sie konnten Ihnen unmöglich etwas beibringen, was sie selbst nicht wußten.

Sondra Ray, die große Vertreterin der Wiedergeburtslehre, die sehr viel auf dem Gebiet ›Beziehungen‹ gearbeitet hat, behauptet, daß jede wichtige Beziehung, die wir haben, ein Abbild der Beziehung ist, die wir zu einem Elternteil hatten. Sie behauptet auch, daß wir uns niemals eine wunschgemäße Beziehung aufbauen können, ehe wir nicht diese ersten geklärt haben.

Beziehungen sind Spiegel unserer selbst. Unsere Attraktivität einem Menschen gegenüber spiegelt immer entweder Eigenschaften, die wir haben, wider oder unsere Auffassung, die wir von Beziehungen haben. Das gilt, ob es nun ein Chef ist, ein Mitarbeiter, ein Freund, ein Liebhaber, ein Ehepartner oder ein Kind. Was Ihnen an diesen Menschen mißfällt, ist entweder das, was Sie selbst tun, gerne tun würden oder was Sie glauben. Sie könnten auf diese Menschen nicht anziehend wirken oder sie um sich haben, wenn nicht deren Art irgendwie Ihr Leben ergänzen würde.

Übung: Wir und die anderen

Betrachten Sie einen Augenblick jemanden in Ihrem Leben, der Sie aufregt. Beschreiben Sie drei Dinge, die Ihnen an diesem Menschen nicht gefallen, etwas, das er Ihrer Meinung nach verändern sollte. Jetzt schauen Sie tief in sich hinein und stellen sich selbst die Frage: »Wo bin ich genauso und wann tue ich dieselben Dinge?«

Schließen Sie die Augen und nehmen Sie sich Zeit dafür.

Dann stellen Sie sich die Frage: »*Bin ich gewillt, mich zu verändern?*«

Wenn Sie die entsprechenden Muster, Gewohnheiten und Überzeugungen aus Ihrem Denken und Ihrem Verhalten entfernen, werden sich jene Menschen verändern oder aus Ihrer Umgebung verschwinden.

Wenn Sie einen Chef haben, der kritisch ist und den man unmöglich zufriedenstellen kann, schauen Sie in sich hinein. Entweder Sie sind genauso auf gewisser Ebene, oder Sie meinen: »Chefs sind immer kritisch, man kann sie unmöglich zufriedenstellen.«

Wenn Sie einen Angestellten haben, der nicht gehorcht oder etwas nicht durchzieht, schauen Sie, wo Sie das ebenfalls tun, und bereinigen Sie es. Es ist zu einfach, jemanden zu entlassen; es korrigiert nämlich nicht Ihr Verhaltensmuster. Wenn es einen Mitarbeiter gibt, der nicht zusammenarbeiten und nicht Teil des Teams sein möchte, schauen Sie, wie Sie dieses Verhalten bewirkt haben könnten. Wo sind Sie selbst nicht bereit zur Zusammenarbeit?

Wenn Sie einen unzuverlässigen Freund haben, der Sie im Stich läßt, gehen Sie in sich. In welchem Bereich Ihres Lebens sind Sie selbst unzuverlässig, und wann lassen Sie andere im Stich? Entspricht das Ihrer Überzeugung?

Wenn Sie einen Liebhaber haben, der gefühllos zu sein scheint, dann schauen Sie, ob es in Ihnen eine Überzeugung gibt, die daher kommt, daß Sie als Kind Ihre Eltern beobachtet haben und Ihnen vermittelt wurde: »Liebe ist gefühllos und wird nicht nach außen gezeigt.«

Wenn Sie einen Ehepartner haben, der dauernd nörgelt und Sie nicht unterstützt, betrachten Sie wieder Ihre Überzeugungen, die in Ihrer Kindheit begründet sind. Hat ein Elternteil dauernd genörgelt oder war wenig kooperativ? Sind Sie auch so?

Wenn Sie ein Kind mit Gewohnheiten haben, die Sie stören, garantiere ich, daß dies Ihre Gewohnheiten sind. Kinder lernen nur durch Nachahmen der Erwachsenen, die um sie sind. Bringen Sie das in Ihrem Leben in Ordnung, und dann werden Sie feststellen, daß das Kind sich von alleine ändert.

Das ist die einzige Art, andere zu ändern — man muß zuerst sich selbst ändern. Ändern Sie Ihr Verhaltensmuster, und Sie werden feststellen, daß die anderen auch anders sind.

Es ist nutzlos, jemandem die Schuld zu geben. Ihre Kraft wird vergeudet, wenn Sie jemanden beschuldigen. Behalten Sie Ihre Kraft. Ohne Kraft können wir keine Veränderungen erzielen. Ein hilfloses Opfer kann keinen Ausweg finden.

Wie kann ich Liebe finden

Liebe entsteht, wenn wir sie am allerwenigsten erwarten, wenn wir sie nicht suchen. Die Jagd nach Liebe bringt nie den richtigen Partner. Die Suche nach Liebe verursacht nur Sehnsucht und Unglücklichsein. Liebe ist nie äußerlich erkennbar, Liebe ist in uns.

Bestehen Sie nicht darauf, daß Liebe sofort zu entstehen hat. Vielleicht sind Sie noch nicht bereit, oder Sie haben sich noch nicht weit genug entwickelt, um die Liebe zu erreichen, die Sie sich vorstellen.

Binden Sie sich nicht an irgend jemanden, nur um einen Menschen zu haben. Setzen Sie Ihre Maßstäbe. Welche Art von Liebe möchten Sie erreichen? Listen Sie die Merkmale auf, die Sie wirklich in einer Beziehung finden möchten. Entwickeln Sie diese Maßstäbe in sich selbst, dann werden Sie auch den Menschen für sich gewinnen, der sie hat.

Sie könnten prüfen, warum Liebe von Ihnen fernbleibt. Könnte es Kritik sein? Mangelndes Selbstwertgefühl? Unsinnige Maßstäbe? Filmstarvorstellungen? Die Angst vor Intimität? Die Überzeugung, Sie seien nicht liebenswert?

Seien Sie bereit zur Liebe, wenn Sie wirklich erscheint. Bereiten Sie den Boden vor, und seien Sie bereit, Liebe zu hegen. Seien Sie erfüllt von Liebe, und Sie werden liebenswert sein. Seien Sie der Liebe gegenüber offen und empfänglich.

In der Unendlichkeit des Lebens, dort wo ich bin,
ist alles vollkommen, ganz und vollständig.

✷

Ich lebe mit jedem, den ich kenne,
in Harmonie und Ausgeglichenheit.

✷

Tief im Zentrum meines Wesens gibt es
eine unendliche Quelle der Liebe.

✷

Jetzt lasse ich diese Liebe an die Oberfläche
strömen. Sie erfüllt mein Herz,
meinen Körper, meinen Geist, mein Bewußtsein,
mein ganzes Wesen und strahlt von mir in alle
Richtungen und kehrt vielfach zu mir zurück.

✷

Je mehr Liebe ich verbreite und gebe,
desto mehr habe ich zu geben.

✷

Der Vorrat an Liebe ist endlos.

✷

Das Verbreiten von Liebe verursacht mir
Wohlbehagen, es ist ein Ausdruck meiner inneren
Freude. Ich liebe mich; deshalb kümmere ich mich
liebevoll um meinen Körper. Ich gebe ihm liebevoll
nahrhaftes Essen und Getränke, ich pflege und
ziehe ihn liebevoll an, und mein Körper antwortet mir
liebevoll mit pulsierender Gesundheit und Energie.

Ich liebe mich; deshalb statte ich mich
mit einer bequemen Wohnung aus,
die alle meine Bedürfnisse befriedigt
und in der ich mich voller Freude aufhalte.

Ich fülle die Räume mit dem Pulsschlag der Liebe,
damit alle Besucher, ich ebenfalls, diese Liebe
fühlen und durch sie gestärkt werden.

Ich liebe mich; deshalb habe ich eine Arbeitsstelle,
die mir wirklich Spaß macht, eine, die meine
kreativen Begabungen und Fähigkeiten fordert.
Ich arbeite für und mit Menschen, die ich liebe und
die mich lieben, und ich verdiene ein gutes Gehalt.

Ich liebe mich; deshalb verhalte ich mich allen
Menschen gegenüber liebevoll und denke über alle
Menschen liebevoll, denn ich weiß, daß das, was ich
gebe, vielfach zu mir zurückkehrt. Ich wirke
in meiner Welt nur auf liebevolle Menschen,
denn sie sind ein Spiegel dessen, was ich bin.

Ich liebe mich; deshalb vergebe ich und löse mich
vollständig von der Vergangenheit und
von allen vergangenen Erlebnissen; ich bin frei.

Alles ist gut angelegt in meiner Welt.

11

Arbeit

»Ich bin tief erfüllt von allem, was ich tue.«

Würden Sie es nicht sehr schön finden, wenn die obengenannte Affirmation für Sie Wirklichkeit würde? Vielleicht haben Sie sich selbst eingeengt, indem Sie einige der folgenden Gedanken hatten:

Ich ertrage diese Arbeit nicht
Ich hasse meinen Chef
Ich verdiene nicht genug Geld
Sie erkennen mich in meinem Beruf nicht an
Ich komme mit meinen Kollegen nicht zurecht
Ich weiß nicht, was ich tun soll

Das ist negatives, abwehrendes Denken. Welche gute Position erreichen Sie damit? Sie packen das Thema vom falschen Ende her an.

Wenn Sie eine Arbeitsstelle haben, die Sie nicht interessiert, wenn Sie Ihre Tätigkeit ändern wollen, wenn Sie Schwierigkeiten am Arbeitsplatz haben oder wenn Sie arbeitslos sind, ist es am besten, so damit umzugehen:

Fangen Sie damit an: segnen Sie Ihre jetzige Position mit Liebe. Machen Sie sich klar, daß sie nur einen weiteren Schritt auf Ihrem Weg bedeutet. Sie sind nur wegen Ihrer eigenen Denkmuster dort, wo Sie sind. Wenn ›sie‹ Sie nicht so behandeln, wie Sie behandelt werden möchten, dann gibt es in Ihrem Bewußtsein ein Verhaltensmuster, das ein solches Benehmen anzieht. Lassen Sie deshalb vor Ihrem inneren Auge Ihre jetzige und vorherige Arbeit Revue passieren, und fangen Sie an, alles mit Liebe zu segnen – das Gebäude, die Räume, die Möbel und die Ausstattung, Ihre Vorgesetzten und Ihre Kollegen und jeden einzelnen Kunden.

Fangen Sie an, sich selbst zu bestätigen, daß »Ich immer für die wunderbarsten Chefs arbeite«. »Mein Chef behandelt mich immer respektvoll und höflich« und: »Mein Chef ist großzügig, und man kann leicht für ihn arbeiten.« Das wird Sie Ihr ganzes Leben vorwärtsbringen und wenn Sie selbst einmal Chef werden, werden Sie auch so sein.

Ein junger Mann wollte eine neue Stelle antreten und war aufgeregt. Ich erinnere mich, daß ich sagte: »Warum sollten Sie Ihre Sache nicht gut machen? *Natürlich* werden Sie Erfolg haben. Öffnen Sie Ihr Herz, und lassen Sie Ihre Begabungen aus sich herausströmen. Segnen Sie die Firma, Ihre Kollegen und Ihre Arbeitgeber und jeden einzelnen Kunden mit Liebe, und alles wird gutgehen.«

Er machte es genauso und hatte großen Erfolg.

Wenn Sie Ihre Arbeitsstelle aufgeben wollen, fangen Sie damit an, sich zu bestätigen, daß Sie Ihre jetzige Arbeitsstelle mit Liebe für den Nachfolger freigeben, der sich freut, sie zu bekommen. Sie müssen wissen, daß es Menschen gibt, die genau nach dem suchen, was Sie anzubieten haben, und daß Sie auf dem Schachbrett des Lebens sogar noch zusammengeführt worden sind.

Affirmation zur Arbeit

»Ich stehe einer wunderbaren neuen Position völlig offen und empfänglich gegenüber, für die ich alle meine Begabungen und Fähigkeiten nutzen kann und die mir erlaubt, meine Kreativität so zum Ausdruck zu bringen, daß ich ausgefüllt bin. Ich arbeite mit und für Menschen, die ich liebe und die mich lieben und respektieren. Ich arbeite an einem tollen Ort und verdiene ein gutes Gehalt.«

Sollte ein Mitarbeiter Sie ärgern, segnen Sie ihn immer mit Liebe, wenn Sie an ihn denken. In jedem einzelnen von uns gibt es jede einzelne Eigenschaft. *Alle sind fähig, Hitler oder Mutter Theresa zu sein, wenngleich wir uns nicht dafür entscheiden, so zu sein.* Wenn ein Mensch kritisch ist, beginnen Sie mit der Erklärung, daß er oder sie liebens- und lobenswert ist. Wenn Menschen grausam sind, erklären Sie, daß sie sanft und mitfühlend sind. Wenn Sie nur die guten Eigenschaften in den Menschen sehen, müssen sie sie Ihnen gegenüber auch zeigen, gleichgültig, wie sie sich anderen gegenüber verhalten.

Beispiel:

Ein Mann hatte eine neue Stelle, er sollte in einem Klub Klavier spielen. Der Chef dieses Klubs war dafür bekannt, daß er unfreundlich und gemein sei. Die Angestellten nannten den Chef hinter seinem Rücken immer ›Herr Tod‹. Ich wurde gefragt, wie man dieser Situation Herr werden könnte.

Ich antwortete: »In jedem Menschen gibt es alle guten Eigenschaften. Gleichgültig, wie andere ihm gegenüber reagieren, es hat nichts mit Ihnen zu tun. Jedesmal, wenn Sie an diesen Mann denken, segnen Sie ihn mit Liebe. Wiederholen Sie für sich die Erklärung: Ich arbeite für tolle Chefs. Tun Sie das immer und immer wieder.«

Er nahm meinen Ratschlag an und verhielt sich genauso. Mein Klient wurde herzlich begrüßt, der Chef fing an, ihm Gratifikationen zuzustecken und engagierte ihn für mehrere andere Klubs. Die anderen Angestellten, die ihm weiterhin negative Gedanken zukommen ließen, wurden laufend schlecht behandelt.

Wenn Sie Ihren Arbeitsplatz mögen, aber meinen, nicht gut genug bezahlt zu werden, fangen Sie an, Ihr jetziges Gehalt mit Liebe zu segnen. Wenn wir Dankbarkeit für das ausdrücken, was wir bereits haben, kann es wachsen. Erklären Sie, daß Sie Ihr Bewußtsein einem größeren Wohlstand gegenüber öffnen und ein *Teil* dieses Wohlstands ist ein besseres Gehalt. Erklären Sie, daß Sie eine Gehaltserhöhung verdienen, nicht aus banalen Gründen, sondern weil Sie ein großer Trumpf für die Firma sind. Geben Sie in Ihrem Beruf immer Ihr Bestes, denn dann wird das Universum erkennen, daß Sie bereit sind, von Ihrer jetzigen zur nächsten und sogar besseren Stelle befördert zu werden.

Ihr Bewußtsein hat Sie dorthin gebracht, wo Sie jetzt sind. Ihr Bewußtsein wird Sie dort halten oder Sie auf eine bessere Position befördern. Es hängt ganz von Ihnen ab.

In der Unendlichkeit des Lebens, dort wo ich bin, ist alles vollkommen, ganz und vollständig.

Meine einzigartigen schöpferischen Begabungen durchströmen mich und kommen in tief zufriedenstellender Weise zum Vorschein.

Es gibt Menschen, die immer nach meinen Diensten suchen. Ich bin immer gefragt, kann aussuchen und entscheiden, was ich tun möchte.

Alles ist gut angelegt in meiner Welt.

12

Erfolg

»Jede Erfahrung ist ein Erfolg.«

Was bedeutet ›Mißerfolg‹ überhaupt? Bedeutet es, daß sich etwas nicht so entwickelt, wie Sie wollten oder wie Sie erhofften? Das Gesetz der Erfahrung ist immer vollkommen. Wir malen uns unsere Gedanken und Überzeugungen vollkommen aus. Sie müssen also einen Schritt ausgelassen haben, oder Sie hatten eine innere Überzeugung, die Ihnen sagte, Sie seien es nicht wert – oder Sie fühlten sich der Sache nicht wert.

So geht es mir auch, wenn ich an meinem Computer arbeite. Wenn ein Fehler auftritt, dann immer nur durch mich. Ich habe etwas getan, das nicht den Gesetzen des Computers entsprach. Das bedeutet nur, daß ich noch mehr zu lernen habe.

Das alte Sprichwort ›Übung macht den Meister‹ trifft vollkommen zu. Es bedeutet nicht, daß Sie sich mit der alten Methode weiter quälen. Es bedeutet, seinen Irrtum zu erkennen und andere Methoden anzuwenden – bis Sie die richtige gelernt haben.

Ich meine, es ist unser Naturrecht, unser Leben lang von Erfolg zu Erfolg zu gehen. Wenn uns das nicht gelingt, besteht entweder keine Harmonie zwischen uns und unseren angeborenen Fähigkeiten, oder wir glauben nicht, daß Erfolg für uns realisierbar ist, oder wir erkennen unseren Erfolg nicht.

Wir werden immer Mißerfolg haben, wenn wir uns Ziele setzen, die für unsere augenblickliche Situation zu hoch gesteckt sind oder die wir zur Zeit nicht erreichen können.

Wenn ein kleines Kind dabei ist, laufen oder sprechen zu lernen, ermutigen wir es wegen jedem winzigen Fortschritt. Das Kind strahlt und versucht fleißig, es noch besser zu machen. Verhalten Sie sich selbst gegenüber auch so, wenn Sie etwas Neues lernen? Oder erschweren Sie sich das Lernen, weil Sie sich sagen, Sie sind dumm, schwerfällig oder ein Versager?

Viele Schauspielerinnen und Schauspieler meinen, ihr Auftritt bei der ersten Probe müßte perfekt sein. Ich erinnere sie aber daran, daß der Zweck der Probe das Lernen ist. Probe ist die Phase, in der Fehler gemacht, neue Wege beschritten werden und in der gelernt wird. Nur durch ständig wiederholtes Üben lernen wir das Neue und machen es zum natürlichen Teil unseres Lebens. Wenn Sie einen wirklichen Fachmann irgendeines Gebietes beobachten, dann erleben Sie unzählige Stunden des Übens.

Machen Sie nicht den Fehler, den ich oft machte – ich weigerte mich immer wieder, Neues zu versuchen, weil ich nicht wußte, wie ich es bewerkstelligen sollte, und ich wollte nicht als dumm gelten. Lernen heißt Fehler machen, bis unser Unterbewußtsein die richtigen Bilder zusammenfügen kann.

Es spielt keine Rolle, wie lange Sie sich selbst als Versager gesehen haben; Sie können jetzt damit anfangen, sich ein ›Erfolgsverhalten‹ zu bilden. Es spielt keine Rolle, auf welchem Gebiet Sie vorgehen wollen. Die Grundsätze sind dieselben. Wir müssen die ›Saat‹ des Erfolges säen. Diese Saat wird zu einer überreichen Ernte heranwachsen.

Hier sind einige ›Erfolgs-Affirmationen‹, die Sie anwenden können:

Göttliche Klugheit gibt mir alle Gedanken, die ich anwenden kann
Alles, was ich angehe, wird zum Erfolg
Für jeden, auch für mich, ist reichlich vorhanden
Es gibt eine Menge Kunden für meine Dienste
Ich schaffe mir ein neues Bewußtsein für Erfolg
Ich rücke in den Kreis der Gewinner vor
Ich bin ein Magnet für Göttliches Wohlergehen
Ich werde über meine sehnlichsten Träume hinaus gesegnet
Ich ziehe Reichtümer jeder Art an
Goldene Gelegenheiten gibt es überall für mich

Nehmen Sie sich eine dieser Affirmationen, und wiederholen Sie sie mehrere Tage. Dann nehmen Sie eine andere und tun dasselbe. Lassen Sie diese Affirmationen Ihr Bewußtsein ausfüllen. Machen Sie sich keine Gedanken darüber, ›wie‹ das zustande gebracht wird: die Gelegenheiten werden Ihren Weg kreuzen. Vertrauen Sie darauf, daß Ihre innere Klugheit Sie leitet und führt. Sie sind es wert, in jedem Lebensbereich erfolgreich zu sein.

In der Unendlichkeit des Lebens,
dort wo ich bin, ich alles vollkommen,
ganz und vollständig.

✶

Ich bin eins mit der Macht, die mich geschaffen hat.

✶

Ich trage alles Erfolgsnotwendige in mir.

✶

Ich lasse jetzt die Erfolgsformel durch mich strömen
und sich in meiner Welt darstellen.

✶

Alles, wozu ich geleitet werde, wird ein Erfolg sein.

✶

Ich lerne aus jeder Erfahrung.

✶

Ich schreite von Erfolg
zu Erfolg und von Ruhm zu Ruhm.

✶

Mein Weg besteht aus einer Vielzahl von Schritten
zu einem immer größeren Erfolg.

✶

Alles ist gut angelegt in meiner Welt.

13

Wohlstand

*»Ich verdiene das Beste
und akzeptiere ab jetzt das Beste.«*

Wenn Sie möchten, daß sich die obige Affirmation für Sie bewahrheitet, dürfen Sie keine der folgenden Feststellungen glauben:

Geld wächst nicht auf Bäumen
Geld stinkt
Geld ist böse
Ich bin arm, aber rein und gut
Reiche Leute sind Schwindler
Ich will kein Geld haben und dann hochnäsig sein
Ich werde nie eine gute Arbeitsstelle haben
Ich werde nie viel Geld verdienen
Geld ist schneller ausgegeben als verdient
Ich habe immer Schulden
Arme Leute schaffen niemals den Aufstieg
Meine Eltern waren arm, also werde auch ich arm sein
Künstler müssen kämpfen
Nur Leute, die betrügen, haben Geld
Alle anderen kommen zuerst
Oh, ich könnte nicht so viel verlangen
Ich verdiene es nicht
Ich bin nicht gut genug, Geld zu verdienen

Sagen Sie niemandem, was ich auf dem Konto habe
Verleihen Sie niemals Geld
Kleinvieh macht auch Mist
Sparen Sie für schlechte Zeiten
Eine Krise kann jeden Moment auftreten
Ich verüble anderen ihr Geld
Geld bekommt man nur durch harte Arbeit

Wie viele dieser Aussagen entsprechen Ihrem Standpunkt? Meinen Sie wirklich, daß Sie zu Wohlstand kommen, wenn Sie auch nur einen davon glauben?

Es ist veraltetes, einengendes Denken. Vielleicht dachte Ihre Familie so über Geld, denn familiäre Überzeugungen haften uns an, bis wir uns bewußt von ihnen lösen. Woher auch immer diese Überzeugungen kommen mögen, sie müssen aus Ihrem Bewußtsein verschwinden, wenn Sie zu Wohlstand gelangen möchten. In meinen Augen beginnt Wohlstand damit, daß Sie positiv über sich selbst denken. Es gehört auch die Freiheit dazu, zu tun, was Sie möchten und wann Sie möchten. Es ist niemals nur ein Geldbetrag, sondern eine Geisteshaltung. Wohlstand oder nicht ist ein äußerer Ausdruck der Gedanken, die Sie im Kopf haben.

Etwas verdienen

Wenn wir nicht den Gedanken akzeptieren, daß jeder von uns Wohlstand ›verdient‹, werden wir ihn sogar ablehnen, wenn uns Reichtum in den Schoß fallen sollte.

<u>Beispiel</u>

Ein Teilnehmer an einem meiner Kurse arbeitete daran, seinen Wohlstand zu vergrößern. Eines Abends kam er sehr fröhlich in den Kurs – gerade hatte er $ 500 gewonnen. Er sagte fortgesetzt: »Ich kann es nicht fassen! Sonst gewinne ich nie etwas.« Wir wußten, daß es eine Widerspiegelung seines sich verändernden Bewußtseins war. Er empfand immer noch, daß er es nicht wirklich verdiente. In der nächsten Woche konnte er nicht zum Kurs kommen, weil er sich ein Bein gebrochen hatte. Die Arztrechnung betrug $ 500.

Er hatte Angst davor, sich in eine neue ›wohlhabende Richtung zu bewegen‹, und weil er empfand, es nicht wert zu sein, bestrafte er sich selbst auf diese Art.

Gleichgültig, worauf wir uns konzentrieren, es gedeiht; daher sollten wir uns nicht auf Rechnungen konzentrieren. Wenn Sie sich auf Mangel und Schulden konzentrieren, dann werden Sie größeren Mangel und Schulden schaffen.

Im Universum gibt es einen unerschöpflichen Vorrat. Fangen Sie an, sich dessen bewußt zu werden. Nehmen Sie sich die Zeit, in einer klaren Nacht die Sterne zu zählen, die Körner einer Handvoll Sand, die Blätter am Ast eines Baumes, die Regentropfen auf einer Fensterscheibe, die Samen in einer Tomate. Jeder Samen kann eine ganze Tomatenstaude mit unbegrenzt vielen Tomaten daran hervorbringen. Seien Sie dankbar für das, was Sie haben, und Sie werden feststellen, daß es mehr wird. Ich möchte alles mit Liebe segnen, was jetzt in meinem Leben vorhanden ist: mein Zuhause, die Heizung, Wasser, Licht, Telefon, Möbel, Installation, Geräte, Kleidung, Verkehrsmittel, berufliche Aufgaben – mein Geld, Freunde, meine Fähigkeit zu sehen, zu fühlen, zu schmecken, zu berühren, zu gehen und mich an diesem unglaublichen Planeten zu freuen.

Unser persönlicher Glaube an Mangel und Einengung ist unsere einzige Beschränkung. Und welche Überzeugung engt Sie ganz persönlich ein? Wollen Sie nur Geld haben, um anderen damit zu helfen? Damit sagen Sie, Sie selbst seien es nicht wert.

Seien Sie sich sicher, den Wohlstand jetzt nicht abzuweisen. Nehmen Sie die Einladung eines Freundes zum Mittag- oder Abendessen mit Freude und Vergnügen an. Sie sollten den Umgang mit Menschen nicht als ›Geschäft‹ empfinden. Wenn Sie ein Geschenk erhalten, nehmen Sie es wohlwollend an. Wenn Sie das Geschenk nicht gebrauchen können, geben Sie es an einen anderen weiter. Lassen Sie die Dinge ständig durch sich hindurchströmen. Lächeln Sie nur, und sagen Sie: »Danke.« Auf diese Art geben Sie dem Universum zu verstehen, daß Sie bereit sind, Ihr Gutes zu empfangen.

Machen Sie dem Neuen Platz

Machen Sie dem Neuen Platz. Räumen Sie Ihren Kühlschrank auf, trennen Sie sich von all den Kleinigkeiten, die Sie in Frischhaltefolie eingepackt haben. Räumen Sie Ihre Schränke auf, trennen Sie sich von all den Sachen, die Sie im letzten halben Jahr oder länger nicht benutzt haben. Wenn Sie sie ein Jahr lang nicht benutzt haben, sollten Sie sie endgültig los werden. Verkaufen Sie sie, tauschen Sie sie ein, geben Sie sie weg oder verbrennen Sie sie.

Unordentliche Schränke bedeuten ein ungeordnetes Bewußtsein. Während Sie den Schrank aufräumen, sagen Sie zu sich selbst: »Ich bin dabei, die Schränke meines Bewußtseins aufzuräumen.« Das Universum liebt symbolische Handlungen.

Als ich das erste Mal von der Vorstellung hörte: Die Fülle des Universums ist für jeden vorhanden, dachte ich, das sei zum Lachen.

»Sieh dir all die armen Leute an«, sagte ich zu mir. »Sieh dir deine eigene, offensichtliche Armut an.« Es ärgerte mich nur, wenn ich hörte: »Deine Armut ist nur eine Überzeugung in deinem Bewußtsein.« Ich brauchte viele Jahr, wahrzunehmen und zu akzeptieren, daß ich allein für meinen fehlenden Wohlstand verantwortlich bin. Nach meiner Überzeugung war ich ›ohne Wert‹ und ›verdiente nichts‹. Ich war überzeugt, daß ›es schwierig ist, an Geld heranzukommen‹ und ›ich keine Begabung oder Fähigkeiten besitze‹. Das alles bewirkte, daß ich in ein System des ›Nichts-Habens‹ verbohrt war.

Es ist die einfachste Sache der Welt, Geld zu zeigen! Wie reagieren Sie auf diese Behauptung? Glauben Sie sie? Ärgern Sie sich? Sind Sie unentschieden? Sind Sie drauf und dran, dieses Buch durchs Zimmer zu werfen? Wenn Sie auf diese Weise reagieren, *gut!* Ich habe etwas tief in Ihnen berührt, genau den Widerstandspunkt gegen die Wahrheit. Hieran muß gearbeitet werden. Es ist an der Zeit, sich der Möglichkeit zu öffnen, den Strom des Geldes und aller Güter selbst zu erhalten.

Lieben Sie Ihre Rechnungen

Es ist wesentlich, daß wir aufhören, uns über Geld Gedanken zu machen und uns über Rechnungen zu ärgern. Viele Menschen betrachten Rechnungen als Strafen, die man, wenn möglich, vermeiden sollte. Eine Rechnung ist die Anerkennung unserer Fähigkeit, zahlen zu können. Der Gläubiger nimmt an, daß Sie wohlhabend sind und stellt Ihnen seinen Service oder zuerst sein Produkt zur Verfügung. Ich segne jede einzige Rechnung, die in mein Haus kommt, mit Liebe. Ich segne jeden einzigen Scheck, den ich ausstelle, mit Liebe und drücke ihm einen leichten Kuß auf.

Wenn Sie mit Widerwillen bezahlen, wird es das Geld schwer haben, zu Ihnen zurückzukehren. Wenn Sie mit Liebe und Freude bezahlen, öffnen Sie den frei strömenden Fluß des Wohlergehens. Behandeln Sie Ihr Geld wie einen Freund, nicht wie etwas, das Sie in Ihre Tasche stopfen.

Ihre Sicherheit ist weder Ihr Beruf, noch Ihr Bankkonto, noch Ihre Geldanlagen, noch Ihr Ehepartner oder Ihre Eltern. Ihre Sicherheit ist Ihre Fähigkeit, sich mit der Kosmischen Macht zusammenzutun, die alles erschafft.

Ich meine, meine innere Kraft, die in meinem Körper pulsiert, ist dieselbe Kraft, die mich mit allem versorgt, was ich brauche. So einfach ist das. Das Universum ist verschwenderisch und überreich, und es ist unser Naturrecht, mit allem, was wir benötigen, versorgt zu werden, außer wir haben uns entschlossen, das Gegenteil zu glauben.

Jedes Mal, wenn ich mein Telefon benutze, segne ich es mit Liebe und erkläre oft, daß es mir nur Wohlstand und Sympathiebezeugungen übermittelt. Dasselbe mache ich mit meinem Briefkasten. Er ist jeden Tag randvoll mit Geld und Liebesbriefen jeglicher Art: es schreiben Freunde, Klienten und Leser meines Buches, die weit entfernt leben. Über die Rechnungen freue ich mich und danke den Firmen, daß sie meiner Zahlungsfähigkeit vertrauen. Ich segne meine Türklingel und die Haustüre, weil ich weiß, daß in mein Haus nur Gutes kommt. Ich erwarte von meinem Leben, daß es gut und erfreulich ist, und so ist es dann auch.

Diese Gedanken sind für jeden

Ein Hochseefischer, der seine Geschäfte verbessern wollte, kam zu einem Gespräch über Wohlstand zu mir. Er meinte, er sei gut in seinem Beruf und wollte im Jahr $ 100 000 verdienen. Ich vermittelte ihm dieselben Gedanken, die ich Ihnen vermittelt habe. Bald konnte er Geld für chinesisches Porzellan ausgeben. Er verbrachte sehr viel Zeit zu Hause, wo er die Schönheit seines Mobiliars genießen wollte.

Freuen Sie sich am Glück anderer

Verzögern Sie Ihren eigenen Wohlstand nicht dadurch, daß Sie sich ärgern oder eifersüchtig werden, weil ein anderer mehr hat als Sie. Kritisieren Sie nicht die Art anderer, ihr Geld auszugeben. Es geht Sie nichts an.

Jeder Mensch gehorcht dem Gesetz seines oder ihres Bewußtseins. Achten Sie nur auf Ihre eigenen Gedanken. Segnen Sie das Glück anderer, und seien Sie sich gewiß, daß für alle reichlich vorhanden ist.

Sind Sie ein Geizkragen? Lassen Sie Toiletten-Personal durch selbstgerechte Feststellungen brüskiert zurück? Lassen Sie die Türsteher Ihres Büro- oder Apartmenthauses in der Weihnachtszeit links liegen? Sind Sie ein Pfennigfuchser, obwohl Sie es nicht nötig haben, Gemüse oder Brot vom Vortag zu kaufen? Kaufen Sie immer in einem Billigladen, oder bestellen Sie immer das billigste Essen auf der Speisekarte?

Es gibt ein Gesetz zu ›Angebot und Nachfrage‹. Die Nachfrage kommt zuerst. Das Geld findet seinen Weg dorthin, wo es gebraucht wird. Auch die ärmste Familie bekommt fast immer das Geld für eine Beerdigung zusammen.

Visualisierung — Ein Ozean der Überfülle

Ihr Bewußtsein für Wohlstand ist nicht vom Geld abhängig, sondern der Fluß des Geldes ist von Ihrem Bewußtsein für Wohlstand abhängig. Wenn Sie sich mehr vorstellen können, wird mehr in Ihr Leben kommen.

Ich liebe die Vorstellung, am Strand zu stehen, über das weite Meer zu schauen und zu wissen, daß mir dieser Ozean der Überfülle zur Verfügung steht. Schauen Sie Ihre Hände an, und stellen Sie fest, was für ein Behältnis Sie halten. Ist es ein Teelöffel, ein Fingerhut mit Loch, ein Pappbecher, ein Glas, ein Becher, eine Kanne, eine kleine Wanne, oder haben Sie vielleicht eine mit diesem übervollen Ozean verbundene Pipeline? Schauen Sie sich um, und Sie werden feststellen, daß, ungeachtet der Vielzahl der Menschen und der Behältnisse, die sie haben, reichlich für jeden vorhanden ist. Sie können niemanden berauben und können auch nicht von anderen beraubt werden. Und es besteht keine Möglichkeit, den Ozean auszutrocknen. Ihr Behältnis ist Ihr Bewußtsein, und dies kann immer gegen ein größeres Behältnis ausgetauscht werden. Machen Sie diese Übung oft, damit Sie das Gefühl der Erweiterung und des unbegrenzten Nachschubs erhalten.

Öffnen Sie Ihre Arme

Ich sitze mindestens einmal täglich mit ausgebreiteten Armen und sage: »Ich bin offen und empfänglich für alle Güter und die Überfülle des Universums.« Das vermittelt mir ein Gefühl der Erweiterung.

Das Universum kann mir nur das zuteilen, was ich in meinem Bewußtsein habe; aber in meinem Bewußtsein kann ich mir *immer mehr* schaffen. Es ist wie eine kosmische Bank. Ich tätige geistige Einzahlungen, indem ich mein Bewußtsein meiner Fähigkeiten erweitere. Meditation, Behandlungen und Erklärungen sind geistige Einzahlungen.

Es ist nicht genug, einfach nur mehr Geld zu haben. Wir wollen Freude am Geld haben. Erlauben Sie sich, Spaß mit Geld zu haben? Wenn nicht, warum? Ein Teil Ihrer Einnahmen kann fürs reine Vergnügen sein. Haben Sie sich in der letzten Woche etwas Vergnügen von dem Geld geleistet? Warum nicht? Welche frühere Überzeugung hielt Sie zurück? Lassen Sie davon ab.

Geld muß kein ernstes Anliegen in Ihrem Leben sein. Betrachten Sie es mit Abstand. Geld ist ein Tauschmittel – mehr ist es nicht. Was würden Sie tun, und was würden Sie haben, wenn Sie kein Geld brauchten?

Jerry Gilles, der das Buch *Money Love* geschrieben hat – eines der besten Bücher über Geld, das ich kenne –, schlägt vor, daß wir uns selbst eine ›Armutsstrafe‹ auferlegen. Jedes Mal, wenn wir etwas Negatives über unsere geldliche Situation denken oder sagen, belegen wir uns mit einer bestimmten Geldstrafe und stecken das Geld in einen Topf. Am Ende der Woche müssen wir dieses Geld für ein Vergnügen ausgeben.

Ich habe festgestellt, daß es einfacher ist, ein Seminar über Sexualität abzuhalten als eines über Geld. Die Menschen werden sehr ärglich, wenn ihre Ansichten über Geld in Frage gestellt werden. Sogar Menschen, die in mein Seminar kommen und verzweifelt den Wunsch äußern, ein Leben mit mehr Geld schaffen zu wollen, werden ungehalten, wenn ich versuche, ihre einengenden Überzeugungen zu verändern.

»Ich bin willens, mich zu verändern.« »Ich bin willens, mich von früheren negativen Überzeugungen zu lösen.« Manchmal müssen wir sehr viel mit diesen beiden Affirmationen arbeiten, um den Raum zu schaffen, der für den Erwerb von Wohlstand notwendig ist.

Wir wollen uns von der Geisteshaltung des ›gesicherten Einkommens‹ lösen. Engen Sie das Universum nicht dadurch ein, daß Sie darauf bestehen, ›*nur*‹ ein bestimmtes Gehalt oder Einkommen zu haben. Dieses Gehalt oder Einkommen ist ein *Kanal — keine Quelle.* Ihre Versorgung kommt nur von einer Quelle, dem Universum selbst.

Es gibt unendlich viele Kanäle. Ihnen müssen wir uns öffnen. Wir müssen in unserem Bewußtsein akzeptieren, daß die Versorgung von überallher kommen kann. Wenn wir dann ein Zehnpfennigstück bei einem Spaziergang auf der Straße finden, sagen wir: »Danke!«, zur Quelle. Es mag wenig sein, aber neue Kanäle fangen an, sich zu öffnen.

»Ich bin offen und empfänglich gegenüber neuen Wegen des Einkommens.«

»Ich erhalte jetzt meine Güter von erwarteten und unerwarteten Quellen.«

»Ich bin ein unbegrenztes Wesen, das von unbegrenzter Quelle unbegrenzt annimmt.«

Freuen Sie sich an den kleinen Neuanfängen

Wenn wir uns für steigenden Wohlstand einsetzen, gewinnen wir immer in Übereinstimmung mit unserer Überzeugung, was wir verdienen. Eine Schriftstellerin arbeitete daran, ihr Einkommen zu erhöhen. Eine ihrer Affirmationen lautete: »Ich verdiene als Schriftstellerin gutes Geld.« Drei Tage später ging sie in eine Kaffeebar, in der sie oft frühstückte. Sie ließ sich in einer Nische nieder und breitete einige Seiten aus, an denen sie arbeitete. Der Geschäftsführer kam zu ihr und fragte: »Sie sind Schriftstellerin, stimmt's? Könnten Sie ein bißchen für mich schreiben?« Er brachte ihr dann mehrere kleine unbeschriebene Pappschildchen und fragte, ob sie ›*Türkisches Spezial-Mittagessen, $ 3,95*‹ daraufschreiben könnte. Er bot ihr als Gegenleistung ein Frühstück an.

Dieser kleine Vorfall zeigte den Anfang ihres sich verändernden Bewußtseins, und der Verkauf ihrer Arbeiten ging weiter.

Erkennen Sie Wohlstand

Fangen Sie an, überall Wohlstand zu erkennen, und freuen Sie sich daran. Pastor Ike, der bekannte Wanderprediger aus New York City, erinnert sich daran, wie er als armer Prediger an guten Restaurants, Häusern, Autos und Bekleidungsgeschäften vorbeiging und laut sagte: »Das ist für mich, das ist für mich.« Erfreuen Sie sich an extravaganten Häusern, Banken, eleganten Geschäften, Schaufenstern jeder Art – und auch Yachten. Erkennen Sie, daß dies alles Teil *Ihrer* Überfülle ist; so erweitern Sie Ihr Bewußtsein, an diesen Dingen teilzuhaben, wenn Sie es möchten. Wenn Sie gut gekleidete Menschen sehen, denken Sie: »Ist es nicht wunderbar, so überreichlich zu haben?« »Es gibt für uns alle sehr viel.«

Wir wollen nicht Besitz anderer. Wir wollen unseren *eigenen.*

Und trotzdem besitzen wir nichts. Wir benutzen nur für eine gewisse Zeit Besitztümer, bis sie an jemand anderen weitergehen. Manchmal bleibt Besitz einige Generationen lang in einer Familie, aber letztendlich wird er weitergehen. Es gibt einen natürlichen Rhythmus und Fluß des Lebens. Dinge kommen und gehen. Ich glaube, wenn etwas geht, macht es nur Platz für etwas Neues und Besseres.

Akzeptieren Sie Komplimente

So viele Menschen wollen reich sein und trotzdem akzeptieren sie kein Kompliment. Ich habe viele angehende Schauspieler und Schauspielerinnen, die ein ›Star‹ sein wollen, und trotzdem winden sie sich unter jedem Kompliment.

Komplimente sind Geschenke des Wohlstands. Lernen Sie, sie wohlwollend zu akzeptieren. Meine Mutter brachte mir früh bei, zu lächeln und ›danke‹ zu sagen, wenn ich ein Kompliment oder ein Geschenk bekam. Das war in meinem Leben immer ein Vorteil.

Es ist sogar noch besser, das Kompliment zu akzeptieren und es zurückzugeben, so daß der Gebende sich so fühlt, als habe er oder sie ein Geschenk erhalten. Es ist eine Art, den Fluß des Guten aufrechtzuerhalten.

Erfreuen Sie sich der Überfülle, und bleiben Sie fähig, jeden Morgen aufzuwachen und einen neuen Tag zu erleben. Freuen Sie sich, am Leben und gesund zu sein, Freunde zu haben, schöpferisch und ein lebendiges Beispiel an Lebensfreude zu sein. Leben Sie so bewußt wie möglich. Erfreuen Sie sich an Ihrer fortwährenden Weiterentwicklung.

In der Unendlichkeit des Lebens,
dort wo ich bin, ist alles vollkommen,
ganz und vollständig.

Ich bin eins mit der Macht, die mich erschaffen hat.

Ich stehe dem überreichen Strom von Wohlstand,
den das Universum bietet,
offen und empfänglich gegenüber.
Noch ehe ich darum bitte, wird meinen Bedürfnissen
und Wünschen entsprochen.

Ich werde göttlich geleitet und beschützt, und ich
treffe Entscheidungen, die für mich nützlich sind.

Ich erfreue mich am Erfolg anderer,
wissend, daß für uns alle reichlich vorhanden ist.

Beständig erweitere ich mein Bewußtsein für die
Reichlichkeit, was sich in einem beständig höher
werdenden Einkommen widerspiegelt.

Meine Güter kommen von überall und von jedem.

Alles ist gut angelegt in meiner Welt.

14

Der Körper

*»Ich höre mit Liebe
die Botschaften meines Körpers.«*

Ich glaube, daß wir jede sogenannte ›Krankheit‹ in unserem Körper selbst hervorrufen. Der Körper, wie alles andere im Leben, ist ein Spiegel innerer Gedanken und Überzeugungen. Der Körper spricht immer zu uns, wenn wir uns nur die Zeit nehmen, ihm zuzuhören. Jede Zelle Ihres Körpers antwortet auf jeden einzelnen Gedanken, den Sie denken und auf jedes Wort, das Sie sprechen.

Eine stetige Art und Weise des Denkens und Sprechens ruft körperliches Verhalten, Haltung, Wohlsein oder Unwohlsein hervor. Ein Mensch, der ein ständig in Falten gelegtes Gesicht hat, ruft dies nicht durch fröhliche, liebevolle Gedanken hervor. Die Gesichter und Körper älterer Menschen zeigen sehr deutlich lebenslange Gedankenmuster. Wie möchten Sie aussehen, wenn Sie älter sind?

Diesem Teil füge ich mein Verzeichnis über ›Wahrscheinliche geistige Muster‹ bei, die im Körper Krankheiten auslösen sowie ›Neue Gedankenmuster‹ oder ›Erklärungen, die benutzt werden sollten, um sich Gesundheit zu verschaffen‹. Sie erscheinen auch in meinem Buch *›Heile Deinen Körper‹*. Zusätzlich zu dieser kurzgefaßten Auflistung möchte ich einige häufigere Zustände untersuchen, nur um

Ihnen einen Eindruck zu vermitteln, wie wir diese Probleme hervorrufen.

Nicht jede geistige Ursache trifft auf jeden 100%ig zu. Dies bietet aber einen Anhaltspunkt, unsere Suche nach der Krankheitsursache zu beginnen. Viele Leute, die mit alternativen Heilverfahren arbeiten, benutzen immer wieder das Buch *Heile Deinen Körper,* wenn sie mit ihren Patienten arbeiten, und haben herausgefunden, daß die geistigen Ursachen immerhin zwischen 90 und 95% zutreffen.

Der Kopf repräsentiert uns. Ihn zeigen wir der Welt. Er dient üblicherweise dazu, uns wiederzuerkennen. Wenn etwas im Kopfbereich nicht stimmt, bedeutet das normalerweise, daß mit ›uns‹ etwas nicht stimmt.

Die Haare repräsentieren Stärke. Wenn wir angespannt sind und Angst haben, bekommen wir oft diese stahlharten Muskeln, die in den Schultern beginnen und bis zur Schädeldecke und manchmal sogar bis rund um die Augen reichen. Der Haarschaft wächst durch den Haarfollikel. Wenn die Kopfhaut sehr angespannt ist, wird der Haarschaft so zusammengedrückt, daß das Haar nicht mehr atmen kann, es stirbt und fällt aus. Wenn die Spannung anhält, die Kopfhaut nicht entspannt wird, bleibt der Follikel verengt, so daß das neue Haar nicht hindurchwachsen kann. Das Ergebnis ist Kahlköpfigkeit.

Weibliche Kahlköpfigkeit hat zugenommen, seit Frauen angefangen haben, in die ›Geschäftswelt‹ mit ihrer Anspannung und ihren Frustrationen einzusteigen. Kahlköpfige Frauen fallen uns nicht so auf, weil Damenperücken so natürlich und attraktiv sind. Unglücklicherweise sind die meisten Herrentoupées immer noch auf ziemliche Entfernung klar erkennbar.

Anspannung bedeutet, nicht stark zu sein. Anspannung ist Weichheit. Entspannt, gesammelt und friedvoll zu sein, bedeutet, wirklich stark und sicher zu sein. Es wäre gut für uns, unsere Körper mehr zu entspannen; viele von uns müßten auch ihre Kopfhaut entspannen. Versuchen Sie es jetzt. Sagen Sie Ihrer Kopfhaut, sie soll entspannen, und fühlen Sie, ob ein Unterschied entsteht. Wenn Sie feststellen, daß Ihre Kopfhaut sichtlich entspannt, dann empfehle ich Ihnen, diese kleine Übung oft zu machen.

Die Ohren repräsentieren die Fähigkeit zu hören. Wenn Probleme mit den Ohren entstehen, bedeutet es normalerweise, daß etwas vorgeht, was Sie nicht hören wollen. Ein Ohrenschmerz zeigt immer an, daß das Gehörte Ärger bedeutet.

Ohrenschmerzen sind bei Kindern verbreitet. Sie müssen sich Dinge zu Hause oft anhören, die sie wirklich nicht hören wollen. Die familiären Regeln verbieten es einem Kind oft, seinem Ärger Ausdruck zu verleihen, und die kindliche Unfähigkeit Dinge zu verändern, ruft Ohrenschmerzen hervor.

Taubheit repräsentiert eine langanhaltende Weigerung, jemandem zuzuhören. Sie werden feststellen, daß, wenn ein Partner einen Hörschaden hat, der andere oft redet und redet und redet.

Die Augen repräsentieren die Fähigkeit zu sehen. Wenn es Probleme mit den Augen gibt, bedeutet es normalerweise, daß es etwas gibt, das wir entweder auf uns oder das Leben, die Vergangenheit, Gegenwart oder die Zukunft bezogen nicht sehen wollen.

Jedesmal, wenn ich kleine Kinder mit Brille sehe, weiß ich, daß es Dinge in ihrer Familie gibt, die sie nicht sehen wollen.

Wenn sie das Erlebte nicht ändern können, werden sie ihre Sehschärfe undeutlich einstellen, damit sie es nicht so deutlich sehen müssen.

Viele Menschen hatten erstaunliche Heilerlebnisse, nachdem sie willens wurden, sich in die Vergangenheit zurückzuversetzen und mit dem aufzuräumen, was sie, ein, zwei

Jahre, bevor sie anfingen, Brillen zu tragen, nicht sehen wollten.

Lehnen Sie das, was im Augenblick geschieht, ab? Welcher Angelegenheit wollen Sie nicht ins Auge sehen? Haben Sie Angst, die Gegenwart oder Zukunft zu sehen? Wenn Sie klar sehen könnten, was würden Sie sehen, was Sie jetzt nicht sehen? Können Sie sehen, was Sie sich antun?

Interessante Fragen!?

Kopfschmerzen entstehen durch Selbstverletzung. Wenn Sie das nächste Mal Kopfschmerzen bekommen, halten Sie ein, und fragen Sie sich, wo und wie Sie sich gerade selbst unrecht getan haben. Vergeben Sie sich, lassen Sie davon ab, und der Kopfschmerz wird sich in das Nichts auflösen, aus dem er gekommen ist.

Migräne bekommen Leute, die vollkommen sein wollen und sich selbst unter Druck setzen. Migräne bedeutet eine Menge unterdrückten Ärger zu haben. Interessanterweise kann man Migräne durch Masturbation lindern, wenn Sie damit beginnen, sobald Sie die Migräne spüren. Die sexuelle Entspannung löst die Angespanntheit und den Schmerz. Sie mögen es zu diesem Zeitpunkt nicht als Masturbation empfinden, aber es ist sicher einen Versuch wert. Sie können nichts dabei verlieren.

Sinus-Probleme, mitten im Gesicht und sehr nahe an der Nase, drücken das Gefühl aus, sich durch jemanden in Ihrem Leben gestört zu fühlen, durch jemanden, der Ihnen nahesteht. Sie könnten sogar den Eindruck haben, dieser jemand übe Druck auf Sie aus.

Wir vergessen, daß wir die Situation verursachen; dann geben wir unsere Macht weg, indem wir anderen die Schuld an unseren Frustrationen geben. Kein Mensch, kein Ort und keine Sache hat irgend eine Macht über uns, denn ›wir‹ sind die einzigen Denker mit unserem Bewußtsein. Wir schaffen unsere Erfahrungen, unsere Wirklichkeit und alle, die dazu gehören. Wenn wir in unserem Bewußtsein Frieden, Harmonie und Ausgeglichenheit schaffen, werden wir sie auch in unserem Leben finden.

Das Genick und der Hals faszinieren, weil an diesen Stellen so ›vieles‹ geschieht. Das Genick repräsentiert die Fähigkeit, in unserem Denken flexibel zu sein, auch die andere Seite einer Frage zu sehen und den Standpunkt eines anderen Menschen zu betrachten. Wenn Schwierigkeiten mit dem Genick auftreten, bedeutet das normalerweise, daß wir stur an unserer Vorstellung zu einer Situation festgehalten haben.

Jedes Mal, wenn ich einen Menschen sehe, der einen solchen ›Kragen‹ trägt, weiß ich, daß dieser Mensch sehr selbstgerecht und stur daran festgehalten hat, nicht auch die Kehrseite einer Frage betrachtet zu haben. Virginia Satir, eine brillante Familientherapeutin, sagt, daß sie eine ›blöde Untersuchung‹ durchgeführt hat. Sie hat dabei herausgefunden, daß es mehr als 250 verschiedene Arten gibt, Geschirr zu spülen. Es wurde dabei berücksichtigt, wer abwäscht und welche Mittel beim Geschirrspülen verwendet werden. Wenn wir verbohrt daran festhalten, daß es nur ›eine Art‹ und nur ›einen Standpunkt‹ gibt, dann schließen wir einen Großteil des Lebens aus.

Der Hals repräsentiert unsere Fähigkeit, für ›uns selbst zu sprechen‹, ›um das zu bitten, was wir haben möchten‹, zu sagen, ›ich bin‹ usw. Wenn wir Halsprobleme haben, bedeutet es normalerweise, daß wir empfinden, keinen Anspruch auf diese Dinge zu haben. Wir empfinden, nicht in der Lage zu sein, für uns selbst geradezustehen.

Halsschmerzen bedeuten immer Ärger. Wenn eine Erkältung mit im Spiel ist, dann ist auch eine Bewußtseinsstörung dabei. Eine Kehlkopfentzündung bedeutet normalerweise so großen Ärger, daß Sie nicht sprechen können.

Der Hals repräsentiert außerdem den schöpferischen Fluß unseres Körpers. Hier verleihen wir unserer Kreativität Ausdruck; und wenn unsere Kreativität unterdrückt oder zunichte gemacht wurde, bekommen wir oft Halsprobleme. Wir alle kennen viele Menschen, die ihr ganzes Leben für andere leben. Sie bekommen kaum einmal die Gelegenheit, das zu tun, was sie möchten. Sie sind immer nur dienstbare Mütter/Väter/Ehepartner/Liebhaber/Vorgesetzte. Mandelentzündung und Schwierigkeiten mit der *Schilddrüse* bedeuten einfach frustrierte Kreativität, d. h. nicht in der Lage zu sein, das zu tun, was man tun möchte.

Das Energiezentrum im Hals, das fünfte Chakra, ist die Stelle im Körper, wo Veränderungen stattfinden. Wenn wir einer Veränderung mit Widerstand begegnen oder uns mitten in der Veränderung befinden oder versuchen, uns zu verändern, befindet sich unser Hals in voller Aktion. Achten Sie darauf, wenn Sie oder ein anderer hustet. Was wurde gerade gesagt? Worauf reagieren wir? Ist es Widerstand und Sturheit, oder ist es die stattfindende Veränderung? In meinen Seminaren benutze ich den Husten als Werkzeug zur Selbstentdeckung. Jedes Mal, wenn jemand hustet, bitte ich denjenigen, anschließend seinen Hals zu berühren und laut zu sagen: »Ich bin gewillt, mich zu verändern« oder: »Ich verändere mich.«

Die Arme repräsentieren unsere Fähigkeit und unser Leistungsvermögen, die Lebenserfahrungen zu umfassen. Die Oberarme haben mit unserem Leistungsvermögen, die Unterarme mit unseren Fähigkeiten zu tun. Wir lagern frühere Gefühle in unseren Gelenken; unsere Ellenbogen repräsentieren unsere Flexibilität zu Richtungsänderungen. Sind Sie so flexibel, eine Richtungsänderung in Ihrem Leben vorzunehmen, oder verharren Sie aufgrund früherer Gefühle an einem Fleck?

Die Hände greifen, Hände halten, Hände drücken. Wir lassen Dinge durch unsere Hände gleiten. Manchmal halten wir etwas zu lange. Wir sind geschickt, knauserig, freigiebig, geizig, ungeschickt. Wir geben Almosen. Wir kommen mit uns zurecht, oder wir kommen scheinbar mit nichts zurecht.

Wir packen etwas an. Es heißt, Hände runter. Es heißt, Hände weg, Hokuspokus. Wir geben jemandem die Hand, wir sind Hand in Hand, es ist handgreiflich, oder es ist unhandlich, oder etwas nimmt überhand.

Hände können zart sein oder hart mit knotigen Knöcheln, das kommt vom vielen Denken, oder arthritisch verknöchert, verursacht durch Kritik. Zupackende Hände entstehen durch Angst, Angst vor dem Verlust, Angst nie genug zu haben, Angst, daß etwas nicht bleibt, obwohl Sie es fest halten.

Wenn man eine Beziehung zu fest einschließt, bewirkt das nur, daß der Partner verzweifelt davonläuft. Zusammengedrückte Hände können nichts Neues anfassen. Ein freies Händeschütteln aus dem Handgelenk heraus vermittelt ein Gefühl von Lockerheit und Offenheit.

Was Ihnen gehört, kann Ihnen nicht genommen werden. Also entspannen Sie.

Die Finger: Jeder hat seine Bedeutung. Probleme mit den Fingern zeigen, wo Sie entspannen müssen und wovon Sie sich lösen müssen. Wenn Sie sich in den Zeigefinger schneiden, haben Sie vermutlich Ärger oder Angst, die mit Ihrem Ich in einer aktuellen Situation zu tun haben. Der Daumen ist Bewußtsein und repräsentiert Sorge. Der Zeigefinger ist Ego und Angst. Der Mittelfinger hat mit Sexualität und Ärger zu tun. Wenn Sie Ärger haben, halten Sie Ihren Mittelfinger fest, und beobachten Sie, wie sich der Ärger auflöst. Halten Sie den rechten Finger, wenn sich Ihr Ärger auf einen Mann, und den linken, wenn er sich auf eine Frau bezieht. Der Ringfinger bedeutet sowohl Eintracht wie Kummer. Der kleine Finger hat mit Familie und Heuchelei zu tun.

Der Rücken repräsentiert unser Unterstützungssystem. Rückenprobleme bedeuten normalerweise, daß wir uns zu wenig unterstützt fühlen. Wir denken zu oft, daß wir nur durch unseren Beruf, unsere Familie oder unseren Ehepartner unterstützt werden. In Wirklichkeit werden wir vollständig vom Universum, dem Leben selbst, unterstützt.

Der obere Teil des Rückens hat mit dem Gefühl unzureichender emotionaler Unterstützung zu tun. Mein Mann/meine Frau/mein Freund/Chef versteht mich oder unterstützt mich nicht.

Der mittlere Teil des Rückens hat mit Schuld zu tun. Mit allem, was im Verborgenen liegt. Haben Sie Angst davor, dem Verborgenen ins Auge zu sehen, oder halten Sie es absichtlich verborgen?

Oder meinen Sie, hinterrücks erdolcht zu werden?

Fühlen Sie sich richtig ›pleite‹? Sind Ihre Finanzen völlig durcheinander? Oder machen Sie sich darüber übertriebene Sorgen? Dann macht Ihnen wahrscheinlich der untere Teil Ihres Rückens Schwierigkeiten. Geldmangel oder die Angst vor dem Geld sind die Ursachen. Der Geldbetrag, den Sie haben, spielt dabei keine Rolle. Viele von uns meinen, daß Geld die wichtigste Sache in unserem Leben ist und daß wir ohne es nicht leben könnten. Das stimmt nicht. Es gibt etwas viel Wichtigeres und Wertvolleres für uns. Wir könnten ohne dieses nicht leben. Was ist das? Es ist unser Atem.

Unser Atem ist für unser Leben der wertvollste Bestandteil. Wir nehmen es jedoch als völlig selbstverständlich hin, daß nach dem Ausatmen das nächste Einatmen stattfinden wird. Wenn wir nicht wieder einatmen würden, würden wir keine drei Minuten aushalten. Wenn die Macht, die uns geschaffen hat, uns genügend Atem gegeben hat, damit wir unser Leben lang existieren können, können wir nicht darauf vertrauen, daß alles andere, was wir brauchen, auch bereitgestellt wird?

Die Lungen repräsentieren die Leistungsfähigkeit, Leben anzunehmen und zu geben. Lungenprobleme bedeuten normalerweise, daß wir Angst davor haben, Leben anzunehmen, oder wir haben vielleicht das Gefühl, nicht das Recht zu haben, uns auszuleben.

Frauen haben immer schon flach geatmet. Sie haben sich als Bürger zweiter Klasse betrachtet, die nicht das Recht hatten, eigenen Raum für sich zu beanspruchen und manchmal nicht einmal das Recht zu leben. Heutzutage hat sich das alles geändert. Frauen nehmen ihren Platz als vollwertige Mitglieder der Gesellschaft ein und atmen tief und voll.

Es macht mir Spaß, Sport treibende Frauen zu sehen. Frauen haben immer Feldarbeit verrichtet; aber soweit ich weiß, ist dies das erste Mal in der Geschichte, daß Frauen am Sport teilnehmen. Es ist toll, die herrlichen Körper zu sehen, die dabei in Erscheinung treten.

Emphyseme und starkes Rauchen sind lebensverneinend. Sie verschleiern ein tiefes Gefühl, vollständig lebensunwert zu sein. Schimpfen wird den Gewohnheitsraucher nicht verändern. Zuerst muß die grundsätzliche Überzeugung verändert werden.

Die Brust repräsentiert das Prinzip der Mütterlichkeit. Wenn Brustprobleme auftauchen, bedeutet das normalerweise, daß wir einen Menschen, einen Ort, eine Sache oder eine Erfahrung ›überbemuttern.‹

Teil der mütterlichen Aufgabe ist es, dem Kind das ›Heranwachsen‹ zuzugestehen. Wir müssen wissen, wann wir unsere Finger aus dem Spiel lassen sollten, wann wir die Zügel weiterreichen und die Kinder sich selbst überlassen sollten. Übervorsichtigkeit bereitet den anderen Menschen nicht darauf vor, mit seinen eigenen Erfahrungen zurechtzukommen. In manchen Situationen schneidet im wahrsten Sinne des Wortes unser beherrschendes Verhalten die Nahrungszufuhr ab.

Wenn Krebs mit im Spiel ist, dann ist auch tief sitzender Verdruß vorhanden. Lösen Sie sich von der Angst und erkennen Sie, daß jedem von uns die Vernunft des Universums innewohnt.

Das Herz repräsentiert natürlich Liebe, wohingegen das Blut Freude repräsentiert. Unsere Herzen pumpen liebend gern Freude durch unsere Körper. Wenn wir uns selbst Freude und Liebe versagen, verkümmert unser Herz und wird kalt. Als Ergebnis wird unser Blut zähflüssig und wir bewegen uns langsam auf Anämie, Angina pectoris und Herzanfälle hin.

Das Herz ›greift‹ uns nicht an. Wir reiben uns mit Rührseligkeit und Dramen auf, die wir selber schaffen und vergessen oft, die kleinen uns umgebenden Freuden zu bemerken. Wir verbringen Jahre damit, alle Freude aus unserem Herzen herauszupressen, und es ergeht sich im wahrsten Sinne des Wortes im Schmerz. Menschen, die Herzanfälle bekommen, sind niemals fröhliche Menschen. Wenn sie sich nicht die Zeit nehmen, die Freuden des Lebens zu genießen, werden sie sich nach gewisser Zeit wieder einen Herzanfall zuziehen.

Gutherzig, kaltherzig, warmherzig, offenherzig, böses Herz, liebendes Herz − wie ist Ihr Herz?

Der Magen verdaut alle neuen Gedanken und Erfahrungen, die wir machen. Was oder wen können Sie nicht vertragen? Was liegt Ihnen schwer im Magen?

Wenn Magenprobleme entstehen, bedeutet das normalerweise, daß wir nicht wissen, wie wir uns den neuen Erfahrungen anpassen sollen. Wir haben Angst.

Viele von uns können sich noch an die Zeit erinnern, als die zivile Luftfahrt sich durchsetzte. Daß wir in eine dicke Metallröhre hineingehen konnten, die uns sicher durch den Himmel beförderte, waren neue Gedanken, an die wir uns nur schwer gewöhnen konnten.

An jedem Sitz waren Spucktüten befestigt, und die meisten von uns benutzten sie. Wir erbrachen so diskret wie möglich in die Spucktüten, schnürten sie zusammen und reichten sie der Stewardess, die viel Zeit damit verbrachte, den Gang auf und ab zu laufen, um sie einzusammeln.

Seitdem sind viele Jahre vergangen, und obwohl die Tüten immer noch hinter jedem Sitz klemmen, werden sie selten benutzt. Wir haben uns an den Gedanken zu fliegen gewöhnt.

Magengeschwüre sind nichts anderes als Angst; enorme Angst davor, ›nicht gut genug zu sein‹. Wir haben Angst davor, unseren Eltern nicht gut genug zu sein, für einen Chef nicht gut genug zu sein. Wir können nicht verdauen, wer wir sind. Wir zerreißen uns innerlich, um anderen möglicherweise zu gefallen. Wie wichtig unser Beruf auch immer sein mag, unser inneres Selbstwertgefühl ist sehr gering. Wir haben Angst, daß das entdeckt werden könnte.

Hier ist die Antwort: Liebe. Menschen, die sich lieben und sich anerkennen, haben niemals Magengeschwüre. Seien Sie sanft und liebevoll mit dem Kind in Ihnen und geben Sie ihm all die Unterstützung und Ermutigung, die Sie bekommen wollten, als Sie klein waren.

Die Genitalien repräsentieren den weiblichsten Teil einer Frau, ihre Weiblichkeit, oder den männlichsten Teil eines Mannes, seine Männlichkeit; unser männliches oder weibliches Prinzip.

Wir haben oft Schwierigkeiten im Genitalbereich, wenn wir uns nicht wohl fühlen, Mann oder Frau zu sein, wenn wir unsere Sexualität zurückweisen, oder wenn wir unsere Körper als schmutzig und sündig ablehnen.

Ich begegne selten einem Menschen, der in einer Familie großgeworden ist, in der die Genitalien und ihre Funktionen bei ihren richtigen Namen genannt wurden. Wir sind alle mit diesen oder jenen Beschönigungen aufgewachsen. Erinnern Sie sich an die Ihrer Familie? Es reichte vielleicht von milden Ausdrücken wie ›da unten‹ bis zu Namen, die Ihnen ein Gefühl vermittelten, daß Ihre Genitalien schmutzig und abstoßend sind. Ja, wir sind alle in dem Glauben groß geworden, daß zwischen unseren Beinen etwas nicht ganz in Ordnung ist.

Ich meine, daß die sexuelle Revolution, die vor ein paar Jahren explodierte, in einer Hinsicht eine gute Sache war.

Plötzlich war es in Ordnung, viele Partner zu haben, und Männer wie Frauen konnten Affären für eine Nacht haben. Außereheliche Beziehungen wurden offener. Viele von uns fingen an, das Vergnügen und die Freiheit unserer Körper auf offene und neue Art zu genießen. Trotzdem haben nur wenige gedacht, daß sie mit ›Mamas Gott‹ zu tun haben würden, ein Ausdruck, den Roza Lamont geprägt hat, Gründerin des Instituts für Selbst-Kommunikation. Was immer Ihre Mutter Ihnen im Alter von 3 Jahren über Gott beigebracht hat, befindet sich noch immer in Ihrem Unterbewußtsein, *außer* Sie haben bewußt daran gearbeitet, sich davon zu lösen. War dieser Gott ein ärgerlicher, rächender Gott? Was glaubte dieser Gott über Sex? Wenn wir noch immer diese frühen Schuldgefühle über unsere Sexualität und unseren Körper mit uns herumtragen, dann werden wir uns sicherlich dafür bestrafen wollen.

Blasen- und *Analprobleme, Vaginitis, Prostata-* und *Penisprobleme* gehören alle in diesen Bereich. Sie stammen von verdrehten Vorstellungen über unseren Körper und die Richtigkeit seiner Funktionen.

Wir entfernten uns von der Viktorianischen Heuchelei. Jedes Organ mit seinen eigenen, besonderen Funktionen in unserem Körper ist ein großartiger Ausdruck des Lebens. Wir halten unsere Leber oder unsere Augen nicht für schmutzig oder sündig. Warum glauben wir das dann über unsere Genitalien?

Der After ist genauso wunderbar wie das Ohr. Ohne unseren After hätten wir keine Möglichkeit, uns von dem, was der Körper nicht mehr benötigt, zu trennen, und wir würden ziemlich rasch sterben. Jeder Teil unseres Körpers und jede Funktion unseres Körpers ist vollkommen, natürlich und wunderbar.

Ich bitte Patienten, die sexuelle Schwierigkeiten haben, ein liebevolles Verhältnis zu ihrem Rectum, Penis oder ihrer Vagina herzustellen und deren Funktionen und deren

Schönheit zu schätzen. Wenn Sie sich winden oder zornig werden, während Sie das lesen, stellen Sie sich selbst die Frage: Warum? Wer hat Ihnen gesagt, irgendeinen Teil Ihres Körpers abzulehnen? Sicher nicht Gott. Unsere Geschlechtsorgane sind die erfreulichsten Teile unseres Körpers und dafür geschaffen, uns Vergnügen zu bereiten. Wer dies ablehnt, schafft Schmerz und Strafe. Sex ist für uns so normal wie atmen oder essen. Versuchen Sie sich nur für einen Moment die Weite des Universums vorzustellen. Sie ist außerhalb unseres Vorstellungsvermögens. Auch unsere besten Wissenschaftler mit ihren neuesten Geräten können seine Größe nicht ermessen. Innerhalb dieses Universums gibt es viele Galaxien.

In einer dieser kleineren Galaxien, in einer entlegenen Ecke, gibt es eine kleinere Sonne. Um diese Sonne kreisen ein paar Stecknadelköpfe, von denen einer Planet Erde genannt wird. Es fällt mir schwer zu glauben, daß diese weite, unglaubliche Vernunft, die das gesamte Universum geschaffen hat, nur ein alter Mann auf einer Wolke über dem Planeten Erde sitzend sein soll..., der meine Genitalien beobachtet!

Trotzdem wurde vielen von uns als Kinder diese Vorstellung beigebracht.

Es ist lebenswichtig, daß wir uns von dummen, veralteten Gedanken lösen, die uns nicht unterstützen oder Kraft geben. Ich empfinde stark, daß sogar unsere Vorstellung von Gott *für uns* und nicht gegen uns sein sollte. Wir können zwischen so vielen verschiedenen Religionen aussuchen. Wenn Sie jetzt an eine glauben, die Ihnen sagt, Sie sind ein Sünder und gemeiner Wurm, dann wählen Sie sich eine andere.

Ich plädiere nicht dafür, daß jeder herumlaufen und die ganze freie Zeit Sex haben sollte. Ich sage aber, daß manche unserer Regeln nicht sinnvoll sind, und deswegen brechen sie viele Menschen und werden zu Heuchlern. Wenn wir den Menschen die sexuelle Schuld nehmen und ihnen beibringen, sich zu lieben und zu respektieren, dann werden sie sich und andere von alleine so behandeln, daß es zu ihrem eigenen Besten und zu ihrer größten Freude ist. Wir haben so viele sexuelle Schwierigkeiten, weil viele von uns sich selbst hassen und sich selbst zuwider sind; deswegen behandeln wir uns und andere schlecht.

Es genügt nicht, den Kindern in der Schule die Mechanik der Sexualität beizubringen. Wir müssen auf einer fundierten Basis den Kindern zugestehen, daß ihre Körper, Genitalien und ihre Sexualität Dinge sind, an denen sie Freude haben sollen. Ich glaube aufrichtig, daß Menschen, die sich selbst und ihre Körper lieben, weder sich noch andere mißbrauchen. Ich meine, daß die meisten *Blasen*probleme normalerweise daher kommen, daß man stocksauer auf einen Partner ist. Etwas, das mit unserer Weiblichkeit oder unserer Männlichkeit zu tun hat, ärgert uns. Frauen haben häufiger Blasenprobleme als Männer, weil sie eher dazu neigen, ihre Verletzlichkeit zu verbergen.

Vaginitis beinhaltet also normalerweise, daß man sein romantisches Empfinden durch einen Partner verletzt sieht. Die *Prostata*probleme der Männer haben viel mit Selbstwert zu tun und dem Glauben, daß ein Mann mit zunehmendem Alter ›weniger Mann‹ wird.

Impotenz erhöht die Angst und wird manchmal sogar auf Haß gegen eine frühere Freundin zurückgeführt.

Frigidität entsteht durch Angst oder die Überzeugung, daß es falsch ist, am Körper Freude zu haben. Sie entsteht auch durch Selbstabscheu und kann durch einen unsensiblen Partner verstärkt werden.

P.M.S., das Prämenstruelle Syndrom, hat epidemische Ausmaße erreicht und zieht mit der Zunahme der Werbung in Medien gleich. Diese Werbung hämmert die Vorstellung in die Wohnzimmer hinein, daß der weibliche Körper auf unzählige Arten eingesprayt, gepudert, geduscht und gereinigt sein muß, damit er einigermaßen akzeptabel ist. Einerseits kommen Frauen zu ihrem Recht der Gleichstellung, werden aber andererseits auf negative Weise damit bombadiert, daß weibliche Vorgänge nicht gerade akzeptabel sind. Dies in Verbindung mit den enormen Zuckermengen, die heutzutage verzehrt werden, schafft einen fruchtbaren Nährboden für P.M.S.

Alle weiblichen Vorgänge, Menstruation und Menopause eingeschlossen, sind normale, natürliche Vorgänge. Wir müssen sie als solche akzeptieren. Unsere Körper sind wunderschön, großartig und wunderbar.

Nach meiner Überzeugung ist jede *Geschlechtskrankheit* fast immer auf sexuelle Schuld zurückzuführen. Sie entsteht oft durch das unterbewußte Gefühl, es sei nicht richtig, seine Sexualität zum Ausdruck zu bringen. Ein von einer Geschlechtskrankheit Infizierter kann viele Partner haben, aber nur diejenigen, deren geistiges und physisches Immunsystem geschwächt ist, werden dafür anfällig sein. Zusätzlich zu den früheren traditionellen Krankheiten ist es bei der heterosexuellen Bevölkerung in jüngster Zeit zu einer Zunahme an *Herpes* gekommen. Diese Krankheit kommt immer wieder, um uns zu bestrafen‹ für unsere Überzeugung, das ›wir schlecht sind‹. Herpesausschläge neigen dazu, bei gefühlsmäßigem Ungleichgewicht auszubrechen. Das lehrt uns an dieser Stelle eine ganze Menge.

Jetzt wollen wir dieselbe Theorie auf die Gruppe der Homosexuellen übertragen, wo man dieselben Probleme wie überall hat, dazu das Problem der Gesellschaft, die mit dem Finger auf die Homosexuellen zeigt und sagt: »Schlecht!« Normalerweise sagen ihre eigenen Mütter und Väter auch: »Du bist schlecht.« An dieser Last tragen die Betroffenen schwer.

Viele Frauen in der heterosexuellen Gesellschaft haben Angst davor, alt zu werden wegen der Überzeugungssysteme, die wir um den Glanz der Jugend aufgebaut haben. Für

Männer ist das Altern allerdings nicht so schwierig, weil sie mit etwas grauem Haar vornehm werden. Der ältere Mann erntet sehr häufig Respekt und viele Menschen schauen sogar auf zu ihm.

Dies trifft auf die meisten homosexuellen Männer nicht zu, denn sie haben sich eine Kultur geschaffen, die ein enormes Gewicht auf Jugend und Schönheit legt. Obwohl jeder als junger Mensch anfängt, entsprechen nur wenige den Maßstäben der Schönheit. Es wurde so großes Gewicht auf die physische Erscheinung des Körpers gelegt, daß die inneren Gefühle völlig außer acht gelassen wurden. Wenn man nicht jung und schön ist, ist es fast so, als zählte man nicht. Nicht der Mensch zählt, sondern nur der Körper.

Diese Denkart ist eine Schande für die gesamte Kultur. Es ist eine andere Art zu sagen: »Homosexuell zu sein ist nicht gut genug.«

Viele homosexuelle Männer fürchten den Alterungsprozeß wegen der Art, wie Homosexuelle miteinander umgehen. Es ist fast besser zu sterben als alt zu werden. Und AIDS ist eine oft tödliche Krankheit.

Homosexuelle Männer empfinden oft, daß sie mit zunehmendem Alter nutzlos und unerwünscht werden. Es ist fast besser, sich vorher selbst zu zerstören; viele haben daher einen destruktiven Lebensstil entwickelt. Einige der Vorstellungen und Verhaltensweisen sind also Teil des homosexuellen Lebensstils; sie sind scheußlich − Raubbau am Körper, ständiges Aburteilen, die Verweigerung sich nahe zu kommen usw. Und AIDS ist eine scheußliche Krankheit.

Diese Art der Einstellung und Verhaltensmuster erzeugen ganz tief im Menschen nur Schuld, gleichgültig, wie oft wir den Partner wechseln. Ständiger Partnerwechsel kann sehr viel Spaß machen, kann aber auch außerordentlich zerstörerisch sein − sowohl für diejenigen, die den Platz zur Verfügung stellen, als auch für die Teilnehmer. Camping ist eine andere Art, Nähe und Intimität zu vermeiden.

Ich versuche überhaupt nicht, irgend jemandem Schuld zuzuschieben. Wir müssen jedoch die Dinge betrachten, die verändert werden müssen, damit unser aller Leben in Liebe, Freude und Respekt abläuft. Vor 50 Jahren lebten fast alle homosexuellen Männer in verborgenen Kreisen, heute sind sie imstande, sich Nischen in der Gesellschaft zu schaffen, wo sie wenigstens verhältnismäßig offen sein können. Ich empfinde es als Unglück, daß vieles von dem, was sie erreicht haben, ihren homosexuellen Brüdern so viel Kummer bereitet. Es ist oft bedauernswert, wie Heterosexuelle Homosexuelle behandeln. Es ist aber tragisch, wie viele Homosexuelle andere Homosexuelle behandeln.

Männer hatten schon immer mehr sexuelle Partner als Frauen; und wenn Männer zusammenfinden, wird es natürlich auch mehr Sex geben. Das ist alles schön und gut. Die Saunen erfüllen einen wunderbaren Zweck, außer wir leben unsere Sexualität aus den falschen Gründen aus. Einigen Männern macht es Spaß, viele Partner zu haben, um ihr tiefes Bedürfnis nach Selbstbestätigung zu befriedigen und weniger wegen der Freude am Sex. Ich glaube nicht, daß es in irgendeiner Weise falsch ist, mehrere Partner zu haben, und der ›gelegentliche‹ Gebrauch von Alkohol und belebenden Drogen ist in Ordnung. Wenn wir uns aber jeden Abend bis zur Besinnungslosigkeit unter Drogen setzen und wir täglich mehrere Partner haben ›müssen‹, nur um unseren Selbstwert zu beweisen, dann ist das kein sehr förderliches Umfeld. Wir sollten einige Veränderungen im Bewußtsein vornehmen.

Wir sind hier, um zu heilen, um etwas zu vervollständigen, nicht um zu verdammen. Wir müssen uns aus den Grenzen der Vergangenheit erheben. Wir alle sind göttliche, großartige Manifestationen des Lebens. Darauf sollten wir uns jetzt besinnen.

Der Darm repräsentiert die Fähigkeit, uns von etwas zu trennen, uns von dem zu befreien, was wir nicht mehr benötigen. Der Körper benötigt, damit er sich im vollkommenen Rhythmus des Lebensstromes befindet, eine Ausgeglichenheit von Einnahme, Assimilation und Abgabe. Nur unsere Ängste blockieren den Prozeß, sich von Vergangenem zu befreien.

Auch wenn Menschen, die an Verstopfung leiden, nicht wirklich geizig sind, glauben sie jedoch normalerweise nicht, jemals genug zu haben. Sie halten an früheren Beziehungen fest, die ihnen wehtun. Sie haben Angst, alte Kleidung, die jahrelang im Schrank hing, wegzuwerfen, weil sie sie vielleicht eines Tages brauchen könnten. Sie bleiben in einer erdrückenden Arbeitsstelle oder gönnen sich niemals irgendein Vergnügen, weil sie glauben, für Notzeiten sparen zu müssen. Wir stöbern nicht in den Abfällen des vorigen Abends herum, um unser Essen für heute zu finden. Lernen Sie, dem Lebensvorgang zu vertrauen. Er wird Ihnen immer bringen, was Sie benötigen.

Unsere *Beine* tragen uns vorwärts im Leben. Beinprobleme zeigen oft eine Angst an, sich vorwärts zu bewegen oder eine Abneigung, sich in einer bestimmten Richtung zu bewegen. Wir rennen mit unseren Beinen, wir lassen die Beine schlurfen, wir schleichen, wir haben X-Beine, wir laufen über den großen Zeh; und wir haben kräftige, dicke Oberschenkel, die mit Kindheitsverdruß angefüllt sind. Der Unwille, etwas zu tun, wird oft kleinere Beinprobleme verursachen. *Krampfadern* repräsentieren das Ausharren an einem Arbeitsplatz oder an einem Ort, den wir hassen. Die Venen verlieren ihre Fähigkeit, Freude zu transportieren.

Gehen Sie in die Richtung, die Sie sich vorstellen? Die *Knie,* wie das *Genick*, haben mit Beweglichkeit zu tun; nur daß sie Umkehr und Stolz, das Ich und Sturheit zum Ausdruck bringen. Bei Vorwärtsbewegungen haben wir oft Angst umzukehren; wir werden unbeweglich. Das läßt die Gelenke erstarren. Wir wollen uns vorwärts bewegen, aber wir wollen unsere Wege nicht ändern. Deswegen dauert eine Heilung der Knie so lange; unser Ego ist mitbetroffen. Der Knöchel ist auch ein Gelenk; und doch kann er nach einer Verletzung ziemlich schnell heilen. Bei den Knien dauert es so lange, weil unser Stolz und unsere Überheblichkeit damit zu tun haben.

Bei einem zukünftigen Knieproblem sollten Sie sich selbst fragen, wo Sie überheblich waren, wo Sie sich weigerten, sich zu beugen. Lassen Sie die Sturheit sein, lösen Sie sich davon. Das Leben ist fließend, Leben ist Bewegung; um uns wohl zu fühlen, sollten wir beweglich sein und uns mit dem Leben bewegen. Eine Weide beugt sich, schwingt und bewegt sich mit dem Wind, ist immer anmutig und in Einklang mit dem Leben.

Unsere *Füße* haben mit unserem Verständnis zu tun – mit unserem Verständnis unserer selbst und des Lebens – der Vergangenheit, Gegenwart und Zukunft.

Vielen alten Menschen fällt das Laufen schwer. Ihr Verständnis wurde verzerrt, sie haben oft das Gefühl, nicht zu wissen, wohin sie gehen können. Kleine Kinder laufen auf glücklichen, tanzenden Füßen. Ältere Menschen schlurfen, als ob sie eine Abneigung gegen Bewegung hätten.

Unsere *Haut* repräsentiert unsere Individualität. Hautprobleme bedeuten normalerweise, daß unsere Individualität irgendwie bedroht wurde. Wir spüren, daß andere Macht über uns haben. Wir sind dünnhäutig. Etwas geht uns unter die Haut, wir meinen, uns würde das Fell über die Ohren gezogen, wir haben unsere Nerven unmittelbar unter der Haut.

Die schnellste Art, Hautprobleme zu heilen ist, sich selbst Kraft zu geben, indem Sie sich mehrere hundert Mal im stillen sagen: »Ich erkenne mich selbst an.« Holen Sie sich Ihre eigene Macht zurück.

Unfälle sind kein Zufall. Wir schaffen sie wie alles andere in unserem Leben. Wir müssen nicht unbedingt sagen: »Ich will einen Unfall haben«, aber wir verfügen über die geistigen Denkmuster, die auf einen Unfall anziehend wirken. Manche Leute scheinen ›unfallträchtig‹ zu sein, andere bekommen in ihrem Leben keinen einzigen Kratzer.

Unfälle sind Ausdruck des Ärgers. Sie zeigen aufgestaute Frustrationen an, nicht die Freiheit zu haben, für sich selbst sprechen zu können. Unfälle zeigen auch ein Rebellieren gegen Autorität an. Wir werden so wütend, daß wir die Leute schlagen wollen, statt dessen werden *wir* geschlagen.

Wenn wir uns über uns ärgern, wenn wir uns schuldig fühlen, wenn wir meinen, bestraft werden zu müssen, ist ein Unfall eine wunderbare Art, sich dessen anzunehmen. Es scheint, als sei ein Unfall nicht unsere Schuld, als seien wir hilflose Opfer eines Schicksalsschlages. Ein Unfall verschafft uns die Möglichkeit, bei anderen Sympathie und Aufmerksamkeit zu erlangen. Unsere Wunden werden gebadet und gepflegt. Oft müssen wir das Bett hüten, manchmal für längere Zeit. Und wir haben Schmerzen.

Die Stelle im Körper, wo der Schmerz auftaucht, bietet uns einen Anhaltspunkt, in welchem Bereich des Lebens wir uns schuldig fühlen. Das Ausmaß des körperlichen Schadens gibt Aufschluß darüber, wie ernsthaft wir meinten, bestraft werden zu müssen und wie lange die Strafe dauern sollte.

Anorexie/Bulimie sind Verneinungen des Selbst-Lebens, extreme Formen von Selbsthaß.

Essen ist Nahrung grundlegender Art. Warum verweigern Sie sich selbst die Nahrung? Warum wollen Sie sterben? Was ist in Ihrem Leben so schrecklich, daß Sie es völlig hinter sich lassen wollen?

Selbsthaß bedeutet nur, daß Sie die Vorstellung hassen, die Sie über sich haben. Gedanken können aber verändert werden. Was ist an Ihnen so schrecklich? Sind Sie in einer kritischen Familie großgeworden? Hatten Sie kritische Lehrer? Wurde Ihnen in früher religiöser Unterweisung beigebracht, ›daß Sie nicht gut genug sind‹, so, wie Sie sind? Wir versuchen oft ›einleuchtende‹ Gründe dafür zu finden, warum wir nicht geliebt und akzeptiert werden, wie wir sind.

In der Textilindustrie kommt Schlankheit einer Besessenheit gleich, deswegen konzentriert sich der Selbsthaß vieler Frauen auf ihren Körper, wenn sie sagen: »Ich bin nicht gut genug. Was soll das alles.« In gewisser Weise sagen sie: »Wenn ich nur schlank genug wäre, würde ich von ihnen geliebt.« Aber das funktioniert nicht.

Nichts kann durch die Außenwelt geregelt werden.

Selbstanerkennung und Selbstakzeptanz sind die Schlüssel.

Arthritis ist eine Krankheit, die durch fortgesetztes Kritisieren entsteht. In erster Linie durch Selbstkritik sowie Kritik an anderen. Arthritische Menschen ziehen oft Kritik an, weil es ihr Verhaltensmuter ist zu kritisieren. Sie sind zum ›Perfektionismus‹ verdammt, zum Bedürfnis, immer und in jeder Situation vollkommen zu sein.

Ist Ihnen jemand auf diesem Planeten bekannt, der ›vollkommen‹ ist? Ich kenne niemanden. Warum konstruieren wir Maßstäbe, nach denen wir ›Super-Menschen‹ zu sein haben, nur um einigermaßen akzeptabel zu sein? Dies ist ein harter Ausdruck für ›nicht gut genug sein‹ und bedeutet, eine sehr schwere Last zu tragen.

Asthma nennen wir ›Liebe ersticken‹. Es ist ein Gefühl, nicht das Recht zum Atmen zu haben. Asthmatische Kinder haben oft ein ›überentwickeltes Gewissen‹. Sie entwickeln für alles scheinbar Falsche in ihrer Umgebung Schuldgefühle. Sie fühlen sich vollkommen ›nutzlos‹ und schuldig und hegen ein Verlangen nach Selbstbestrafung. Luftkuren helfen manchmal gegen Asthma, besonders wenn die Familie *nicht* mitfährt.

Normalerweise ›entwachsen‹ asthmatische Kinder ihrer Krankheit. In Wirklichkeit bedeutet das, daß sie der Schule wegen wegziehen, heiraten oder aus irgendeinem Grund ihr

Elternhaus verlassen — dann verschwindet die Krankheit. Im späteren Leben geschieht es oft, daß ein Erlebnis einen inneren Schalter drückt, und sie bekommen wieder einen Asthmaanfall. Wenn das geschieht, reagieren sie nicht unbedingt auf ein aktuelles Erlebnis, sondern eher auf das, was sie häufig in ihrer Kindheit erlebt haben.

Furunkel und *Verbrennungen, Schnittwunden, Fieber, Wundsein* und *Entzündungen* sind Hinweise auf Ärger, der durch den Körper zum Ausdruck kommt. Ärger findet immer eine Ausdrucksmöglichkeit, gleichgültig, wie wir versuchen, ihn zu unterdrücken. Aufgestaute Energie muß sich entladen. Wir fürchten unseren Ärger aus Angst, unsere Welt zu zerstören, obwohl Ärger so einfach zu lösen ist, indem man sagt: »Ich ärgere mich hierüber.« Es stimmt, daß wir das nicht immer zu unseren Chefs sagen können. Wir können aber das Bett schlagen, im Auto schreien oder Tennis spielen. Das sind harmlose Methoden, sich körperlich von Ärger zu befreien.

Religiöse Menschen meinen oft, sie ›sollten‹ sich nicht ärgern. Es stimmt schon, daß wir alle daran arbeiten, anderen nicht länger Vorwürfe wegen unserer Gefühle zu machen; aber bis wir dort angelangt sind, ist es gesünder, zuzugeben, was wir im jeweiligen Moment empfinden. *Krebs* ist eine Krankheit, die durch tiefsitzenden, lange zurückgehaltenen Verdruß hervorgerufen wird, bis der Körper im wahrsten Sinne des Wortes zerfressen wird. In der Kindheit geschieht etwas, das das Vertrauen zerstört. Diese Erfahrung wird niemals vergessen. Das Individuum lebt in Selbstmitleid und findet es schwierig, langwährende und fruchtbare Beziehungen zu entwickeln und beizubehalten. Das Leben scheint wegen dieser Überzeugung aus einer Serie von Enttäuschungen zu bestehen. Ein Gefühl der Hoffnungslosigkeit, Hilflosigkeit und des Verlusts breitet sich aus, und es wird einfach, den anderen die Schuld an all unseren Schwierigkeiten zu geben. Außerdem sind Krebspatienten sehr selbstkritisch. Ich meine, daß das Erlernen von Eigenliebe und Selbstakzeptanz der Schlüssel zur Krebsheilung ist.

Übergewicht repräsentiert ein Bedürfnis nach Schutz. Wir suchen Schutz vor Verletzungen, vor geringschätziger Behandlung, Kritik, Mißbrauch, Sexualität und sexuellen Annäherungsversuchen; vor Lebensangst im allgemeinen und im besonderen. Entscheiden Sie selbst.

Ich bin kein gewichtiger Mensch, trotzdem habe ich im Laufe der Jahre festgestellt, daß ich ein paar Pfund zunehme, wenn ich mich unsicher und nicht wohl fühle. Wenn die Bedrohung verschwunden ist, verschwindet das Übergewicht von alleine.

Der Kampf gegen das Fett ist Zeit- und Energieverschwendung. Diäten funktionieren nicht. Sobald Sie damit aufhören, nimmt das Gewicht wieder zu. Eigenliebe und Selbstanerkennung, das Vertrauen in den Lebensvorgang und das Gefühl der Sicherheit, weil Sie die Macht Ihres Bewußtseins kennen, sind die beste Diät, die ich kenne. Machen Sie eine Diät gegen negative Gedanken, dann wird sich Ihr Gewicht von selbst regeln.

Zu viele Eltern stopfen einem Baby Essen in den Mund, ungeachtet der jeweiligen Schwierigkeit. Diese Babys wachsen heran, stehen bei jedem Problem vor dem offenen Kühlschrank und sagen: »Ich weiß nicht, was ich will.«

Schmerz jeder Art ist nach meiner Ansicht ein Hinweis auf Schuld. Schuld sucht nach Strafe und Strafe verursacht Schmerz. Chronische Schmerzen entstehen durch chronische Schuld, die oft so tief vergraben liegt, daß wir uns ihrer nicht mehr bewußt sind.

Schuld ist ein völlig nutzloses Gefühl. Weder wird damit jemandem geholfen, noch wird eine Situation dadurch verändert.

Ihre ›Strafe‹ ist jetzt verbüßt, also entlassen Sie sich aus dem Gefängnis. Vergebung bedeutet nur etwas aufgeben, von etwas ablassen.

Schlaganfälle sind Blutgerinnsel; Verstopfung im Blutkreislauf im Bereich des Gehirns führt zu einer Unterbrechung der Blutzufuhr zum Gehirn.

Das Gehirn ist der Computer des Körpers. Blut bedeutet Freude. Die Venen und Arterien sind Kanäle der Freude. Alles arbeitet nach dem Gesetz und Prinzip der Liebe. Liebe ist in jedem Teilchen der Universellen Vernunft. Es ist unmöglich, gut zu arbeiten und zu funktionieren, ohne Liebe und Freude erlebt zu haben.

Negatives Denken verkleistert das Gehirn, und es bleibt kein Raum für den freien und offenen Verlauf von Liebe und Freude.

Das Lachen kommt einem nicht von den Lippen, wenn man nicht frei und lustig sein darf. Das gilt auch für Liebe und Freude. Das Leben ist nicht grimmig, außer wir gestalten es so, außer wir entscheiden uns, es auf diese Weise zu betrachten.

Wir können im kleinsten Fehlschlag die völlige Katastrophe sehen, und wir können in der größten Tragödie ein wenig Freude finden. Es ist uns überlassen.

Manchmal versuchen wir, unser Leben in eine bestimmte Richtung zu zwingen, obwohl es nicht zu unserem Besten ist. Manchmal schaffen wir Schlaganfälle, um uns zu einer radikalen Richtungsänderung zu zwingen, damit wir unsere Lebensweise noch einmal bewerten können.

Steifheit des Körpers repräsentiert Steifheit des Bewußtseins. Aus Angst klammern wir uns an Altes und empfinden es als schwierig, beweglich zu sein. Wir erkennen unsere eigene Streifheit oft, wenn wir meinen, es existiere für bestimmte Dinge ›nur eine Einbahnstraße‹. Wir können immer auch andere Möglichkeiten entdecken. Denken Sie an Virginia Satir und ihre 256 verschiedenen Möglichkeiten, abzuwaschen.

Beobachten Sie, wo die Steifheit in Ihrem Körper auftritt, suchen Sie diese Stelle in meiner Liste geistiger Verhaltensweisen heraus. Sie werden feststellen, in welchem Bereich Ihres Bewußtseins Sie stur und starr sind.

Die *Chirurgie* hat durchaus ihre Berechtigung. Sie hilft bei gebrochenen Knochen, Unfällen und bei Zuständen, die außerhalb der Möglichkeiten eines Anfängers liegen. Unter diesen Bedingungen mag es einfacher sein, sich operieren zu lassen und die heilende Bewußtseinsarbeit darauf zu konzentrieren, daß ein solcher Zustand nicht wieder entsteht.

Jeden Tag gibt es immer mehr wunderbare Menschen in medizinischen Berufen, die sich aufrichtig der humanitären Hilfe widmen. Immer mehr Ärzte wenden sich holistischen Heilverfahren zu – sie behandeln den gesamten Menschen. Trotzdem arbeiten die meisten Ärzte nicht an der *Ursache* einer Krankheit. Sie behandeln die Symptome, die Auswirkungen.

Das tun sie auf zweierlei Art: Entweder sie vergiften oder verstümmeln. Chirurgen schneiden. Wenn Sie einen Chirurgen aufsuchen, empfehlen diese normalerweise das Schneiden. Wenn aber die Entscheidung für eine Operation gefallen ist, bereiten Sie sich auf diese Erfahrung vor, damit es möglichst reibungslos abläuft und Sie so schnell wie möglich gesund werden.

Bitten Sie den Chirurgen und sein Team, mit Ihnen in diesem Punkt zusammenzuarbeiten. Chirurgen und ihr Team im Operationssaal sind sich oft nicht darüber bewußt, daß der Patient trotz seiner vorübergehenden Bewußtlosigkeit das Gesagte auf unbewußter Ebene hört und behält.

Ich habe gehört, wie eine New-Age-Persönlichkeit sagte, sie benötige eine Notoperation. Vor der Operation führte sie ein Gespräch mit dem Chirurgen und dem Anästhesisten. Sie bat darum, während der Operation leise Musik zu spielen und mit ihr und untereinander nur in positiven Aussagen zu sprechen. Die Krankenschwester im Aufwachraum handelte genauso. Die Operation verlief unkompliziert und ihre Genesung verlief schnell und angenehm.

Meinen eigenen Patienten schlage ich immer vor, sich zu bestätigen, daß »jede Hand, die mich im Krankenhaus berührt, eine heilende ist und nur Liebe zum Ausdruck bringt« und, daß »die Operation schnell, reibungslos und vollkommen verläuft«. Eine andere Erklärung ist: »Mir geht es zu jeder Stunde sehr gut.« Nach der Operation sollten Sie sich so oft wie möglich leise Musik vorspielen und sich selbst bestätigen: »Ich werde schnell, angenehm und vollkommen gesund.« Sagen Sie zu sich selbst: »Ich fühle mich Tag für Tag besser.« Stellen Sie sich, wenn möglich, ein Tonband mit Affirmationen zusammen. Nehmen Sie Ihr Tonbandgerät mit ins Krankenhaus, und spielen Sie Ihr Tonband immer wieder ab, während Sie sich ausruhen und wieder zu Kräften kommen. Achten Sie auf positive Empfindungen, nicht auf Schmerzen. Stellen Sie sich vor, wie Liebe von Ihrem Herzen hinunterströmt durch Ihre Arme und in Ihre Hände hinein. Legen Sie Ihre Hände auf die heilende Stelle, und sagen Sie zu dieser Stelle: »Ich liebe dich, und ich helfe dir, gesund zu werden.«

Aufgedunsensein des Körpers repräsentiert gehemmte und stillstehende Gefühle. Wir rufen Situationen hervor, die uns ›verletzen‹ und klammern uns dann an diese Erinnerungen. Aufgedunsensein repräsentiert oft aufgestaute Tränen, ein Gefühl von Verbohrt- und Ertapptsein oder daß man anderen die Schuld an eigenen Grenzen gibt.

Lösen Sie sich von der Vergangenheit, lassen Sie sie wegschwemmen. Holen Sie sich Ihre eigene Macht zurück. Halten Sie sich nicht länger mit Unerwünschtem auf. Setzen Sie Ihr Bewußtsein ein, um das, was Sie ›wirklich wollen‹, zu erreichen. Lassen Sie sich mit den Gezeiten des Lebens treiben.

Tumore sind falsches Wachstum. Eine Auster nimmt ein winziges Sandkorn, um sich zu beschützen, um es herum wächst eine harte und schimmernde Muschel. Wir nennen es Perle und finden sie wunderschön. Wir haben eine alte

Verletzung, pflegen sie und kratzen dauernd den Schorf ab und nach gewisser Zeit haben wir einen Tumor. Ich nenne das: Abspielen des alten Films. Ich glaube, Frauen haben im Bereich des Uterus so viele Tumore, weil sie eine Gefühlsverletzung wie einen Angriff gegen ihre Weiblichkeit betrachten und kultivieren. Ich nenne es das ›Er hat mir unrecht getan‹-Syndrom.

Das Ende einer Beziehung bedeutet nicht, daß etwas an uns nicht stimmt oder daß unserem Selbstwert eine Lektion erteilt wird.

Es kommt nicht darauf an, *was geschieht,* sondern wie wir darauf *reagieren.* Jeder von uns ist zu 100% für seine Erfahrungen verantwortlich. Welche Ansichten über sich selbst müssen Sie verändern, um liebevolleres Verhalten anzuziehen?

In der Unendlichkeit des Lebens,
dort wo ich bin, ist alles vollkommen,
ganz und vollständig.

Ich betrachte meinen Körper
als meinen guten Freund.
Jede Zelle meines Körpers
besitzt Göttliche Vernunft.
Ich höre dem, was sie sagt,
zu und weiß, daß ihr Ratschlag triftig ist.

Ich bin immer sicher,
Göttlich beschützt und geleitet.

Ich entscheide mich, gesund und frei zu sein.

Alles ist gut angelegt in meiner Welt.

15

Das Verzeichnis

»Ich bin gesund, ganz und vollständig.«

Schauen Sie sich das auf den nächsten Seiten folgende Verzeichnis an aus meinem Buch *Heile Deinen Körper*. Prüfen Sie, ob zwischen den Krankheiten, die Sie einmal hatten oder vielleicht gerade jetzt haben, und den von mir genannten Ursachen ein Zusammenhang besteht. Eine gute Methode, das Verzeichnis bei einem körperlichen Problem zu benutzen, sieht so aus:

1. Suchen Sie die geistige Ursache. Prüfen Sie, ob sie für Sie zutrifft. Wenn nicht, bleiben Sie ruhig, und fragen Sie sich selbst: »Welche Gedanken in mir könnten das Problem hervorgerufen haben?«
2. Wiederholen Sie: »Ich bin willens, mich von dem Verhaltensmuster in meinem Bewußtsein zu lösen, das diesen Zustand hervorgerufen hat.«
3. Wiederholen Sie das neue Gedankenmuster mehrere Male.
4. Setzen Sie voraus, daß Sie sich bereits im Heilungsprozeß befinden.

Immer, wenn Sie an ein Leiden denken, wiederholen Sie diese Schritte.

Problem	Wahrscheinlicher Grund
Abszeß	Gärende Gedanken an Verletzungen, Kränkungen und Rache.
Addisonsche Krankheit	Bedenkliche emotionale Unterernährung. Wut gegen sich selbst.
After	Entlastungsstation. Müllabladeplatz.
After (Abszeß)	Wut auf das, was du nicht loslassen willst.
After (Blutung)	Wut und Enttäuschung.
After (Fistel)	Unvollständige Abgabe von Müll. Festhalten am Müll der Vergangenheit.
After (Hämorrhoiden)	Angst vor dem Tödlichen. Wut auf die Vergangenheit. Furcht, loszulassen. Fühlt sich belastet.
After (Jucken)	Schuldgefühle über Vergangenes. Reue.
After (Schmerz)	Schuldgefühl. Wunsch nach Bestrafung. Gefühl, nicht gut genug zu sein.
AIDS	Fühlt sich wehr- und hoffnungslos. Keiner kümmert sich. Starke Überzeugung, nicht gut genug zu sein. Verleugnung des Selbst. Sexuelle Schuldgefühle.

Neues Gedankenmuster

Ich erlaube meinen Gedanken, frei zu sein.
Die Vergangenheit ist vorbei. Ich bin im Frieden.

Ich nehme mich liebevoll meines Körpers,
meines Denkens und meiner Gefühle an.

Leicht und bequem löse ich mich von dem, was ich im
Leben nicht mehr brauche.

Es ist gut loszulassen. Nur was ich nicht mehr brauche,
geht aus meinem Körper hinaus.

Ich traue dem Prozeß des Lebens. Nur was richtig und gut
ist, findet in meinem Leben statt.

Voller Liebe lasse ich ganz los von der Vergangenheit.
Ich bin frei. Ich bin Liebe.

Ich lasse alles los, das nicht Liebe ist. Für alles, was ich tun
will, ist Zeit und Raum vorhanden.

Liebevoll vergebe ich mir. Ich bin frei.

Die Vergangenheit ist vorbei. Ich entscheide mich bewußt,
mich im Jetzt zu lieben und zu akzeptieren.

Ich bin Teil des universellen Planes. Ich bin wichtig und
werde vom Leben selbst geliebt. Ich bin stark und fähig.
Ich liebe und akzeptiere mich ganz.

Problem	Wahrscheinlicher Grund
Akne	Sich selbst nicht annehmen. Sich selbst nicht mögen.
Alkoholismus	»Was soll's?« Gefühl von Sinnlosigkeit, Schuld, Unzulänglichkeit. Selbstablehnung.
Allergien	Gegen wen bist du allergisch? Leugnest deine eigene Kraft.
Altern	Allgemeinheitsglaube, altes Denken. Angst, sich selbst zu sein. Ablehnung des Jetzt.
Alzheimersche Krankheit	Weigerung, mit der Welt so umzugehen, wie sie ist. Hoffnungs- und Hilflosigkeit. Wut.
Anämie	›Ja-aber‹-Haltung. Mangel an Freude. Angst vor dem Leben. Fühlt sich nicht gut genug.
Angst	Kein Vertrauen in den Fluß und Fortgang des Lebens.
Anorexie [s. Magersucht]	
Apathie	Widerstand gegen Empfindungen. Selbstabtötung. Angst.

Neues Gedankenmuster

Ich bin eine göttliche Ausdrucksform des Lebens. Ich liebe und akzeptiere mich in diesem Augenblick und an der Stelle, wo ich bin.

Ich lebe im Jetzt. Jeder Augenblick ist neu. Ich will meinen Selbstwert sehen. Ich liebe und akzeptiere mich.

Die Welt ist sicher und freundlich. Ich bin im Frieden mit dem Leben.

Ich liebe und akzeptiere mich in jedem Alter.
Jeder Augenblick im Leben ist vollkommen.

Es gibt für mich immer einen neuen und besseren Weg, das Leben zu erfahren. Ich vergebe der Vergangenheit und lasse sie los. Ich schreite weiter zur Freude.

Es ist gut für mich, Freude in jedem Bereich meines Lebens zu erfahren. Ich liebe das Leben.

Ich liebe und akzeptiere mich und traue dem Prozeß des Lebens. Ich bin in Sicherheit.

Es ist gut zu fühlen. Ich öffne mich dem Leben.
Ich bin gewillt, das Leben zu erfahren.

Problem	Wahrscheinlicher Grund
Appetit (zuviel)	Angst. Braucht Schutz. Verurteilt Gefühle.
Appetit (zuwenig) [s. Magersucht]	Angst. Schützt sich. Traut dem Leben nicht.
Arme	stehen für Fähigkeit und Vermögen, die Erfahrungen des Lebens festzuhalten.
Arterien	transportieren die Lebensfreude.
Arteriosklerose	Widerstand, Spannung, sture Engstirnigkeit, weigert sich, das Gute im Leben zu sehen.
Arthritis	Fühlt sich ungeliebt. Kritiksucht, Groll.
Arthritis deformans	Tiefe Kritik an der Autorität. Fühlt sich sehr ausgenutzt.
Asthma	Erstickende Liebe. Unfähigkeit, für sich selbst zu atmen. Fühlt sich erdrückt, unterdrücktes Weinen.
Asthma des Kleinkindes	Angst vor dem Leben. Will nicht hier sein.
Atem	steht für die Fähigkeit, Leben aufzunehmen.

Neues Gedankenmuster

Ich bin in Sicherheit. Es ist gut, Gefühle zu haben.
Meine Gefühle sind normal und annehmbar.

Ich liebe und akzeptiere mich. Ich bin in Sicherheit.
Liebe ist sicher und freudvoll.

Liebevoll halte und umarme ich meine Erfahrungen,
mit Leichtigkeit und Freude.

Ich bin erfüllt von Freude. Sie durchströmt mich mit jedem
Pulsschlag meines Herzens.

Ich bin ganz offen für Leben und Freude. Ich will mit
Augen der Liebe sehen.

Ich bin Liebe. Ich beschließe, mich zu lieben und
zu akzeptieren. Ich sehe andere mit Augen der Liebe.

Ich bin mir selbst Autorität. Ich liebe und akzeptiere mich.
Das Leben ist gut.

Es ist gut für mich, mein Leben jetzt selbst in die Hand
zu nehmen. Ich entscheide mich für die Freiheit.

Dieses Kind ist sicher und geliebt. Es ist willkommen und
umsorgt.

In vollendetem Gleichmaß nehme ich Nahrung auf und
gebe sie wieder.

Problem	Wahrscheinlicher Grund
Atemprobleme	Angst oder Weigerung, das Leben ganz aufzunehmen. Gefühl, nicht das Recht zu besitzen, eigenen Lebensraum, eigenes Leben zu beanspruchen.
Aufstoßen	Angst. Schlingt das Leben zu rasch in sich herein.
Augen	stehen für die Fähigkeit, deutlich die Vergangenheit, Gegenwart und Zukunft zu sehen.
Augenprobleme	Du magst nicht, was du in deinem Leben siehst.
Augenprobleme (Astigmatismus)	›Ich-Problem‹. Angst, seinem wahren Ich ins Auge zu blicken.
Augenprobleme (auswärtsschielend)	Angst, die Gegenwart zu betrachten, die unmittelbar vor einem liegt.
Augenprobleme (Bindehautentzündung)	Wut und Enttäuschung über das, was du im Leben siehst.
Augenprobleme (grauer Star)	Unfähig, freudig vorauszublicken. Dunkle Zukunft.
Augenprobleme (grüner Star)	Starre Unversöhnlichkeit. Druck lange bestehender Verletztheit. Alles ist zuviel.

Neues Gedankenmuster

Es ist mein Recht, ganz und frei zu leben. Ich bin liebenswert. Ich entscheide mich jetzt, ganz zu leben.

Für alles, was ich (zu tun) brauche, ist Zeit und Raum vorhanden. Ich bin in Frieden.

Ich sehe mit Liebe und Freude.

Ich erschaffe jetzt das Leben, das ich gerne betrachte.

Ich bin willens, meine eigene Schönheit und Großartigkeit jetzt zu betrachten.

Ich liebe und akzeptiere mich gerade jetzt.

Ich sehe mit Augen der Liebe. Es gibt eine harmonische Lösung, und ich nehme sie jetzt an.

Das Leben ist ewig und von Freude erfüllt. Ich freue mich auf jeden neuen Augenblick.

Ich sehe mit Liebe, Vergebung und Zärtlichkeit.

Problem	Wahrscheinlicher Grund
Augenprobleme (Hornhautentzündung)	Äußerste Wut. Starkes Verlangen zu schlagen, was oder wen du siehst.
Augenprobleme (infektiöse Bindehautentzündung	Wut und Enttäuschung. Will nicht sehen.
Augenprobleme (kurzsichtig)	Angst vor der Zukunft.
Augenprobleme (Schielen)	Will nicht sehen, was sich zeigt. Widersprüchlichkeit.
Augenprobleme (weitsichtig)	Angst vor der Gegenwart.
Bandscheibenvorfall	Fühlt sich vom Leben im Stich gelassen. Unentschlossen.
Bandwurm	Starker Glaube, unrein und Opfer geworden zu sein. Hilflos angesichts der scheinbaren Haltung anderer.
Bauchkrämpfe	Angst. Bringt den weiteren Fortgang zum Stillstand.
Bauchspeicheldrüse	steht für die Süße des Lebens.
Bauchspeicheldrüse (Entzündung)	Ablehnung. Wut und Enttäuschung, weil das Leben seine süße Seite verloren zu haben scheint.

Neues Gedankenmuster

Ich erlaube der Liebe in meinem Herzen, alles zu heilen, was ich sehe. Ich wähle den Frieden. Alles in meiner Welt ist gut.

Ich löse mich von dem Bedürfnis, recht zu haben.
Ich bin in Frieden. Ich liebe und akzeptiere mich.

Ich nehme die göttliche Führung an und bin immer in Sicherheit.

Es ist gut, wenn ich hinblicke. Ich bin im Frieden.

Ich bin sicher im Hier und Jetzt. Ich sehe das deutlich.

Das Leben unterstützt alle meine Gedanken.
Deshalb liebe und akzeptiere ich mich, und alles ist gut.

Andere spiegeln nur die guten Gefühle wider, die ich in bezug auf mich selbst habe. Ich liebe und akzeptiere alles, was ich bin.

Ich traue dem Prozeß des Lebens. Ich bin in Sicherheit.

Mein Leben ist süß.

Ich liebe und akzeptiere mich, und ich allein bin es, der Süße und Freude in meinem Leben erzeugt.

Problem	Wahrscheinlicher Grund
Beine	tragen uns im Leben voran.
Beinprobleme (oben)	Festhalten an alten Kindheitstraumata.
Beinprobleme (unten)	Angst vor der Zukunft. Will nicht weitergehen.
Bettnässen	Angst vor den Eltern, gewöhnlich vor dem Vater.
Blasenprobleme (-entzündung)	Ängstlichkeit. Hält fest an alten Vorstellungen. Angst, loszulassen. ›Stocksauer‹.
Blähungen	Zupacken. Angst. Unverdaute Vorstellungen.
Bläschenausschlag (Herpes genitalis)	Der allgemeine Glaube an sexuelle Schuld und die Notwendigkeit von Bestrafung. Öffentliche Schande. Glaube an einen strafenden Gott. Ablehnung der eigenen Genitalien und Geschlechtlichkeit.
Blinddarmentzündung	Angst. Angst vor dem Leben. Den Fluß des Guten blockieren.
Blut	steht für die im Körper frei fließende Freude.
Blut gerinnt	Fluß der Lebensfreude gebremst.

Neues Gedankenmuster

Das Leben ist für mich.

Ich lasse die Vergangenheit in Liebe hinter mir.

Voll Freude und Vertrauen gehe ich weiter und weiß, daß in meiner Zukunft alles gut ist.

Dieses Kind wird mit Liebe, Mitgefühl und Verständnis gesehen und behandelt. Alles ist gut.

Leicht und mühelos lasse ich das Alte gehen und heiße das Neue in meinem Leben willkommen. Ich bin in Sicherheit.

Ich entspanne und lasse das Leben mit Leichtigkeit durch mich fließen.

Mein Gottesbild unterstützt mich. Ich bin normal und natürlich. Ich freue mich meiner Sexualität und meines Körpers. Ich bin wunderbar.

Ich bin in Sicherheit. Ich entspanne mich und lasse das Leben freudig fließen.

Ich bin die Lebensfreude, die sich Ausdruck gibt und selbst Eindrücke empfängt.

Ich wecke neues Leben in mir. Ich fließe.

Problem	Wahrscheinlicher Grund
Blutdruck (hoch)	Lange bestehendes, ungelöstes emotionales Problem.
Blutdruck (niedrig)	Zu wenig Liebe als Kind. Defätismus. »Was soll's? Es wird ohnehin nicht gehen.«
Blutprobleme	Mangel an Freude, Ideen zirkulieren nicht genug.
Blutung	Freude geht aus. Wut — aber wo?
Bronchitis	›Entzündete‹ familiäre Umgebung. Streiten und Schreien. Manchmal auch Schweigen.
Bruch (Hernie)	Bruch in Beziehungen. Spannung, Belastung, unkorrekter Ausdruck schöpferischer Kraft.
Brustprobleme (Zysten, Knoten, Wundheit [Mastitis])	Übertriebenes Bemuttern und Beschützen. Anmaßende Haltung.
Buckel	Wut im Rücken. Aufgestauter Ärger.
Cholesterinablagerungen	verstopfen die Bahnen der Freude. Angst, Freude anzunehmen.

Neues Gedankenmuster

Freudig lasse ich die Vergangenheit hinter mir.
Ich bin im Frieden.

Ich beschließe, im immer-freudvollen Jetzt zu leben.
Mein Leben ist eine Freude.

Freudvolle neue Ideen zirkulieren ungehindert und frei.

Ich bin Lebensfreude, nehme an und zeige mich im vollendeten Rhythmus.

Ich erkläre Frieden und Harmonie in mir und um mich.
Alles ist gut.

Mein Denken ist freundlich und harmonisch. Ich liebe und akzeptiere mich. Ich bin frei, ich selbst zu sein.

Ich bin frei, ich selbst zu sein,
und ich gestehe anderen dieselbe Freiheit zu.

Ich sehe die Vergangenheit mit Freude. Keiner hat mir je geschadet.

Ich beschließe, das Leben zu lieben.
Meine Bahnen der Freude sind weit offen.
Es ist gut, empfänglich zu sein.

Problem	Wahrscheinlicher Grund
Chronische Krankheiten	Weigerung sich zu ändern. Angst vor der Zukunft. Unsicherheit.
Cushing-Syndrom	Mentale Unausgeglichenheit. Zu viele Gedanken, die einander erdrücken. Gefühl, überwältigt zu werden.
Dauerschmerz	Sehnsucht nach Liebe und Halt.
Diabetes	Sehnsucht nach dem, was gewesen sein könnte. Großes Bedürfnis nach Kontrolle. Tiefer Kummer. Das Leben hat nichts Süßes mehr.
Dickdarm (verschleimt)	Abgelagerte Reste alter, wirrer Gedanken verstopfen den Ausscheidungsweg. Schwelgen im klebrigen Schlamm der Vergangenheit.
Dornwarze	Wut an der Basis deines Verstehens. Frustration über die Zukunft macht sich breit.
Drüsenprobleme	Schlechte Verteilung von Aktivität und Initiative verlangenden Ideen. Du hältst dich selbst zurück.
Durchfall	Angst. Ablehnung. Entgleisung.

Neues Gedankenmuster

Ich bin willens, mich zu wandeln und zu wachsen.
Ich baue mir jetzt eine sichere, neue Zukunft auf.

Liebevoll bringe ich Denken und Körper ins Gleichgewicht.
Ich erzeuge jetzt Gedanken, die sich für mich gut anfühlen.

Ich liebe und akzeptiere mich. Ich bin liebevoll und liebenswert.

Dieser Augenblick ist von Freude erfüllt. Ich beschließe jetzt, die Süße dieses Tages zu erfahren.

Ich löse die Vergangenheit auf und löse mich von ihr. Ich bin ein Klardenker. Ich lebe friedlich und freudig im Jetzt.

Ich schreite vertrauensvoll und leicht voran. Ich vertraue und fließe mit dem Prozeß des Lebens.

Ich habe alle göttlichen Ideen und Aktivität, die ich brauche. Ich setze mich sofort in Bewegung.

Aufnahme, Verdauung und Ausscheidung sind in vollkommener Ordnung.
Ich bin in Frieden mit dem Leben.

Problem	Wahrscheinlicher Grund
Eierstöcke	stellen Quellen der Schöpfung dar. Kreativität.
Ekzem	Atemberaubende Gegensätze. Mentale Ausbrüche.
Ellbogen	steht für den Richtungswechsel und das Annehmen neuer Erfahrungen.
Emphysem	Angst, das Leben anzunehmen. Fühlt sich nicht liebenswert.
Entzündung	Angst. Rotsehen. Erhitztes Denken.
Epilepsie	Gefühl, verfolgt zu werden. Ablehnung des Lebens. Fühlt sich in großem Kampf. Gewalt gegen sich selbst.
Erkältungen	Zuviel auf einmal. Verwirrung, Unordnung im Denken. Kleine Verletzungen. Überzeugung wie: »Ich bekomme jeden Winter drei Erkältungen.«
Ermüdung	Widerstand, Langeweile. Mangelnde Liebe für das, was man tut.
Erstickungsanfälle	Angst. Vertraut nicht dem Prozeß des Lebens. Bleibt in der Kindheit hängen.
Fehlgeburt	Angst. Angst vor der Zukunft. »Nicht jetzt — später.« Ungeeigneter Zeitpunkt.

Neues Gedankenmuster

Ich bin ausgeglichen in meinem Strom der Kreativität.

Harmonie und Frieden, Liebe und Freude umgeben und erfüllen mich. Ich bin geborgen und in Sicherheit.

Ich begebe mich gerne in den Fluß neuer Erfahrungen, Richtungen und Veränderungen.

Es ist mein Recht, voll, ganz und frei zu leben. Ich liebe das Leben. Ich liebe mich selbst.

Mein Denken ist in Frieden, ruhig und ausgeglichen.

Ich beschließe, das Leben als ewig und freudig zu betrachten. Ich selbst bin ewig und freudig und im Frieden.

Ich gestatte meinem Denken, sich zu entspannen und Frieden zu finden. Klarheit und Harmonie erfüllen und umgeben mich. Alles ist gut.

Das Leben begeistert mich und erfüllt mich mit neuer Energie.

Es ist gut aufzuwachsen. Die Welt ist sicher. Ich bin in Sicherheit.

Göttlich-Richtiges geschieht überall in meinem Leben. Ich liebe und akzeptiere mich. Alles ist gut.

Problem	Wahrscheinlicher Grund
Fett	Überempfindlichkeit. Steht oft für Angst und zeigt ein Bedürfnis nach Schutz. Angst kann auch die Maske einer verborgenen Wut und starker Vergebungsunwilligkeit sein.
Fieber	Wut, Aufgezehrtwerden.
Finger	stehen für die Einzelheiten im Leben.
Finger (arthritisch)	Wunsch zu bestrafen. Vorwurf. Fühlt sich schikaniert.
Finger (Daumen)	steht für Intellekt und Sorgen.
Finger (Zeigefinger)	steht für Ego und Angst.
Finger (Mittelfinger)	steht für Wut und Sexualität.
Finger (Ringfinger)	steht für Vereinigungen und Trauer.
Finger (kleiner Finger)	steht für Familie und Rollenspiel.
Fistel	Angst. Blockade, loszulassen.
Flüssigkeitsansammlungen	Was fürchtest du zu verlieren?

Neues Gedankenmuster

Ich stehe unter dem Schutz göttlicher Liebe. Ich bin immer in Sicherheit und geborgen. Ich bin willens, aufzuwachsen und die Verantwortung für mein Leben selbst in die Hand zu nehmen. Ich vergebe anderen und ich erschaffe mir jetzt mein Leben selbst, wie ich es will. Ich bin in Sicherheit.

Ich bin der ruhige, stille Ausdruck von Frieden und Liebe.

Ich bin auch mit den Details des Lebens im Frieden.

Ich sehe liebe- und verständnisvoll. Ich halte alle meine Erfahrungen ins Licht empor.

Mein Denken ist in Frieden.

Ich bin sicher.

Ich fühle mich wohl mit meiner Sexualität.

Ich liebe in Frieden.

Ich bin selbst in der Familie des Lebens.

Ich bin in Sicherheit. Ich vertraue ganz dem Prozeß des Lebens. Das Leben ist für mich.

Ich lasse willentlich und mit Freuden los.

Problem	Wahrscheinlicher Grund
Frauenleiden	Selbstverleugnung. Ablehnung der eigenen Weiblichkeit und des femininen Prinzips.
Frigidität	Angst. Lustverleugnung. Glaube, daß Sex etwas Schlechtes sei. Gefühllose Partner. Angst vor dem Vater.
Frösteln	Mentaler Rückzug nach innen. Verlangen, sich zu entfernen. »Laß mich allein!«
Furunkel	Wut, kocht über.
Fußpilz	Enttäuschung, nicht akzeptiert zu werden. Unfähig, leichten Schrittes voranzugehen.
Fußprobleme	Angst vor der Zukunft und vor dem Voranschreiten im Leben.
Füße	stehen für unser Verstehen — unserer selbst, des Lebens und der anderen.
Gallensteine	Verbitterung. Harte Gedanken. Verdammen. Stolz.
Gangrän	Krankmachendes Denken. Freude wird in vergiftenden Gedanken ertränkt.
Gastritis	Anhaltende Ungewißheit. Schlimme Befürchtung.

Neues Gedankenmuster

Ich freue mich über meine Weiblichkeit. Ich liebe es,
Frau zu sein. Ich liebe meinen Körper.

Es ist gut, daß ich Freude an und mit meinem Körper habe.
Ich liebe es, Frau zu sein. Ich liebe meinen Körper.

Ich bin jederzeit sicher und geborgen. Liebe umgibt und
schützt mich. Alles ist gut.

Ich zeige Liebe und Freude und bin in Frieden.

Ich liebe und akzeptiere mich. Ich gebe mir die Erlaubnis
voranzuschreiten. Es ist gut, weiterzugehen.

Ich bewege mich mit Freude und Leichtigkeit vorwärts.

Mein Verständnis ist klar und ich bin bereit, mich nach den
Erfordernissen der Zeit zu wandeln. Ich bin in Sicherheit.

Ich lasse die Vergangenheit freudig los. Das Leben ist süß,
und auch ich bin voll Süße.

Ich wähle jetzt harmonische Gedanken und lasse die Freude
ungehindert durch mich strömen.

Ich liebe und akzeptiere mich. Ich bin in Sicherheit.

Problem	Wahrscheinlicher Grund
Gebärmutter	steht für das Zuhause der Kreativität.
Geburtsdefekte	Karmisch. Du hast selbst diesen Weg gewählt. Wir suchen unsere Eltern und Kinder selbst aus. Unerledigte Geschäfte.
Gedächtnisschwund	Angst. Weglaufen vor dem Leben. Unfähigkeit, für sich selbst einzustehen.
Gehirn (-tumor)	Unrichtiges, computerhaftes Denken. Starrköpfig, weigert sich, alte Denkmuster zu ändern.
Gelähmtheit	Angst. Schrecken. Flieht vor einer Situation oder Person. Widerstand.
Gelbsucht	Innere und äußere Vorurteile. Unausgewogenes Verstandesdenken.
Gelenke	stehen für Richtungsänderungen im Leben und für die Leichtigkeit dieser Bewegungen.
Genitalien	stehen für das maskuline bzw. feminine Prinzip.
Genitalien (Probleme)	Sorge, nicht gut genug zu sein.
Gesäß	steht für Macht. Schlaffe Muskulatur: Machtverlust.

Neues Gedankenmuster

Ich bin in meinem Körper zu Hause.

Jede Erfahrung ist perfekt für unseren Wachstumsprozeß.
Ich bin im Frieden, wo und wie ich bin.

Intelligenz, Mut und Selbstwert sind Teil von mir.
Es ist gut, am Leben zu sein.

Es ist mir ein leichtes, meinen Denkcomputer
umzuprogrammieren. Alles im Leben ist Verwandlung,
und auch mein Denken erneuert sich ständig.

Ich bin eins mit allem Leben. Ich bin jeder Situation völlig
gewachsen.

Ich empfinde Toleranz, Mitgefühl und Liebe gegenüber
allen Menschen, einschließlich meiner selbst.

Ich gebe mich leicht in den Fluß der Wandlung.
Mein Leben steht unter göttlicher Führung und ich gehe
immer in die beste Richtung.

Es ist gut zu sein, der/die ich bin.

Ich freue mich über meine Ausdrucksform des Lebens. Ich
bin vollkommen, wie ich bin. Ich liebe und akzeptiere mich.

Ich gebrauche meine Macht klug. Ich bin stark.
Ich bin in Sicherheit. Alles ist gut.

Problem	Wahrscheinlicher Grund
Geschlechts-krankheiten	Sexuelle Schuldgefühle. Glaube, daß die Geschlechtsteile sündhaft oder schmutzig seien. Bedürfnis nach Bestrafung.
Geschwüre	Angst. Starker Glaube, du seist nicht gut genug. Was nagt an dir?
Gesicht	steht für das, was wir der Welt zeigen.
Gesichtszüge (hängend)	kommen von ›durchhängenden‹ Gedanken. Groll gegen das Leben.
Gewächse	Pflegt alte Verletzungen. Baut Groll auf.
Gicht	Bedürfnis zu dominieren. Ungeduld, Wut.
Gleichgewichts-störungen	Zerstreutes Denken, unkonzentriert.
Grippe	Reaktion auf Massennegativität und -glauben. Furcht. Glaube an Statistiken.
Gürtelrose	Angst und Spannung. Zu empfindlich.
Haar (Ausfall)	Angst. Spannung. Versuch, alles unter Kontrolle zu halten. Traut nicht dem Prozeß des Lebens.

Neues Gedankenmuster

Ich nehme meine Sexualität und ihren Ausdruck liebend und mit Freude an. Ich akzeptiere nur Gedanken, die mich unterstützen und mit denen ich mich wohl fühle.

Ich liebe und akzeptiere mich. Ich bin im Frieden.
Alles ist gut.

Es ist gut, ich zu sein. Ich gebe dem Ausdruck, der ich bin.

Ich zeige Lebensfreude und erlaube mir, jeden Augenblick jedes Tages zu genießen. Ich werde wieder jung.

Mit Leichtigkeit vergebe ich. Ich liebe mich und will mich mit Lobgedanken belohnen.

Ich bin sicher und geborgen. Ich bin im Frieden mit mir selbst und mit anderen.

Ich sammle mich sicher in meiner Mitte und nehme die Vollkommenheit meines Lebens an.

Ich werde nicht von Gruppenmeinungen oder dem Kalender beeinflußt. Ich bin frei von allen Stauungen und frei von Grippe.

Ich bin entspannt und friedlich, weil ich dem Prozeß des Lebens traue. Alles ist gut in meiner Welt.

Ich bin in Sicherheit. Ich liebe und akzeptiere mich.
Ich vertraue dem Leben.

Problem	Wahrscheinlicher Grund
Haar (grau)	Streß. Glauben an Druck und Anspannung.
Halsbräune	Starke Überzeugung, du könntest nicht für dich selbst eintreten und um das bitten, was du brauchst.
Halsprobleme	Unfähigkeit, für sich selbst zu sprechen. Geschluckter Zorn. Erstickte Kreativität. Weigerung sich zu ändern.
Handgelenk	steht für Bewegung und Leichtigkeit.
Handprobleme	Furcht vor neuen Ideen.
Harnwegsinfektion	Stocksauer, gewöhnlich über das andere Geschlecht oder eine(n) Geliebte(n). Beschuldigt andere.
Hautausschlag	Irritiert wegen Verzögerungen. Kleinkindlicher Versuch, Aufmerksamkeit auf sich zu lenken.
Hautblasen	Widerstand. Mangel an emotionalem Schutz.
Hände	Halten und Behandeln. Fassen und Greifen. Packen und Loslassen. Streicheln. Stehlen. Alle Arten, mit Erfahrungen umzugehen.

Neues Gedankenmuster

Ich bin in Frieden und fühle mich wohl in jedem Bereich meines Lebens. Ich habe die Kraft und schaffe es.

Es ist mein Recht, daß meine Bedürfnisse erfüllt werden. Ich erbitte jetzt das, was ich brauche, mit Liebe und Leichtigkeit.

Es ist in Ordnung, Geräusche zu erzeugen. Ich äußere mich frei und freudig. Mit Leichtigkeit spreche ich für mich. Ich gebe meiner Kreativität Ausdruck. Ich bin willens, mich zu wandeln.

Ich heiße alle Erfahrungen mit Weisheit, Liebe und Leichtigkeit willkommen.

Ich handhabe alle Ideen mit Liebe und Leichtigkeit.

Ich lasse das Muster, das zu diesem Zustand geführt hat, aus meinem Bewußtsein gehen. Ich bin willens, mich zu ändern. Ich liebe und akzeptiere mich.

Ich liebe und akzeptiere mich. Ich bin in Frieden mit dem Prozeß des Lebens.

Ich begebe mich frei in den Fluß des Lebens und Erlebens. Alles ist gut.

Ich beschließe, alle meine Erlebnisse mit Liebe, Freude und Leichtigkeit zu behandeln.

Problem	Wahrscheinlicher Grund
Herz	steht für das Zentrum der Liebe und Sicherheit.
Herz (Anfall [Infarkt])	Preßt sich wegen Geld, Position o. ä. alle Freude aus dem Herzen.
Herzkranzgefäß-thrombose	Fühlt sich einsam und erschreckt. »Ich bin nicht gut genug. Ich tue nicht genug. Ich werde es nie schaffen.«
Herzprobleme	Lange bestehende emotionale Probleme. Mangel an Freude. Verhärtung des Herzens. Glauben an Streß und Spannung.
Heuschnupfen	Emotionale Stauung. Angst vor dem Kalender. Glaube, verfolgt zu werden. Schuldgefühle.
Hoden	Maskulines Prinzip, Männlichkeit.
Hodgkinsche Krankheit (Lymphdrüsen-krebs)	Selbstvorwürfe und mächtige Angst, nicht gut genug zu sein. Wahnsinniger Wettlauf, sich zu beweisen, bis das Blut nicht mehr genug Substanz hat, sich selbst zu erhalten. Die Freude am Leben gerät bei dem Wettlauf um Anerkennung in Vergessenheit.
Husten	Verlangen, die Welt anzubellen. »Seht mich an! Hört mir zu!«

Neues Gedankenmuster

Mein Herz schlägt im Rhythmus der Liebe.

Ich bringe Freude zurück in die Mitte meines Herzens.
Ich zeige Liebe zu allen.

Ich bin eins mit allem Leben. Das Universum gibt mir volle
Unterstützung. Alles ist gut.

Freude, Freude, Freude! Liebevoll lasse ich Freude durch
Herz und Sinn, Leib und Erleben fließen.

Ich bin eins mit *allem Leben*. Ich bin zu jeder Zeit
in Sicherheit.

Es ist gut, ein Mann zu sein.

Ich bin ganz glücklich, ich selbst zu sein. Ich bin gut genug
so, wie ich bin. Ich liebe und akzeptiere mich. Ich empfange
und zeige Freude.

Ich werde auf positivste Weise bemerkt und geschätzt.
Ich werde geliebt.

Problem	Wahrscheinlicher Grund
Hüfte	trägt den Körper in vollkommenem Gleichgewicht. Wichtigster Aspekt beim Vorankommen.
Hüftprobleme	Angst, bezüglich größerer Entscheidungen vorwärts zu gehen.
Hyperglykämie [s. Diabetes]	
Hyperparathyreoidismus (Nebenschilddrüsen-Überfunktion)	Extreme Enttäuschung, nicht das tun zu können, was man will. Immer die Wünsche anderer erfüllen, nicht die eigenen.
Hyperventilation	Angst. Widerstand gegen Veränderung. Kein Vertrauen in den Prozeß des Lebens.
Hypoglykämie (Unterzucker)	Überwältigt durch die Last des Lebens. »Was soll's?«, Gefühl der Sinnlosigkeit.
Hypophyse	Kontrollzentrum.
Ileitis	Angst. Kummer. Fühlt sich nicht gut genug.
Impotenz	Sexueller Druck, Spannung, Schuldgefühle. Trotz gegen einen früheren Partner. Angst vor der Mutter.

Neues Gedankenmuster

In jedem neuen Tag liegt Freude. Ich bin ausgeglichen und frei.

Ich bin vollkommen im Gleichgewicht. Ich gehe in meinem Leben und in jedem Alter mit Leichtigkeit und Freude voran.

Ich gebe meine Kraft an ihren angestammten Platz zurück. Ich treffe meine Entscheidungen selbst. Ich erfülle meine eigenen Wünsche.

Ich bin sicher, an jedem Punkt des Universums.
Ich liebe mich und vertraue dem Prozeß des Lebens.

Ich treffe jetzt die Entscheidung, mein Leben leicht und einfach und freudig zu machen.

Denken und Körper sind vollkommen ausgeglichen.
Ich habe meine Gedanken unter Kontrolle.

Ich liebe und akzeptiere mich. Ich tue das Beste, was mir möglich ist. Ich bin wunderbar. Ich bin im Frieden.

Ich erlaube jetzt der ganzen Kraft meines sexuellen Prinzips, sich mit Leichtigkeit und Freude Ausdruck zu geben.

Problem	Wahrscheinlicher Grund
Infektionen	Gereiztheit, Wut, Ärger.
Ischias	Scheinheiligkeit. Angst ums Geld und vor der Zukunft.
›Itis‹	Wut und Enttäuschung über Zustände, die du in deinem Leben siehst.
Juckreiz (Pruritus)	Verlangen, das einem zuwider ist. Unbefriedigt. Reue. Jucken, um hinaus- oder fortzukommen.
Karbunkel	Vergiftender Zorn über persönliche Ungerechtigkeit.
Kaumuskelkrampf	Wut. Verlangen zu kontrollieren. Weigerung, Empfindungen auszudrücken.
Kehle	Weg des Selbstausdrucks. Kanal der Kreativität.
Kehlkopfentzündung	Du bist so außer dir, daß du nicht einmal mehr sprechen kannst. Angst, etwas auszusprechen. Groll gegen Autorität.
Kiefer-Probleme	Wut. Groll. Rachsucht.
Kinderlähmung	Lähmende Eifersucht. Verlangen, jemandem Einhalt zu gebieten.

Neues Gedankenmuster

Ich beschließe, friedlich und harmonisch zu sein.

Ich gehe auf eine weitere Dimension meines Daseins zu.
Gott ist für mich überall, und ich bin sicher und geborgen.

Ich bin willens, alle Verhaltensmuster der Kritik zu ändern.
Ich liebe und akzeptiere mich.

Ich bin im Frieden, wo ich gerade bin. Ich nehme das Gute
in mir an und weiß, daß alle meine Bedürfnisse und
Wünsche erfüllt werden.

Ich lasse die Vergangenheit los und erlaube der Liebe,
jeden Bereich meines Lebens zu heilen.

Ich vertraue dem Prozeß des Lebens. Es fällt mir leicht,
um das zu bitten, was ich will. Das Leben unterstützt mich.

Ich öffne mein Herz und singe von der Freude der Liebe.

Ich bin frei, um das zu bitten, was ich will. Es ist gut,
sich zu äußern. Ich bin in Frieden.

Ich bin willens, alle Verhaltensmuster in mir zu ändern,
die diesen Zustand erzeugt haben. Ich liebe und akzeptiere
mich. Ich bin in Sicherheit.

Es ist genug für alle da. Ich schaffe mir Gutes und Freiheit
mit liebevollen Gedanken.

Problem	Wahrscheinlicher Grund
Kinderkrankheiten	Glauben an Kalender, gesellschaftliche Maßstäbe und falsche Gesetze. Kindisches Verhalten der Erwachsenen in der Umgebung.
›Kloß im Hals‹	Angst. Kein Vertrauen in den Prozeß des Lebens.
Knieprobleme	Stures Ego, Stolz. Unbeugsamkeit. Angst. Mangelnde Flexibilität. Unnachgiebig.
Knochen	stehen für die Struktur des Universums.
Knochenprobleme (Brüche)	Auflehnung gegen Autorität.
Knochenprobleme (Deformierungen)	Mentaler Druck, Spannung, Enge. Muskeln können sich nicht strecken. Verlust mentaler Beweglichkeit.
Knochenwucherungen	Verhärtete Vorstellungen und Begriffe. Verfestigte Angst.
Knöchel (Sprunggelenk)	stehen für die Fähigkeit, Vergnügen zu empfinden. Unbeugsamkeit und Schuld.
Knötchen	Groll, Frustration und Verletztheit wegen etwas, das der Karriere des Ego im Wege steht.

Neues Gedankenmuster

Dieses Kind steht unter göttlichem Schutz und ist in Liebe geborgen. Wir beanspruchen mentale Immunität.

Ich bin sicher. Ich vertraue darauf, daß das Leben für mich gut ist. Ich zeige mich frei und freudig.

Vergebungsbereitschaft. Verständnis. Mitgefühl. Ich beuge mich dem Fluß mit Leichtigkeit. Alles ist gut.

Ich bin wohlstrukturiert und ausgeglichen.

In meiner Welt bin ich meine eigene Autorität, denn ich bin der einzige, der in meinem Kopf denkt.

Ich atme mich voll des Lebens. Ich entspanne und vertraue dem Fluß und Fortgang des Lebens.

Es ist gut, neue Ideen und Möglichkeiten zu sehen und zu erleben. Ich bin offen und empfänglich für das Gute.

Ich habe Anspruch auf Genuß im Leben. Ich nehme alles Vergnügen an, das das Leben zu bieten hat.

Ich lasse die Vorstellung von Verzögerung los und gestatte nun dem Erfolg, sich bei mir einzufinden.

Problem	Wahrscheinlicher Grund
Kolik	Mentale Gereiztheit, Ungeduld, verärgert über die Umgebung.
Kolitis	Unsicherheit. Steht für die Leichtigkeit, Dinge der Vergangenheit loszulassen.
Koma	Angst. Flieht vor etwas oder jemandem.
Kopfschmerzen	Invalidisiert sich selbst. Kritiksucht gegen sich selbst. Angst.
Körpergeruch	Angst. Abneigung gegen sich selbst. Angst vor anderen.
Krampfadern	Du stehst in einer Situation, die du haßt. Entmutigung. Fühlst dich überarbeitet und überlastet.
Krämpfe	Spannung. Angst. Greifen. Festhalten.
Krätze	Infiziertes Denken. Läßt zu, daß andere unter die Haut gehen.
Krebs	Tiefe Verletzung. Lange bestehender Groll. Tiefes Geheimnis oder Trauer, die am Selbst nagen. Trägt Haß in sich. Empfindet Sinnlosigkeit.
Kropf	Haß wegen etwas Aufgezwungenem. Fühlt sich als Opfer, im Leben bedroht, unerfüllt.

Neues Gedankenmuster

Dieses Kind spricht nur auf Liebe und liebevolle Gedanken an. Alles ist friedlich.

Ich bin Teil des vollkommenen Rhythmus und Flusses des Lebens. Alles ist in göttlicher, richtiger Ordnung.

Wir umgeben dich mit Geborgenheit und Liebe. Wir schaffen dir einen Raum zu heilen. Du wirst geliebt.

Ich liebe und akzeptiere mich. Ich betrachte mich und was ich tue mit Augen der Liebe. Ich bin in Sicherheit.

Ich liebe und akzeptiere mich. Ich bin in Sicherheit.

Ich stehe in Wahrheit und Leben und bewege mich in Freude. Ich liebe das Leben und zirkuliere frei.

Ich entspanne mich und gestatte meinem Denken, Frieden zu finden.

Ich bin lebendiger, liebender, freudiger Ausdruck des Lebens. Ich bin ich selbst.

Liebevoll vergebe und löse ich alles Vergangene. Ich beschließe, meine Welt mit Freude zu füllen. Ich liebe und akzeptiere mich.

Ich bin die Macht und Autorität in meinem Leben. Ich bin frei, ich selbst zu sein.

Problem	Wahrscheinlicher Grund
Krupp-Husten [s. Bronchitis]	
Leberentzündung	Widerstand gegen Veränderung. Angst, Wut, Haß. Die Leber ist der Sitz von Wut und Rage.
Leberprobleme	Chronisches Beschweren. Rechtfertigt Fehlersuche, um sich selbst zu täuschen. Fühlt sich schlecht.
Lepra	Unfähigkeit, mit dem Leben überhaupt fertig zu werden. Lange genährte Überzeugung, nicht gut oder sauber genug zu sein.
Leukämie	Inspiration wird brutal abgewürgt. »Was soll's?«
Lungenentzündung	Verzweifelt. Lebensmüde. Emotionale Wunden dürfen nicht heilen.
Lungenprobleme	Depression. Trauer. Angst, Leben aufzunehmen. Fühlt sich nicht wert, ganz zu leben.
Lupus erythematodes (Wolf, Hauttuberkulose)	Aufgeben. Besser zu sterben als für sich einzustehen. Wut und Bestrafung.

Neues Gedankenmuster

Mein Denken ist geläutert und frei. Ich lasse die Vergangenheit hinter mir und schreite ins Neue weiter. Alles ist gut.

Ich beschließe, durch den offenen Raum in meinem Herzen zu leben. Ich trachte nach Liebe und finde sie überall.

Ich erhebe mich über alle meine Begrenzungen. Ich werde göttlich geführt und inspiriert. Liebe heilt alles Leben.

Ich lasse die früheren Begrenzungen hinter mir und begebe mich in die Freiheit des Jetzt. Es ist gut, ich selbst zu sein.

Frei nehme ich göttliche Ideen in mich auf, die mit Odem und Intelligenz des Lebens erfüllt sind. Dies ist ein neuer Augenblick.

Ich vermag die Fülle des Lebens in mich aufzunehmen. In Liebe lebe ich die Fülle des Lebens.

Ich trete frei für mich ein. Ich nehme meine eigene Macht in Anspruch. Ich liebe und akzeptiere mich. Ich bin frei und in Sicherheit.

Problem	Wahrscheinlicher Grund
Lymphprobleme	Eine Warnung, daß das Denken sich auf die wesentlichen Dinge im Leben zurückbesinnen muß. Liebe und Freude.
Magen	birgt die Nahrung. Verdaut Vorstellungen und Ideen.
Magengeschwür	Angst. Glaube, du seist nicht gut genug. Ängstlich darauf bedacht zu gefallen.
Magenprobleme	Große Furcht. Angst vor dem Neuen. Unfähigkeit, Neues zu verdauen.
Magersucht	Absage an das eigene Leben. Extreme Angst, Selbsthaß und Selbstablehnung.
Mandel-entzündung	Angst. Unterdrückte Emotionen. Erstickte Kreativität.
Mastoiditis	Wut und Enttäuschung. Ein Verlangen, nicht zu hören, was geschieht. Gewöhnlich bei Kindern. Angst infiziert das Verstehen.
Menstruations-probleme	Ablehnung der eigenen Weiblichkeit. Schuldgefühle, Angst. Glaube, daß die Geschlechtsorgane sündhaft oder schmutzig seien.

Neues Gedankenmuster

Ich bin jetzt fest verankert in der Liebe und Freude,
am Leben zu sein. Ich gebe mich in den Strom des Lebens.
Friede beherrscht mein Gemüt.

Ich verdaue das Leben mit Leichtigkeit.

Ich liebe und akzeptiere mich. Ich bin mit mir selbst
in Frieden. Ich bin wunderbar.

Das Leben stimmt mit mir überein. Ich nehme jeden
Augenblick jedes Tages das Neue in mich auf. Alles ist gut.

Es ist gut, ich zu sein. Ich bin wunderbar, so wie ich bin.
Ich entscheide mich für das Leben. Ich entscheide mich für
Freude und Selbstachtung.

Das Gute in mir fließt nun frei. Göttliche Ideen finden
durch mich Ausdruck. Ich bin in Frieden.

Göttlicher Friede und Harmonie umgeben und erfüllen
mich. Ich bin eine Oase des Friedens und der Liebe und
Freude. Alles ist gut in meiner Welt.

Ich akzeptiere meine ganze Kraft als Frau und alle
Vorgänge in meinem Körper als normal und natürlich.
Ich liebe und akzeptiere mich.

Problem	Wahrscheinlicher Grund
Migräne	Abneigung, getrieben zu sein. Widerstand gegen den Fluß des Lebens. Sexuelle Ängste. (Können meist durch Masturbation aufgelöst werden.)
Milz	Besessen. Verhaftet. Von etwas besessen sein.
Mitesser	Gefühl, schmutzig und ungeliebt zu sein.
Mukoviszidose	Der törichte Glaube, das Leben sei nichts für mich. Ich Armer!
Multiple Sklerose	Mentale Härte. Hartherzigkeit, eiserner Wille, Unnachgiebigkeit. Angst.
Mundgeruch	Schlechte Einstellung, übles Nachreden, verdorbenes Denken.
Mundprobleme	Starre Meinungen. Verschlossenheit. Unfähigkeit, neue Ideen aufzunehmen.
Mundschleimhautgeschwüre	Schwärende Worte, von den Lippen zurückgehalten. Vorwürfe.
Nackenprobleme	Weigerung, andere Seiten einer Angelegenheit zu betrachten. Sturheit, Unbeweglichkeit, Hartnäckigkeit.

Neues Gedankenmuster

Ich entspanne mich im Strom des Lebens und lasse das Leben leicht und bequem für alles sorgen, was ich brauche. Das Leben ist für mich.

Ich liebe und akzeptiere mich. Ich bin liebevoll und liebenswert.

Ich liebe und akzeptiere mich. Ich bin liebevoll und liebenswert.

Das Leben liebt mich und ich liebe das Leben. Ich entschließe mich, das Leben voll, ganz und frei anzusehen.

Durch die Wahl von liebevollen, freudvollen Gedanken erschaffe ich eine liebevolle, freudvolle Welt. Ich bin in Sicherheit und frei.

Ich spreche freundlich und liebevoll. Ich atme nur Gutes aus.

Neue Vorstellungen und Gedanken heiße ich willkommen und bereite sie für die Aufnahme und Verdauung vor.

Ich erzeuge nur freudige Erfahrungen in meiner liebevollen Welt.

Mit Flexibilität und Leichtigkeit betrachte ich alle Seiten einer Sache. Es gibt unendlich viele verschiedene Möglichkeiten, etwas zu tun und zu sehen.
Ich bin in Sicherheit.

Problem	Wahrscheinlicher Grund
Narkolepsie	Schafft es nicht. Extreme Angst. Möchte vor allem davonlaufen. Will nicht hier sein.
Nase	steht für Selbsterkenntnis.
Nase (blutet)	Verlangen nach Anerkennung. Fühlt sich übersehen und nicht anerkannt. Schreit nach Liebe.
Nägel	stehen für Schutz.
Nägelkauen	Frustration. Nagt das Selbst ab. Trotz gegen Elternteil.
Nebenhöhlenprobleme (Sinusitis)	Gereiztheit über eine nahestehende Person.
Nebennieren-Probleme	Defätismus. Kümmert sich nicht mehr um sich selbst. Furchtsamkeit.
Nerven	stehen für Kommunikation. Empfängliche Berichterstatter.
Nervenzusammenbruch	Egozentrik. Versperren der Kommunikationswege.
Nervosität	Angst, Furchtsamkeit, Kampf, Hetze. Traut nicht dem Prozeß des Lebens.

Neues Gedankenmuster

Ich baue auf die göttliche Weisheit und Führung, die mich jederzeit schützen. Ich bin in Sicherheit.

Ich erkenne meine eigene, intuitive Fähigkeit.

Ich liebe und akzeptiere mich. Ich erkenne meinen eigenen, wahren Wert. Ich bin wunderbar.

Ich greife in Sicherheit aus.

Es ist gut, groß und erwachsen zu werden. Ich nehme mein Leben jetzt mit Freude und Leichtigkeit in die Hand.

Frieden und Harmonie erfüllen und umgeben mich jederzeit. Alles ist gut.

Ich liebe und akzeptiere mich. Es ist gut, wenn ich für mich selbst sorge.

Ich kommuniziere mit Leichtigkeit und Freude.

Ich öffne mein Herz und schaffe ausschließlich liebevolle Kommunikationsformen. Ich bin in Sicherheit, es geht mir gut.

Ich bin auf einer endlosen Reise durch die Ewigkeit und es steht reichlich Zeit zur Verfügung. Ich kommuniziere mit meinem Herzen. Alles ist gut.

Problem	Wahrscheinlicher Grund
Nesselausschlag	Kleine, versteckte Ängste. Macht aus einer Mücke einen Elefanten.
Neuralgie	Bestrafung für Schuld. Pein wegen einer Kommunikation.
Nierenentzündung	Überreaktion auf Enttäuschung und Versagen.
Nierenprobleme	Kritik, Enttäuschung, Versagen. Scham. Reagiert wie ein kleines Kind.
Nierenschrumpfung	Gefühl, wie ein Kind etwas ›nicht recht‹ oder ›nicht gut genug‹ zu machen. Versagen. Verlust.
Ohnmachtsanfall	Angst. Schaffe es nicht. Steige aus.
Ohren	stehen für die Fähigkeit zu hören.
Ohrensausen	Weigerung zu lauschen. Hört nicht die innere Stimme. Verbohrtheit.
Ohrenschmerzen (Otitis)	Wut. Will nicht hören. Zuviel Durcheinander. Eltern streiten.
Osteomyelitis	Wut und Frustration über das Grundgerüst des Lebens. Fühlt sich nicht unterstützt.

Neues Gedankenmuster

Ich bringe Frieden in jede Ecke meines Lebens.

Ich vergebe mir. Ich liebe und akzeptiere mich. Ich teile mich liebevoll mit.

Nur das Richtige geschieht in meinem Leben. Ich lasse das Alte los und heiße das Neue willkommen.

Göttlich-Richtiges geschieht überall in meinem Leben. Nur Gutes erwächst mir aus jeder Erfahrung. Es ist gut, groß zu werden.

Ich liebe und akzeptiere mich. Ich kümmere mich um mich selbst. Ich bin jederzeit jeder Situation gewachsen.

Ich habe Kraft, Stärke und Wissen, alles in meinem Leben zu bewältigen.

Ich höre mit Liebe.

Ich vertraue meinem höheren Selbst. Ich lausche liebevoll meiner inneren Stimme. Ich lasse alles los, das nicht der Liebe entspricht.

Harmonie umgibt mich. Ich lausche mit Liebe dem Angenehmen und Guten. Ich bin ein Mittelpunkt der Liebe.

Ich bin in Frieden mit und voll Vertrauen in den Prozeß des Lebens. Ich bin in Sicherheit und geborgen.

Problem	Wahrscheinlicher Grund
Ödem	Was oder wen willst du nicht loslassen?
Parkinsonsche Krankheit	Angst und ein starkes Verlangen, über alles und jeden Kontrolle auszuüben.
Parodontose	Wut über die Unfähigkeit, Entscheidungen zu treffen. Unentschlossenheit.
Pocken, Pusteln	Kleine, versteckte Ängste. Aus einer Mücke einen Elefanten machen.
Polypen	Spannungen und Streit in der Familie. Kind fühlt sich nicht willkommen und meint, den Eltern im Wege zu stehen.
Prämenstruelles Syndrom	Überläßt der Verwirrung das Feld. Überläßt äußeren Einflüssen die Macht. Lehnt die weiblichen Lebensprozesse ab.
Prostata	steht für das maskuline Prinzip.
Prostata (Probleme)	Mentale Ängste schwächen die Männlichkeit. Aufgeben. Sexueller Druck und Schuldgefühle. Glaube an das Altern.
Psoriasis	Angst, verletzt zu werden. Abtöten des Selbstempfindens. Weigert sich, die Verantwortung für die eigenen Empfindungen anzunehmen.

Neues Gedankenmuster

Ich lasse die Vergangenheit bewußt los. Es ist gut für mich, loszulassen. Jetzt bin ich frei.

Ich entspanne mich in dem Wissen, daß ich in Sicherheit bin. Das Leben ist für mich und ich vertraue in den Prozeß des Lebens.

Ich akzeptiere mich, und meine Entscheidungen sind immer richtig für mich.

Ich schließe Frieden mit den kleinen Dingen des Lebens.

Dieses Kind ist gewollt und willkommen und geliebt.

Ich übernehme jetzt selbst die Verantwortung für mein Denken und Leben. Ich bin eine kraftvolle, dynamische Frau! Jeder Teil meines Körpers funktioniert perfekt. Ich liebe mich.

Ich akzeptiere und freue mich meiner Männlichkeit.

Ich liebe und akzeptiere mich. Ich akzeptiere meine eigene Kraft. Ich bin im Geiste immer jung.

Ich bin offen für die Freuden des Lebens. Ich verdiene und akzeptiere das Allerbeste im Leben. Ich liebe und akzeptiere mich.

Problem	Wahrscheinlicher Grund
Quetschungen	Die kleinen Schläge und Stöße im Leben. Selbstbestrafung.
Rachitis	Emotionale Unterernährung. Mangel an Liebe und Sicherheit.
Reisekrankheit	Angst. Angst, sich nicht mehr unter Kontrolle zu haben.
Reisekrankheit (im Auto)	Angst. Bindung. Gefühl, gefangen zu sein.
Reisekrankheit (zur See)	Furcht. Todesangst. Verlust der Beherrschung.
Rheumatismus	Fühlt sich schikaniert. Mangel an Liebe. Chronische Verbitterung. Groll.
Ringelflechte	Du läßt zu, daß andere dir unter die Haut gehen. Du fühlst dich nicht gut oder sauber genug.
Rücken	steht für die Unterstützung im Leben.
Rückenprobleme (Mitte)	Schuldgefühle. Bleibt an ›all dem Zeug da hinten‹ hängen.
Rückenprobleme (oben)	Mangel an emotionaler Unterstützung. Fühlt sich ungeliebt, hält selbst Liebe zurück.

Neues Gedankenmuster

Ich liebe und mag mich. Ich bin sanft und freundlich zu mir. Alles ist gut.

Ich fühle mich sicher, und ich werde von der Liebe des Universums genährt.

Ich habe meine Gedanken immer unter Kontrolle. Ich bin in Sicherheit. Ich liebe und akzeptiere mich.

Ich bewege mich mit Leichtigkeit durch Zeit und Raum. Nur Liebe umgibt mich.

Ich bin völlig sicher im Universum. Ich bin überall in Frieden. Ich vertraue dem Leben.

Ich erzeuge meine Erlebnisse selbst. So wie ich mich selbst und andere liebe und annehme, werden meine Erfahrungen besser und besser.

Ich liebe und akzeptiere mich. Kein Mensch, kein Ort und kein Ding haben Gewalt über mich. Ich bin frei.

Ich weiß, daß das Leben immer hinter mir steht.

Ich lasse die Vergangenheit los. Ich bin frei, mich liebenden Herzens voran zu bewegen.

Ich liebe und akzeptiere mich. Das Leben unterstützt und liebt mich.

Problem	Wahrscheinlicher Grund
Rückenprobleme (unten)	Furcht ums Geld. Mangel an finanzieller Unterstützung.
Schambein	steht für Schutz.
Schamhaar	steht sowohl für Anziehungskraft als auch für Verbergen. Weder Kinder noch Alte haben Schamhaar.
Scheidenkatarrh	Wut auf den Partner. Sexuelle Schuldgefühle. Selbstbestrafung.
Schilddrüse	Demütigung. »Ich bekomme nie das zu tun, was ich tun will. Wann komme ich endlich an die Reihe?«
Schlaflosigkeit	Angst. Traut nicht dem Prozeß des Lebens. Schuldgefühle.
Schlaganfall	Aufgeben. Widerstand. »Lieber sterben, als sich verändern.« Ablehnung des Lebens.
Schleimbeutelentzündung	Unterdrückte Wut, die jemanden treffen will.
Schmerz	Schuldgefühl. Schuld sucht immer nach Bestrafung.

Neues Gedankenmuster

Ich vertraue dem Prozeß des Lebens. Für alles, was ich brauche, ist immer gesorgt. Ich bin in Sicherheit.

Meine Sexualität ist sicher.

Andere spiegeln die Liebe und Anerkennung wider, die ich für mich selbst empfinde. Ich freue mich über meine Sexualität.

Ich lasse die alten Begrenzungen hinter mir und gestatte mir nun, mir frei und schöpferisch Ausdruck zu geben.

Liebevoll lasse ich den Tag hinter mir und gleite in friedlichen Schlaf mit dem Wissen, daß der morgige Tag für sich selbst sorgen wird.

Leben ist Wandlung, und ich passe mich leicht dem Neuen an. Ich nehme das Leben an − Vergangenheit, Gegenwart und Zukunft.

Liebe entspannt und löst alles, was ihrem Wesen nicht entspricht.

Liebevoll lasse ich die Vergangenheit los.
Die anderen sind frei und ich bin frei.
Alles ist jetzt gut in meinem Herzen.

Problem	Wahrscheinlicher Grund
Schnarchen	Sture Weigerung, alte Verhaltens- und Denkmuster loszulassen.
Schultern (hängend)	Trägt die Lasten des Lebens. Hilf- und hoffnungslos.
Schulterprobleme	Tragen einer Last, überlastet.
Schwellung	Im Denkprozeß hängengeblieben. Gestaute, schmerzhafte Vorstellungen.
Schwindel	Flüchtige, zerstreute Gedanken. Weigerung, der Realität ins Auge zu blicken.
Senilität	Rückkehr in die vermeintliche Sicherheit des Kindesalters. Verlangt Pflege und Aufmerksamkeit. Eine Form der Machtausübung und Kontrolle über die Menschen in der Umgebung. Fluchtversuche.
Sichelzellanämie	Glaube, daß man nicht gut genug sei, zerstört die Freude am Leben.
Sodbrennen	Angst, Angst, Angst. Erdrückende Angst.

Neues Gedankenmuster

Ich löse mich von allem Denken, das nicht Liebe und Freude ist. Ich löse mich von der Vergangenheit und gehe ein in Neues, Frisches, Vitales.

Ich stehe aufrecht und frei. Ich liebe und akzeptiere mich. Mein Leben wird von Tag zu Tag besser.

Das Leben ist freudvoll und frei; alles, was ich annehme, ist gut.

Meine Gedanken fließen frei und leicht. Ich bewege mich durch Ideen frei und ungehindert.

Ich bin ganz in meiner Mitte und lebe in Frieden. Es ist gut, daß ich am Leben und voll Freude bin.

Göttlicher Schutz. Sicherheit. Frieden. Die Intelligenz des Universums wirkt auf jeder Ebene des Lebens.

Dieses Kind lebt und atmet die Freude am Leben; es wird von Liebe genährt und erhalten. Gott wirkt jeden Tag Wunder.

Ich atme frei und tief. Ich bin sicher. Ich vertraue dem Prozeß des Lebens.

Problem	Wahrscheinlicher Grund
Steifer Nacken	Unbeugsame Hartnäckigkeit.
Steifigkeit	Steifes, starres Denken.
Stottern	Unsicherheit. Mangel an Selbstausdruck. Darf nicht schreien.
Süchte	Vor sich selbst davonlaufen. Angst. Sich nicht zu lieben wissen.
Taubheit (Empfindungslosigkeit)	Liebe oder Beachtung zurückhalten. Mental absterben.
Taubheit (Ohren)	Zurückweisung, Starrköpfigkeit, Isolation. Was willst du nicht hören? »Laß mich in Ruhe.«
Teilnahmslosigkeit [s. Apathie]	
Tollwut	Wut. Überzeugung, daß Gewalt die Lösung sei.
Tuberkulose	Verzehrt sich vor Ichbezogenheit. Besitzergreifend. Gedanken der Grausamkeit und Rache.
Tumore	Pflegt alte Verletzungen und Schocks. Gewissensbisse.

Neues Gedankenmuster

Es ist gut, auch andere Gesichtspunkte zu betrachten.

Ich besitze genug Sicherheit, um in meinem Denken flexibel sein zu können.

Ich habe die Freiheit, für mich selbst zu sprechen.
Ich bin jetzt sicher in meinem Ausdruck. Ich teile mich liebevoll mit.

Ich entdecke jetzt, wie wunderbar ich bin. Ich beschließe, mich zu lieben und Freude zu genießen.

Ich teile meine Gefühle und meine Liebe mit. Ich spreche auf die Liebe in jedem an.

Ich lausche dem Göttlichen und freue mich über alles, was ich hören kann. Ich bin eins mit allem.

Ich bin umgeben und erfüllt von Frieden.

Indem ich mich liebe und akzeptiere, erschaffe ich eine freudige, friedliche Welt, in der ich leben kann.

Liebevoll löse ich mich von der Vergangenheit und richte meine Aufmerksamkeit auf diesen neuen Tag. Alles ist gut.

Problem	Wahrscheinlicher Grund
Unfälle	Unvermögen, für sich selbst einzutreten. Auflehnung gegen Autorität. Glauben an das Mittel Gewalt.
Unfruchtbarkeit	Angst und Widerstand gegen den Prozeß des Lebens — *oder* keine Notwendigkeit, durch die Erfahrungen der Elternschaft zu gehen.
Unheilbar krank	Kann in dieser Phase nicht durch äußere Mittel geheilt werden. Wir müssen nach *innen* gehen, um eine Heilung zu bewirken. Es kam von nirgendwo und wird sich nach nirgendwo zurückziehen.
Übelkeit	Angst. Ablehnung einer Idee oder Erfahrung.
Übergewicht	Angst. Schutzbedürfnis. Läuft vor seinen Gefühlen davon. Unsicherheit, Selbstablehnung. Sucht Erfüllung.
Venenentzündung	Wut und Frustration. Beschuldigt andere wegen Enge und mangelnder Freude im eigenen Leben.
Verbrennungen	Wut. Entflammt sein, aufgezehrt werden.

Neues Gedankenmuster

Ich löse mich innerlich von dem Muster, das hierzu geführt hat. Ich bin im Frieden. Ich bin es wert.

Ich vertraue in den Prozeß des Lebens. Ich bin immer am richtigen Ort und tue das Richtige zur rechten Zeit. Ich liebe und akzeptiere mich.

Wunder geschehen jeden Tag. Ich gehe nach innen, um das Muster aufzulösen, das zu diesem Zustand geführt hat, und ich nehme eine göttliche Heilung an. So ist es!

Ich bin in Sicherheit. Ich vertraue darauf, daß mir der Prozeß des Lebens nur Gutes bringt.

Ich bin im Frieden mit meinen Gefühlen und Empfindungen. Ich bin in Sicherheit, wo ich bin.
Ich schaffe mir meine Sicherheit selbst.
Ich liebe und akzeptiere mich.

Freude strömt frei durch mich, und ich bin mit dem Leben in Frieden.

Ich erzeuge nur Frieden und Harmonie in mir und in meiner Umgebung. Ich verdiene, mich wohl zu fühlen.

Problem	Wahrscheinlicher Grund
Verbrennungen (durch Flüssigkeiten)	Wut, Überkochen.
Verdauungsstörungen	Furcht, Schrecken, Ängstlichkeit auf Bauch-Ebene. Fesselnd und stöhnend.
Verstauchung	Zorn und Widerstand. Will im Leben nicht in eine bestimmte Richtung gehen.
Verstopfung	Weigerung, von alten Vorstellungen abzulassen. Bleibt in der Vergangenheit stecken. Manchmal auch Geiz.
Vitiligo (Weißfleckenkrankheit)	Gehöre zu niemandem, fühle mich ganz und gar ausgeschlossen, nicht als Mitglied einer Gruppe.
Vulva	steht für Verletzlichkeit.
Wahnsinn	Flucht vor der Familie. Fluchtversuch, Rückzug. Gewaltsame Trennung vom Leben.
Warzen	Kleine Ausdrucksformen des Hasses, Glaube an Häßlichkeit.
Wassersucht	Wen oder was möchtest du nicht gehen lassen?

Neues Gedankenmuster

Ich lasse alle Wut und allen Ärger los.

Ich kann alle neuen Erfahrungen leicht und freudig in mich aufnehmen und verdauen.

Ich vertraue dem Prozeß des Lebens, der mich dem höchsten Ziel entgegen führen wird. Ich bin in Frieden.

Wie ich die Vergangenheit loslasse, können Neues, Frisches und Vitales eintreten. Ich erlaube dem Leben, durch mich zu fließen.

Ich bin im Zentrum des Lebens und ganz und gar in Liebe verbunden.

Es ist gut, verletzlich zu sein.

Dieses Menschen Geist kennt seine wahre Identität und ist ein schöpferischer Punkt göttlichen Selbstausdrucks.

Ich bin vollkommener Ausdruck der Liebe und Schönheit des Lebens.

Ich bin gewillt, all meine Vergangenheit loszulassen.
Ich bin sicher und frei.

Problem	Wahrscheinlicher Grund
Wechseljahres-Probleme	Angst, nicht mehr begehrt zu sein. Selbstablehnung. Angst vor dem Altern.
Weinen	Tränen sind der Bach des Lebens; sie werden aus Freude, aus Traurigkeit und aus Angst vergossen.
Weisheitszahn, impaktiert	Gewährt keinen mentalen Raum, um eine feste Grundlage zu schaffen.
Weißfluß	Glauben, Frauen hätten über das andere Geschlecht keine Macht. Wut auf einen Gefährten.
Wirbelsäule	Flexible Stütze des Lebens.
Wirbelsäule (verkrümmt)	Unfähigkeit, mit der Unterstützung des Lebens zu gehen. Angst und Versuch, an alten Ideen festzuhalten. Kein Vertrauen ins Leben. Mangel an Integrität. Kein Mut zu Überzeugungen.
Wundstarrkrampf	Notwendigkeit, ärgerliche und krankmachende Gedanken loszulassen.
Zahnfleischbluten	Mangel an Freude über die Entscheidungen im Leben.

Neues Gedankenmuster

Ich bin bei allen Wechseln der Zyklen ausgeglichen und in Frieden, und ich segne meinen Körper mit Liebe.

Ich bin mit allen meinen Emotionen in Frieden. Ich liebe und akzeptiere mich.

Ich öffne mein Bewußtsein der Ausbreitung des Lebens. Es gibt genügend Raum, in den ich wachsen und mich wandeln kann.

Ich bin es, die alle meine Erfahrungen erschafft.
Ich bin die Macht. Ich erfreue mich meiner Weiblichkeit.
Ich bin frei.

Das Leben unterstützt mich.

Ich lasse alle Ängste los. Ich vertraue jetzt dem Prozeß des Lebens. Ich weiß, daß das Leben für mich ist.
Ich stehe gerade und aufrecht voll Liebe.

Ich erlaube der Liebe aus meinem Herzen, mich zu läutern und jeden Teil meines Körpers und Fühlens zu reinigen, zu klären und zu heilen.

Ich vertraue darauf, daß in meinem Leben
immer das Richtige unternommen wird.
Ich bin in Frieden.

Problem	Wahrscheinlicher Grund
Zahnfleisch-probleme	Unfähigkeit, zu seinen Entscheidungen zu stehen. Unschlüssigkeit.
Zähne	stehen für Entscheidungen.
Zehen	stehen für die kleineren Einzelheiten der Zukunft.
Zehennagel, eingewachsen	Sorge und Schuldgefühl in bezug auf dein Recht, voranzuschreiten.
Zysten	Eine Wiederholung des alten Schmerz-Musters. Verletzungen aus der Kleinkinderzeit. Ein falsches Gewächs.

Neues Gedankenmuster

Ich treffe meine Entscheidungen selbst. Ich halte mich
an sie und unterstütze mich selbst durch Liebe.

Alle Details ergeben sich von selbst.

Es ist mein gottgegebenes Recht, meine Richtung im Leben
selbst zu bestimmen. Ich bin sicher. Ich bin frei.

Die alten Muster meines Denkens sind so mächtig,
weil ich ihnen Macht gebe. Ich liebe mich.

In der Unendlichkeit des Lebens, dort wo ich bin,
ist alles vollkommen, ganz und vollständig.

Ich akzeptiere vollkommene Gesundheit als
einen natürlichen Zustand meiner Existenz.

Ich löse mich jetzt bewußt von jedem geistigen
Denkmuster, das als Un-Wohlsein irgendeiner Art
bezeichnet werden könnte.

Ich liebe und erkenne mich selbst an.

Ich liebe und erkenne meinen Körper an.

Ich gebe ihm nahrhaftes Essen und Getränke.

Ich trainiere ihn so, daß es Spaß macht.

Ich erkenne in meinem Körper eine wunderbare
und großartige Anlage und empfinde es als Privileg,
in ihm leben zu können.

Ich liebe es, viel Energie zu haben.

Alles ist gut angelegt in meiner Welt.

Neuartige Gedankenmuster

Gesicht
(Akne) Ich liebe und akzeptiere mich genau dort, wo ich jetzt bin. Ich bin wunderbar.

Nebenhöhlen
Ich bin eins mit allem Leben. Niemand hat die Macht, mich zu stören, außer ich lasse es zu. Friede, Harmonie. Ich leugne jeden Glauben an Zeitrechnung.

Augen
Ich bin frei. Ich sehe frei nach vorne, weil das Leben ewig und von Freude erfüllt ist. Ich betrachte alles mit liebevollem Blick. Niemand kann mich je verletzen.

Hals
Ich kann für mich selbst sprechen. Ich drücke mich frei aus. Ich bin schöpferisch. Ich spreche in Liebe.

Lungen
Die Lebensluft strömt mit Leichtigkeit durch mich. (Bronchitis): Friede. Niemand kann mich stören. (Asthma): Ich bin frei und kann die Verantwortung für mich selbst übernehmen.

Herz
Freude, Liebe, Frieden. Voller Freude akzeptiere ich das Leben.

Leber
Ich lasse von allem, was ich nicht mehr benötige, ab. Mein Bewußtsein ist jetzt gereinigt, meine Vorstellungen sind frisch, neu und voller Leben.

Dickdarm
Ich bin frei; ich löse mich von der Vergangenheit. Das Leben durchströmt mich mit Leichtigkeit. (Hämorrhoiden:) Ich löse mich von jeglichem Druck und allen Belastungen. Ich lebe in der erfreulichen Gegenwart.

Genitalien
(Impotenz:) Macht. Ich erlaube meiner gesamten Sexualität, Wohlbefinden und Freude zu bereiten. Ich akzeptiere liebevoll und freudig meine Sexualität. Es gibt keine Schuld und keine Strafe.

Knie
Vergebung, Toleranz, Mitgefühl. Ich bewege mich vorwärts ohne zu zögern.

Haut
Ich werde auf positive Weise beachtet. Ich bin sicher. Niemand bedroht meine Individualität. Ich lebe in Frieden. Die Welt ist sicher und freundlich. Ich löse mich von jedem Ärger. Was immer ich benötige, wird auch vorhanden sein. Ich akzeptiere meine Güter ohne Schuldgefühle. Ich bin auch mit allen kleinen Dingen des Lebens zufrieden.

Rücken
Das Leben selbst unterstützt mich. Ich vertraue dem Universum. Ich gebe ungehemmt Liebe und Vertrauen.

Unterer Teil des Rückens: Ich vertraue dem Universum. Ich bin mutig und unabhängig.

Gehirn
Alles im Leben verändert sich. Meine Entwicklungsmuster sind immer neu.

Kopf
Friede, Liebe, Freude, Entspannung. Ich entspanne mich in den Lebensstrom hinein und lasse das Leben mit Leichtigkeit durch mich hindurchströmen.

Ohren
Ich höre Gott. Ich höre die Freuden des Lebens. Ich bin Teil des Lebens. Ich höre in Liebe.

Mund
Ich bin ein entscheidungsfreudiger Mensch. Ich halte durch. Ich begrüße neue Gedanken und Vorstellungen.

Genick
Ich bin beweglich. Ich begrüße andere Meinungen.

Schultern
(Schleimbeutelentzündung:) Ich löse mich auf harmlose Art von jedem Ärger und Verdruß. Liebe befreit und entspannt. Das Leben ist voller Freude und Freiheit; alles, was ich akzeptiere, ist gut.

Hände
Ich gehe mit allen Gedanken liebevoll und zwangslos um.

Finger
Ich bin entspannt, weil ich weiß, daß die Weisheit des Lebens sich aller Einzelheiten annimmt.

Magen
Ich gewöhne mich schnell an neue Gedanken. Das Leben stimmt mir zu; nichts kann mich stören. Ich bin gelassen.

Nieren
Ich suche überall nur nach Gutem. Meine Vorgehensweise ist die richtige. Ich bin zufrieden.

Blase
Ich löse mich von Altem und begrüße das Neue.

Becken
(Vaginitis:) Formen und Wege mögen sich verändern, aber die Liebe bleibt erhalten. Menstruation: Ich bin in allen Zyklen des Lebens ausgeglichen. Ich segne voller Liebe meinen Körper. Alle Bereiche meines Körpers sind wunderschön.

Hüften
Ich bewege mich voller Freude vorwärts, weil ich von der Macht des Lebens unterstützt und versorgt werde. Ich bewege mich auf meine größeren Güter zu. Ich bin sicher. Arthritis: Liebe, Vergebung. Ich lasse andere sich selbst sein und bin frei.

Drüsen
Ich bin völlig ausgeglichen. Mein System ist in Ordnung. Ich liebe das Leben und bewege mich ungehindert.

Füße
Ich habe das Vertrauen. Ich bewege mich mit Freude vorwärts. Ich habe seelisches Verständnis.

Neue Gedankenmuster (positive Affirmationen) können Ihren Körper heilen und entspannen.

Teil 4

16

Meine Geschichte

»Wir sind alle eins.«

»Möchten Sie mir kurz etwas über Ihre Kindheit erzählen?« Diese Frage habe ich schon sehr vielen Patienten gestellt. Ich muß nicht unbedingt alle Einzelheiten erfahren, aber ich möchte einen allgemeinen Eindruck darüber gewinnen, woher sie kommen. Wenn sie heute Probleme haben, liegen die Ursachen dafür in lange vergangener Zeit.

Als ich ein kleines, 18 Monate altes Mädchen war, habe ich die Scheidung meiner Eltern erlebt. Das habe ich nicht in allzu schlechter Erinnerung. Woran ich mich aber mit Schrecken erinnere, ist, als meine Mutter anfing, als Haushälterin zu arbeiten und mich in Pflege gab. Mir wurde erzählt, ich hätte drei Wochen lang geschrien. Meine Pflegeeltern kamen damit nicht zurecht, so daß meine Mutter gezwungen war, mich zurückzuholen und andere Arrangements zu treffen. Heute bewundere ich meine Mutter, die als Alleinerziehende so viel geschafft hat. Alles, woran ich mich danach erinnere und was mir nahe ging, war, daß ich nicht mehr die frühere liebevolle Zuwendung erhielt.

Ich konnte nie feststellen, ob meine Mutter meinen Stiefvater liebte oder ob sie ihn nur heiratete, um uns ein Zuhause zu schaffen. Aber das war kein guter Schritt. Dieser Mann war in Europa in einer schwermütigen deutschen Familie großgeworden, in der es viel Brutalität gab; er hatte nie einen anderen familiären Umgang gelernt. Meine Mutter brachte meine Schwester zur Welt, dann brach die Depression von 1930 über uns herein, und wir mußten feststellen, daß wir in einer Familie voller Gewalt steckten. Ich war fünf Jahre alt.

In dieser Situation kam hinzu, daß ich etwa zu jener Zeit von einem Nachbarn, einem alten Alkoholiker, vergewaltigt wurde. Die Untersuchung des Arztes habe ich noch in lebhafter Erinnerung, ebenso den Prozeß, in dem ich als Zeugin auftreten mußte. Der Mann wurde zu 15 Jahren Gefängnis verurteilt. Wiederholt mußte ich hören: »Du bist daran schuld«, so daß ich viele Jahre mit der Angst lebte, daß der Mann mich nach seiner Entlassung strafen würde, weil ich ihn ins Gefängnis gebracht hatte.

Die meiste Zeit meiner Kindheit mußte ich sowohl körperlichen als auch sexuellen Mißbrauch erdulden. Ich hatte eine Menge schwerer Arbeit zu verrichten. Mein Selbstbild wurde immer weniger ansehnlich und nur weniges schien bei mir normal zu verlaufen. Ich fing an, dieses Verhaltensmuster auch nach außen zum Ausdruck zu bringen.

Ein Ereignis in der vierten Klasse war sehr typisch für mein damaliges Leben. Wir hatten eines Tages eine Feier, und es waren mehrere Kuchen da, die geteilt werden sollten. Außer mir besuchten Kinder aus wohlhabenden Mittelklassefamilien die Schule. Ich war ärmlich gekleidet, hatte einen lächerlichen Topfhaarschnitt, Schuhe mit hochstehenden Spitzen und roch nach rohem Knoblauch, den ich täglich essen mußte, um ›die Würmer fernzuhalten‹. Kuchen gab es bei uns nie. Den konnten wir uns nicht leisten. Wir hatten eine alte Frau als Nachbarin, die mir jede Woche 10 Cents, an meinem Geburtstag und zu Weihnachten 1 $ gab. Die 10 Cents flossen dem Haushaltsgeld zu und der Dollar reichte für einmal jährlich Unterwäsche im Billigladen.

Am Tage des Schulfests gab es sehr viel Kuchen und während er aufgeschnitten wurde, nahmen einige der Kinder, die fast jeden Tag Kuchen bekommen konnten, zwei oder drei Stücke. Als der Lehrer schließlich zu mir kam (ich kam natürlich zuletzt dran), war kein Kuchen mehr übrig. Nicht ein einziges Stück.

Heute erkenne ich deutlich, daß es meine ›bereits eingefleischte Überzeugung‹ war, nutzlos zu sein und daß ich nichts anderes verdiente als ohne Kuchen die letzte zu sein. Das war mein *Verhaltensmuster*. Die anderen waren nur ein Spiegel meiner Überzeugung.

Als ich 15 Jahre alt war, konnte ich den sexuellen Mißbrauch nicht länger ertragen und lief von zu Hause und der Schule weg. Der Job, den ich als Kellnerin in einem kleinen Speiselokal fand, schien sehr viel leichter zu sein als die Hofarbeit, die ich zu Hause zu tun hatte. Nachdem ich vor Hunger nach Liebe und Zuneigung fast umgekommen war und jetzt das allergeringste Selbstwertgefühl hatte, gab ich mich bereitwillig jedem, der nett zu mir war, hin; und kurz nach meinem 16. Geburtstag brachte ich ein kleines Mädchen zur Welt. Ich glaubte, daß ich sie unmöglich behalten konnte; ich war aber in der Lage, für das Kind ein gutes, liebevolles Zuhause zu finden. Ich fand ein kinderloses Ehepaar, das sich nach einem Baby sehnte. Während der letzten 4 Schwangerschaftsmonate hatte ich bei ihnen gelebt, und im Krankenhaus bekam ich das Kind unter ihrem Namen.

Unter solchen Umständen habe ich nie die Freuden des Mutterseins erlebt, nur den Verlust, die Schuld und die Scham. Schließlich war es nur eine Zeit der Scham, über die ich so schnell wie möglich hinwegkommen mußte. Ich erinnere mich an die großen Zehen meiner Tochter, die so ungewöhnlich waren wie meine. Sollten wir uns jemals treffen, würde ich sie sofort an ihren großen Zehen erkennen. Ich ging fort, als das Kind fünf Tage alt war.

Ich fuhr sofort nach Hause zurück und sagte meiner Mutter, die immer nur Opfer gewesen war: »Komm, du mußt das nicht länger ertragen. Ich hole dich hier heraus.« Sie kam mit mir; meine zehn Jahre alte Schwester, die immer Papas Liebling gewesen war, blieb bei ihrem Vater. Nachdem ich meiner Mutter geholfen hatte, eine Stelle als Hausangestellte in einem kleinen Hotel zu bekommen und sie in einem Apartment untergebracht hatte, wo sie frei war und es gemütlich hatte, meinte ich, daß meine Verpflichtungen erfüllt waren. Ich fuhr nach Chicago, wo ich bei einer Freundin einen Monat bleiben wollte — von dort kehrte ich erst 30 Jahre später zurück.

Als Kind erlebte ich Gewalttätigkeit, gepaart mit dem Gefühl der Nutzlosigkeit, das ich zusätzlich entwickelte. In meinen jungen Jahren zog ich Männer an, die mich mißhandelten und oft schlugen. Ich hätte den Rest meines Lebens damit verbringen können, über Männer abfällig zu sprechen und hätte vermutlich trotzdem dieselben Schwierigkeiten. Nach und nach jedenfalls wuchs meine Selbsteinschätzung aufgrund positiver Arbeitserfahrungen, und jene Art von Männern fing an, mein Leben zu verlassen. Sie entsprachen nicht mehr meiner früheren unterbewußten Überzeugung, den Mißbrauch zu verdienen. Ich verurteile ihr Verhalten nicht, denn wäre nicht mein ›Verhaltensmuster‹, wären sie nicht von mir angezogen worden. Ein Mann, der Frauen mißbraucht, weiß jetzt nicht einmal, daß ich existiere. Unsere Verhaltensmuster ziehen sich nicht mehr an.

Nach ein paar Jahren in Chicago, wo ich eher untergeordnete Tätigkeiten verrichtete, ging ich nach New York, wo ich das Glück hatte, Mannequin für exklusive Mode zu werden. Nichtsdestotrotz half meine Mannequintätigkeit für große Modedesigner meinem Selbstwertgefühl nicht sehr viel. Sie eröffnete mir nur immer neue Wege, Fehler an mir selbst zu finden. Ich weigerte mich, meine eigene Schönheit zu erkennen.

Ich war viele Jahre in der Modeindustrie. Ich traf und heiratete einen wunderbaren, gebildeten englischen Herren. Wir bereisten die Welt, trafen mit Königen zusammen und waren sogar bei einem Diner im Weißen Haus. Obwohl ich Mannequin war und einen wunderbaren Mann hatte, blieb mein Selbstwert niedrig, bis ich, viele Jahre später, mit der Arbeit an meinem Inneren begann.

Nach 14 Jahren Ehe verkündete er eines Tages seinen Wunsch, eine andere zu heiraten, gerade als ich anfing zu glauben, daß das Schöne niemals endet. Ja, ich war am Boden zerstört. Aber die Zeit vergeht, und ich lebte weiter. Ich spürte, daß sich mein Leben veränderte, und eines Tages im Frühling bestätigte mir dies ein Numerologe, als er mir erzählte, daß in diesem Frühling ein kleines Ereignis geschehen würde, das mein Leben verändern sollte.

Es war so klein, daß ich es erst ein paar Monate später bemerkte. Ganz durch Zufall war ich zu einem Treffen in der Kirche der Religiösen Wissenschaft in New York City gegangen. Etwas in mir sagte: »Paß auf«, und das tat ich, obwohl mir ihre Botschaft unbekannt war. Ich ging nicht nur zu den Sonntagsgottesdiensten, sondern nahm auch an ihren wöchentlichen Kursen teil. Ich verlor das Interesse an der Welt der Schönheit und Mode. Wie viele Jahre blieben mir noch, um mich mit dem Messen meiner Taille und dem Bogen meiner Augenbrauen zu beschäftigen? Von einer Versagerin am Gymnasium, die niemals etwas gelernt hatte, wurde ich jetzt zu einer gierigen Schülerin, die alles verschlag, was sie in die Finger bekam und das in Zusammenhang mit Metaphysik und Heilen stand.

Die Kirche der Religiösen Wissenschaft wurde mir ein neues Zuhause. Obwohl das meiste meines Lebens wie gewohnt weiterging, nahm dieses neue Lernen mehr und mehr meiner Zeit in Anspruch. Drei Jahre später wußte ich, daß ich qualifiziert war, mich für die Stelle einer Kirchenpraktikerin zu bewerben. Ich bestand die Prüfung und so habe ich vor vielen Jahren angefangen: als Kirchenrätin.

Es war ein kleiner Anfang. Während dieser Zeit fand ich auch zur Transzendentalen Meditation. Meine Kirche veranstaltete nicht zwei Jahre hintereinander das Geistliche Lehrprogramm, deswegen entschied ich mich, etwas Besonderes zu tun. Ich ging für ein halbes Jahr an die Universität – MIU, Maharishis Internationale Universität – in Fairfield, Iowa.

Das war zu dieser Zeit der absolut richtige Ort für mich. Im ersten Semester arbeiteten wir jeden Montagmorgen an einem neuen Thema. Es waren Dinge, von denen ich nur gehört hatte wie z. B. Biologie, Chemie oder auch Relativitätstheorie. Jeden Samstagmorgen fand eine Prüfung statt. Sonntag war frei, und Montagmorgen fingen wir wieder an.

Es gab keinerlei Ablenkungen, die für mein Leben in New York so typisch waren. Nach dem Abendessen gingen wir alle auf unsere Zimmer, um zu lernen. Ich war die Älteste auf dem Campus, jeder Augenblick gefiel mir sehr. Rauchen, Trinken und Drogen waren verboten, und wir meditierten viermal am Tag. An meinem Abreisetag wurde mir auf dem Flughafen vom Zigarettenrauch beinahe schlecht.

Zurück in New York, nahm ich mein vorheriges Leben wieder auf. Bald machte ich beim Geistlichen Lehrprogramm mit. Ich wurde in der Kirche und ihren sozialen Maßnahmen sehr aktiv. Ich fing an, bei den Mittagsveranstaltungen zu sprechen und hatte schon Klienten. Das wurde bald zu einer blühenden Ganztagsbeschäftigung. Durch meine Arbeit wurde ich inspiriert, mein kleines Buch *Heile Deinen Körper* zusammenzustellen, das als einfaches Verzeichnis metaphysischer Ursachen für physische Krankheiten anfing. Ich fing an, Vorträge zu halten, zu reisen und kleine Kurse abzuhalten.

Eines Tages wurde Krebs bei mir diagnostiziert. Bei meiner Geschichte, als Fünfjährige vergewaltigt und oft geschlagen, scheint es mir kein Wunder, 'aß ich Unterleibskrebs bekam.

So wie fast jeder andere in dieser Situation geriet ich in völlige Panik. Gerade wegen meiner Arbeit mit Patienten wußte ich, daß eine geistige Therapie helfen würde; jetzt hatte ich die Chance, es an mir selbst zu beweisen. Schließlich hatte ich das Buch über geistige Verhaltensmuster geschrieben und wußte, daß Krebs eine Krankheit tiefen Verdrusses ist, der jahrelang unterdrückt wurde, bis er schließlich im wahrsten Sinne des Wortes den Körper wegfrißt. Ich hatte es abgelehnt, mich von Ärger und Verdruß über meine Kindheit, die ich anderen anlastete, zu lösen. Es durfte keine Zeit mehr verschwendet werden, ich hatte eine Menge Arbeit zu erledigen.

Das Wort *unheilbar,* das für viele Menschen so erschreckend ist, bedeutet in meinen Augen, daß dieser besondere Zustand durch keinerlei äußere Mittel geheilt werden kann, so daß wir in unser Inneres vordringen müssen, um eine Therapie zu finden. Wenn ich operiert würde, um den Krebs loszuwerden, und ich würde nicht die geistigen Verhaltensmuster ablegen, die ihn verursacht hatten, würden die Ärzte an Louise weiterschneiden, bis es keine Louise mehr gab, an der man schneiden konnte. Dieser Gedanke gefiel mir ganz und gar nicht.

Wenn ich operiert würde, um das Wachstum des Krebses zu verhindern und auch die geistigen Verhaltensmuster klären würde, die den Krebs verursachten, dann würde er nicht wiederkehren. Wenn Krebs oder jede andere Krankheit wiederkehrt, so geschieht dies nicht, meine ich, weil sie nicht ›alles herausbekamen‹, sondern eher, weil der Patient keine Veränderungen seines Bewußtseins vorgenommen hat. Er oder sie provoziert nur dieselbe Krankheit, vielleicht an einer anderen Stelle im Körper.

Ich glaubte auch, daß ich mich der Operation überhaupt nicht unterziehen müßte, wenn ich die geistigen Verhaltensmuster abschaffen könnte, die diesen Krebs verursacht hatten. Deswegen feilschte ich, um Zeit zu gewinnen, und die Ärzte gaben mir widerwillig drei Monate, als ich sagte, ich hätte das Geld nicht.

Ich übernahm die Verantwortung für meine eigene Heilung. Ich las und untersuchte alles, was ich über alternative Methoden fand, die meine Heilung unterstützen könnten.

Ich ging in verschiedene alternative Geschäfte und kaufte jedes Buch, das es über Krebs gab. Ich ging in die Bibliothek und las noch mehr. Ich befaßte mich mit Reflexzonentherapie und *Colon-Therapie* und meinte, beides würde mir guttun. Es scheint, daß dies der richtige Weg war. Nach der Lektüre über die Reflexzonen wollte ich einen Therapeuten finden. Ich hörte einen Vortrag, und während ich sonst in der ersten Reihe saß, mußte ich an diesem Abend hinten sitzen. Eine Minute später kam ein Mann, setzte sich neben mich — und raten Sie mal, was er war —, er war Reflexzonentherapeut, der Hausbesuche machte. Zwei Monate kam er drei Mal in der Woche und war mir eine große Hilfe.

Ich wußte, daß ich mich selbst mehr lieben müßte als bisher. In meiner Kindheit wurde wenig Liebe gezeigt und niemand kümmerte sich darum, ob ich mich wohl fühlte. Ich hatte das Verhalten meiner Umgebung angenommen, ständig an mir herumzunörgeln und mich selbst zu kritisieren. Das war mir zur zweiten Natur geworden. Durch meine neuen Wege hatte ich erkannt, daß es für mich wesentlich ist, mich selbst zu lieben und anzuerkennen. Dennoch lehnte ich das weiter ab. Es fiel mir sehr schwer, Dinge zu tun, wie vor einem Spiegel zu stehen und zu sagen: »Louise, ich liebe dich. Ich liebe dich wirklich.« Aber ich war beharrlich und entdeckte, daß ich in einigen Situationen, in denen ich mir früher Vorwürfe gemacht hätte, nun, nach der Spiegelarbeit und anderen Bemühungen, dies nicht mehr tat. Ich machte Fortschritte. Ich wußte, daß ich die Verhaltensmuster des Verdrusses, die ich seit meiner Kindheit mit mir herumtrug, aufzugeben hatte. Es war unabdingbar für mich, von Selbstvorwürfen abzulassen.

Ja, ich hatte eine sehr schwierige Kindheit. Aber das war viele Jahre her, und es war keine Entschuldigung dafür, daß ich mich jetzt selbst so behandelte. Ich fraß im wahrsten Sinne des Wortes meinen Körper mit Krebsgeschwüren auf, weil ich nicht vergeben hatte.

Es war für mich an der Zeit, die Ereignisse selbst zu hinterfragen und anzufangen, zu *verstehen,* welche Art von Erfahrungen Menschen schaffen, die ein Kind derart behandeln.

Mit der Hilfe eines guten Therapeuten brachte ich all den alten aufgestauten Ärger zum Ausdruck, indem ich auf Kissen einschlug und wütend brüllte. Dadurch fühlte ich mich reiner. Dann fing ich an, die Geschichten, die meine Eltern aus ihrer Kindheit erzählt hatten, zusammenzufügen. Ich begann, ein umfassenderes Bild ihres Lebens zu sehen. Ich begann, Mitgefühl mit ihrem Schmerz zu haben, nachdem mein Verständnis gewachsen war und ich es aus dem Blickwinkel eines Erwachsenen sah. Die Schuldzuweisung fing an, sich langsam aufzulösen. Zusätzlich suchte ich einen guten Ernährungsfachmann, der mir dabei helfen sollte, meinen Körper von all dem Minderwertigen zu reinigen und zu entgiften. Ich erfuhr, daß sich minderwertiges Essen sammelt und den Körper vergiftet. ›Minderwertige Gedanken‹ häufen sich an und erzeugen vergiftete Bedingungen im Bewußtsein. Ich bekam eine sehr strenge Diät mit viel grünem Gemüse.

Ich wurde nicht operiert — aber, sechs Monate nach der Diagnose hatte ich die Mediziner so weit, daß sie mit dem, was ich bereits wußte, übereinstimmten — ich hatte nicht einmal mehr die Spur eines Krebses! Ich betrachtete das als Ergebnis des gründlichen geistigen und psychischen Reinigungsprozesses. Jetzt wußte ich aus persönlicher Erfahrung, daß *Krankheiten geheilt werden können, wenn wir bereit sind, unsere Art zu denken, zu glauben und zu handeln zu verändern!*

Das, was uns als große Tragik erscheint, wendet sich manchmal zum Allerbesten in unserem Leben. Ich lernte von dieser Erfahrung sehr viel, und ich gelangte zu einer neuen Wertschätzung meines Lebens. Ich fing an wahrzunehmen, was wirklich wichtig für mich war, und entschloß mich schließlich dazu, die baumlose Stadt New York mitsamt ihrem extremen Wetter zu verlassen. Einige meiner Klienten wollten ›sterben‹, wenn ich sie verließe, so daß ich ihnen versicherte, daß ich zweimal im Jahr zurückkommen würde, um ihren Fortschritt zu kontrollieren und außerdem wollte ich telefonisch für sie erreichbar sein. Ich beendete also meine Dienste und machte eine angenehme Reise nach Kalifornien. Ich entschied mich für Los Angeles als Ausgangspunkt.

Obwohl ich hier vor vielen Jahren geboren wurde, kannte ich fast niemanden mehr außer meiner Mutter und meiner Schwester, die jetzt beide am Stadtrand, ungefähr eine Stunde entfernt vom Zentrum, wohnten. Ich hatte nie einen sehr engen Kontakt zu meiner Familie gepflegt, aber nun berührte es mich unangenehm zu erfahren, daß meine Mutter seit einigen Jahren blind war und es niemand für wichtig gehalten hatte, es mir zu erzählen.

Meine Schwester war zu ›gestreßt‹, um mich zu treffen, deswegen ließ ich sie in Ruhe und fing an, mein neues Leben zu gestalten.

Mein kleines Buch *Heile Deinen Körper* öffnete mir viele Türen. Ich ging zu jeder Art von New-Age-Veranstaltungen, die ich ausfindig machen konnte. Ich stellte mich vor und wenn es angebracht war, überreichte ich eine Ausgabe meines kleinen Buches. In den ersten sechs Monaten ging ich häufig an den Strand, weil ich wußte, daß ich, wenn ich beschäftigter sein würde, weniger Zeit für solche geruhsamen Unternehmungen haben würde. Langsam erschienen die Klienten. Ich wurde gebeten, hier und dort zu sprechen und die Dinge arrangierten sich, als ob Los Angeles mich willkommen hieße. Nach ein paar Jahren konnte ich in ein schönes Haus umziehen.

Mein Lebensstil in Los Angeles war wie ein weiter Sprung heraus aus dem engen Bewußtsein meiner frühen Kindheit. Die Dinge verliefen wirklich reibungslos. Wie schnell sich unser Leben vollständig verändern kann!

Eines Abends erhielt ich einen Anruf meiner Schwester, der erste in zwei Jahren. Sie erzählte mir, daß unsere Mutter, jetzt 90, blind und fast taub, gestürzt war und sich das Rückgrat gebrochen hatte. Innerhalb einer Sekunde wurde meine Mutter von einer starken, selbständigen Frau zu einem schmerzgeplagten Etwas, das nicht mehr für sich selbst sorgen konnte.

Sie hatte sich das Rückgrat gebrochen und damit die Wand von Verschlossenheit um meine Schwester herum aufgebrochen. Zu guter Letzt sprachen wir wieder miteinander. Ich entdeckte, daß meine Schwester auch ein ernsthaftes Rückenproblem hatte, das sie beim Sitzen und Laufen behinderte und sehr schmerzhaft war. Sie litt im Stillen und obwohl sie so aussah, als ob sie eine Anorexie hätte, wußte ihr Mann nicht, daß sie krank war.

Nachdem meine Mutter einen Monat im Krankenhaus verbracht hatte, konnte sie nach Hause entlassen werden. Sie konnte sich aber auf keinen Fall selbst versorgen, deswegen zog sie zu mir. Obwohl ich dem Lebensvorgang vertraute, wußte ich nicht, wie ich mit allem zurechtkommen sollte. Deswegen sagte ich zu Gott: »Gut, ich werde mich um meine Mutter kümmern, aber Du mußt mir helfen und Du mußt für Geld sorgen!«

Wir mußten uns beide ziemlich aufeinander einstellen. Sie kam an einem Samstag an; am folgenden Freitag mußte ich für vier Tage nach San Francisco. Ich konnte sie nicht alleine lassen, aber ich mußte fahren. Ich sagte: »Gott, regele Du das. Ich muß die richtige Person finden, bevor ich fahre, die uns hilft.«

Am folgenden Donnerstag war die vollkommene Person ›erschienen‹ und zog ein, um mein Zuhause für meine Mutter und mich in Ordnung zu halten. Das war eine weitere Bestätigung einer meiner Grundüberzeugungen: »*Was immer ich wissen muß, wird mir offenbart, und was immer ich benötige, kommt nach Göttlicher Regel zu mir.*«

Mir wurde bewußt, daß für mich die Zeit gekommen war, wieder eine neue Lektion zu lernen. Hier gab es eine Gelegenheit, eine Menge ›Müll meiner Kindheit‹ wegzuräumen.

Meine Mutter konnte mich als Kind nicht beschützen; ich aber konnte dies jetzt und würde mich nun um sie kümmern. Zwischen meiner Mutter und meiner Schwester begann ein völlig neues Abenteuer.

Eine weitere Herausforderung wurde an mich herangetragen, als meine Schwester mich um Hilfe bat. Als ich vor vielen Jahren meine Mutter befreite, so erfuhr ich, reagierte mein Stiefvater seine Wut und seinen Schmerz an meiner Schwester ab, so daß sie nun mißhandelt wurde.

Mir wurde klar, daß das, was anfangs ein körperliches Problem war, weitestgehend durch Angst und Anspannung sowie die Überzeugung, niemand könne ihr helfen, verstärkt wurde.

Hier war also Louise, die keine Retterin sein wollte, aber trotzdem ihrer Schwester die Gelegenheit geben wollte, sich an diesem Punkt ihres Lebens für Wohlbefinden zu entscheiden.

Langsam begann der Prozeß des Aufrollens. Er ist auch noch nicht beendet. Wir machen schrittweise Fortschritte, wobei ich mich dafür einsetze, eine Atmosphäre von Sicherheit zu erzeugen, während wir verschiedene Heilverfahren erforschen.

Meine Mutter dagegen reagiert sehr gut. Sie macht viermal am Tag, so gut sie kann, ihre Übungen. Ihr Körper wird kräftiger und beweglicher. Ich besorgte ihr ein Hörgerät, daraufhin hatte sie wieder mehr Interesse am Leben. Trotz ihres Glaubens an die Christliche Wissenschaft konnte ich sie dazu überreden, sich den Grauen Star auf einem Auge entfernen zu lassen. Welche Freude hatte sie, wieder sehen zu können und welche Freude hatten wir, die Welt mit ihren Augen sehen zu können. Sie ist sehr froh, wieder lesen zu können.

Meine Mutter und ich fanden Zeit, zusammenzusitzen und miteinander zu sprechen und zwar so, wie wir es nie vorher getan hatten. Es entstand ein neues Verständnis zwischen uns. Heute fühlen wir uns beide freier, wenn wir zusammen weinen, lachen oder uns umarmen. Manchmal rührt sie Dinge an, die mir deutlich machen, daß es noch mehr gibt, was ich zu bereinigen habe.

Meine Arbeit vollzieht sich auf einer immer weiter werdenden Ebene. Immer mehr Mitarbeiter sind unter der Leitung meines persönlichen Managers, Charlie Gehrke, eingestellt worden. Wir geben Kurse und Lehrgänge, die in unserem Gemeindezentrum stattfinden.

Dies ist mein bisheriges Leben.

In der Unendlichkeit des Lebens, dort wo ich bin,
ist alles vollkommen, ganz und vollständig.

Jeder von uns, ich eingeschlossen,
erlebt die Reichhaltigkeit und Fülle des Lebens
auf für ihn bedeutungsvolle Weise.

Ich betrachte jetzt die Vergangenheit
mit Liebe und habe mich entschieden,
aus meinen alten Erfahrungen zu lernen.
Es gibt kein richtig oder falsch, kein gut oder
schlecht. Die Vergangenheit ist vorbei und erledigt.
Es gibt nur die Erfahrung des Augenblicks.

Ich liebe mich, weil ich mich selbst durch die
Vergangenheit in diese Gegenwart gebracht habe.

Ich teile, was und wer ich bin, mit anderen,
denn ich weiß, daß wir im Geist alle eins sind.

Alles ist gut angelegt in meiner Welt.

Ich habe lange geglaubt: »Alles, was ich wissen muß, wird mir offenbart.« »Alles, was ich benötige, kommt zu mir.« »Alles ist gut angelegt in meiner Welt.« Es gibt hierzu keine neuen Erkenntnisse. Alles ist aus alter Zeit und unendlich. Mir ist es Freude und Vergnügen, für die, die sich auf dem heilsamen Weg befinden, Weisheit und Wissen zu sammeln. Ich widme dieses Angebot Ihnen allen, die mir mein Wissen vermittelt haben: Meinen vielen Patienten, meinen Studienfreunden, meinen Lehrern und der Göttlichen Unendlichen Vernunft, die mich als Sprachrohr dafür benutzt, anderen zu vermitteln, was sie erfahren müssen.

Louise L. Hay

Neu: Toncassetten von Louise Hay je 19,80 DM

Die Cassettenprogramme von Louise Hay sind eine optimale Ergänzung zum vorliegenden Buch. Sie vermitteln die Zusammenhänge zwischen negativen Gedankengebäuden und physischen Krankheiten und leiten zum Prozeß der Selbstheilung an. Sie bieten dem Hörer überall und zu jeder Zeit – während des Autofahrens oder während der Hausarbeit die Möglichkeit, sich die Kerngedanken der geistigen Heilung immer wieder zu vergegenwärtigen.

Liebe und Verständnis für Dich selbst
Von Louise L. Hay
Toncassette ca. 60 Minuten
ISBN 3-478-08702-3   DM 19,80

Heile Dein Leben
Von Louise L. Hay
Toncassette ca. 60 Minuten
ISBN 3-478-08701-5   DM 19,80

Die Macht der geistigen Heilung
Von Louise L. Hay
Toncassette ca. 60 Minuten
ISBN 3-478-08700-7   DM 19,80

Erhältlich in Ihrer Buchhandlung

Justus-von-Liebig-Straße 1 · 8910 Landsberg/Lech

Weitere Bücher von LOUISE L. HAY

°NEU

Hast du Probleme mit Karriere, Intimität, Gesundheit, Geld, Furcht, Abhängigkeiten . . . oder gibt es irgend etwas anderes, was dir in deinem Alltag Schwierigkeiten macht?

Louise L. Hay hat sorgfältig ihre liebsten Lösungsvorschläge, Meditationen und Affirmationen in diesem Buch HERZENSWEISHEITEN zusammengestellt, um dir zu helfen, die Probleme, die dich bedrücken, anzusprechen und zu lernen, von ihnen loszulassen. Beim Lesen wirst du die Freude, die Ruhe und die Liebe spüren, die von jedem Wort, jedem Gedanken und jedem Ausdruck von Louise Hay ausstrahlt. Ein schöner Geschenkband.

HERZENSWEISHEITEN
ISBN 3-925898-08-5 · 245 Seiten · DM 32,–

21. Auflage: 122.–141. Tausend

Heile Deinen Körper
In der erweiterten Neuausgabe 1989 mit über 200 neuen Einträgen gibt uns Louise L. Hay ein Nachschlagewerk in die Hand, mögliche seelisch-geistige Ursachen für körperliche Erkrankungen zu erkennen. Das umfangreiche Wirbelsäulenschema im Anhang, mit vielen interessanten Querverbindungen, ist zusätzlich eine wirkliche Bereicherung, da heute so viele Menschen unter Rückenproblemen leiden.

ISBN 3-925898-04-2
53 Seiten · DM 12,80

Liebe Deinen Körper
enthält 51 positive Affirmations-Behandlungen, die helfen sollen, einen positiven schönen und gesunden Körper aufzubauen. Wenn dich irgend etwas an deinem Körper stört, dann übe täglich die entsprechenden Affirmationen, bis du positive Ergebnisse feststellen kannst. Je eine Seite des Buches ist für dich frei gelassen, damit du deine eigenen Gedanken und Affirmationen einträgst.

ISBN 3-925898-06-9
112 Seiten · DM 16,80

NEU

Ein Garten aus Gedanken
– Mein Affirmationstagebuch –
Dieses Buch soll dir eine Anregung sein und ein einladendes Betätigungsfeld für deine schöpferischen Gedanken bieten, wenn du beginnst, dich mit deiner Fähigkeit des Selbstausdrucks zu beschäftigen. Louise Hay's Affirmationen (= positive Bekräftigungssätze) können dir dabei als Impulse dienen, die eigene Gedanken, Empfindungen und persönliche Affirmationen auslösen. Jede Seite hat eine oder mehrere Affirmationen und dann viel Raum zum Schreiben und Malen.
ISBN 3-925898-12-3
132 Seiten· ca. DM 22,–

Alle Titel erhältlich in Ihrer Buchhandlung

Verlag Alf Lüchow · Postfach 1751 · 7800 Freiburg

Tief im Innern
meines Wesens ist
eine unerschöpfliche Quelle
von Liebe

Nun erlaub' ich dieser Liebe, an die Oberfläche zu fließen. Sie erfüllt mein Herz, meinen Körper, meinen Verstand, mein Bewußtsein – mein ganzes Sein. Sie strahlt von mir aus in alle Richtungen und kommt vervielfacht zu mir zurück. Je mehr Liebe ich lebe und gebe, je mehr habe ich zu geben, der Vorrat ist endlos. Die Liebe, die ich lebe, gibt mir ein *Wohlgefühl,* welches Ausdruck meiner inneren Freude ist. Ich liebe mich – darum kümmere ich mich liebevoll um meinen Körper. Liebevoll nähre ich ihn mit bekömmlichem Essen und Getränk. Liebevoll pflege und kleide ich ihn. Und mein Körper antwortet mir liebevoll mit springlebendiger Gesundheit und Energie. Ich liebe mich – darum besorge ich mir ein schönes Zuhause, eines, das alles Nötige hat und in dem es ein Vergnügen ist zu sein. Ich fülle die Räume mit den Schwingungen der Liebe, so daß alle, die sie betreten – ich inbegriffen –, diese Liebe fühlen und davon gestillt werden. Ich liebe mich – darum habe ich eine Arbeit, die ich wirklich gern tue, eine, die meiner Veranlagung und Kreativität entspricht, eine Arbeit mit und für Menschen, die ich liebe und die mich lieben, und für die ich einen guten Lohn erhalte. Ich liebe mich – darum gehe ich in liebevoller Weise mit allen Menschen um, wissend, daß das, was ich weggebe, vervielfacht zu mir zurückkommt. Ich ziehe nur liebevolle Menschen an, da sie ein Spiegel sind für das, was ich bin. Ich liebe mich – darum weine ich der Vergangenheit nicht nach und lasse alle vergangenen Erfahrungen los. Und ich bin frei. Ich liebe mich – darum lebe ich ganz im *Jetzt*, erlebe jeden Augenblick als gut, wissend, daß meine Zukunft hell ist, freudevoll und gesichert, und so bin ich ein geliebtes Kind des Universums, und das Universum nimmt sich liebevoll meiner an, jetzt und für immer. Und so ist es.

Abdruck aus *Heile Deinen Körper* von Louise Hay
Copyright © by Verlag Alf Lüchow

Die Übungen auf einen Blick

Das Neue fordern 135
Der Wille zur Veränderung 75
Eigenliebe 135
Etwas hinter sich lassen 103
Ich bin willens, mich zu verändern 72
Ich erkenne mich selbst an 117
Ich soll 35
Ich verdiene... 122
Negative Botschaften 52
Rache 108
Schaffen Sie neue Veränderungen 120
Sich befreien 106
Sich von einem Bedürfnis lösen 99
Spiegel 42
Tägliche Affirmationen 133
Verdruß abbauen 107
Vergebung 109
Vergrößern Sie Ihr Wissen 135
Visualisierung 110
Wir und die anderen 142

Register

Ablehnung 85 f.
Abszeß 196 f.
Addisonsche Krankheit 196 f.
Affirmationen 14 f., 119, 164
– positive 114 f., 120, 147
– tägliche 132
After 196 f.
Afterabszeß 196 f.
Afterblutung 196 f.
Afterfistel 196 f.
Afterjucken 196 f.
Afterschmerz 196 f.
AIDS 182, 196 f.
Akne 198 f., 263
Akupunktur 123
Alexander-Methode 123
Alkohol 183
Alkoholismus 198 f.
Allergien 198 f.
Altern 198 f.
Alzheimersche Krankheit 198 f.
Anämie 176, 198 f.
Angina pectoris 176

Angst 21, 24 f., 39, 51, 86 ff., 198 f.
– Befreiung von 26
Anorexie s. Magersucht
Anspannung 25, 168
Apathie 198 f.
Appetit 200 f.
Arbeit 147–150
– Affirmation zur 148 f.
– tägliche 127–138
Arbeitserfahrung, positive 272
Ärger 69, 92, 169
Arme 172
Arterien 220 f.
Arteriosklerose 200 f.
Arthritis 25, 187, 200 f.
Arthritis deformans 200 f.
Asthma 187 f., 200 f.
– des Kleinkinds 200 f.
Astigmatismus s. Augenprobleme
Atem 174 f., 200 f.
Atemprobleme 202 f.
Atmen, richtiges 132
Aufgedunsensein 192

Aufstoßen 202 f.
Augen 169, 202 f., 263
Augenprobleme 169,
202 − 205
Ausgeglichenheit 17
Auswirkungen, äußere 34,
44, 60

Bachs Blütenmedizin
122
Bandscheibenvorfall
204 f.
Bandwurm 204 f.
Barker, Dr. Raymond
Charles 66
Bauchkrämpfe 204 f.
Bauchspeicheldrüse 204 f.
− Entzündung der 204 f.
Becken 266
Bedürfnis
− Lösung vom 97 − 100
− nach Gewohnheit 90
− nach Widerstand 91
Beeinflussung 56 f.
− durch Fehlinformation
57
− durch Geschwister
56
− durch Lehrer 56
Befreiung, körperliche
104 f.
Beine 184, 206 f.
Beinprobleme 184, 206 f.
Bettnässen 206 f.
Bewußtmachung 79 ff.

Bewußtsein
− als Lernhilfe 81, 119
− Kontrolle des 117
− Training des 116 f.
− Veränderung des 64,
157 f.
Bewußtseinserweiterung
135
Bewußtseinsstörung 171
Beziehungen, persönliche
20, 141 − 144
− Aufbau von 60
− unbefriedigende 27, 64
− zu den Eltern 20, 141
Beziehungsprobleme 33,
47, 98
Bindehautentzündung s.
Augenprobleme
Bioenergetik 123
Blähungen 206 f.
Bläschenausschlag 181,
206 f.
Blase 265
Blasenentzündung 206 f
Blasenprobleme 178, 180,
206 f.
Blinddarmentzündung
206 f.
Blut 206 f.
− gerinnendes 206 f.
Blutdruck 208 f.
Blutprobleme 208 f.
Blutung 208 f.
Botschaften, negative
52 f., 76

Bronchitis 208 f.
Bruch 208 f.
Brüche s. Knochenprobleme
Brust 175
− Knoten in der 208 f.
− Wundheit der 208 f.
− Zysten in der 208 f.
Brustprobleme 208 f.
Buckel 208 f.
Bulimie s. Freßsucht

Chakra, fünftes 172
Chiropraktik 123
Chirurgie 191
Cholesterinablagerungen 208 f.
Colon-Therapie 276
Cousins, Norman 136
Cushing-Syndrom 210 f.

Darm 183 f.
Dauerschmerz 210 f.
Daumen s. Finger
Deformierungen s. Knochenprobleme
Denkweise s. Gedanken
Diabetes 210 f.
Diät 74
− makrobiotische 74
− Rohkost- 74
Dickdarm, -bereich 122, 210 f., 264
Dornwarze 210 f.
Drogen 183
Drüsen 266

Drüsenprobleme 210 f.
Durchfall 210 f.

Eierstöcke 212 f.
Eifersucht 43
Eigenliebe 21, 27, 38 − 41, 46, 51, 115, 121
− der Babys 41 f.
− Mangel an 49
− Motivation zur 115
Ekzeme 212 f.
Ellbogen 212 f.
Eltern
− Auswahl der 55 f.
− Beziehungen zu 20 f., 54
Emphysem 175, 212 f.
Entscheidung 18
Entscheidungsfreiheit 37
Entspannung 103 f., 123, 169
− sexuelle 170
Entwicklung, geistige 21
Entzündung 188, 212 f.
Epilepsie 212 f.
Erfahrungen 17 f.
− Schaffen von 21, 119 ff.
− Verantwortung für 24
− zukünftige 35
Erfolg 136 f., 151 − 154
Erfolgsaffirmationen 152 f.
Erfolgsverhalten 152
Erkältungen 171, 212 f.

Ermüdung 212 f.
Ernährung 73 f., 122
– Ratschläge zur Änderung der 73
Erstickungsanfälle 212 f.

Fehlgeburt 212 f.
Feldenkrais 123
Fett 214 f.
Fieber 188, 214 f.
Finger 173, 214 f., 265
– arthritischer 214 f.
– kleiner 214 f.
Fistel 214 f.
Flüssigkeitsansammlungen 214 f.
Frauenleiden 216 f.
Freßsucht 200 f.
Freude, Freuen 160 f., 164
Frieden 17
Frigidität 180, 216 f.
Frösteln 216 f.
Frustration 17, 70, 168
Furunkel 188, 216 f.
Füße 185, 216 f., 266
– wunde 25
Fußpilz 216 f.
Fußprobleme 216 f.
Fußreflexzonenmassage 123

Gallensteine 216 f.
Gangrän 216 f.
Gastritis 216 f.

Gebärmutter 218 f.
Gebet 73, 123
Geburtsdefekte 218 f.
Gedächtnisschwund 218 f.
Gedanken 17, 22 f.
– Auswahlmöglichkeit der 18
– einengende 83, 156 f.
– Kontrolle der 102 ff.
– negative 22 f., 45, 114, 117, 147, 155 f.
– – Lösung von 26, 113 f.
– positive 22 f., 156
– Prüfung der 59 ff.
– Veränderung der 23, 70
Gedankenmuster, innere 34 f., 38, 44, 60 f., 65 f., 75, 92 f.
– Änderung der 122
– neue 167
– Zusammensetzung von 91
– – neuartige 263–266
Gefühle 17
– Reflektion der 89
Gehirn 190, 264
Gehirntumor 218 f.
Geist
– als Werkzeug 100 f.
– Änderung des 100 f.
– Kontrolle des 101 f.
Gelähmtheit 218 f.
Gelbsucht 218 f.

Geldmangel 27, 64
Geldprobleme 34, 98
Gelenke 218 f.
Genick 171, 265 (s. auch Nacken)
Genitalien 177 f., 218 f., 264
− Probleme mit den 177, 218 f.
Gesäß 218 f.
Geschlechtskrankheiten 181, 220 f.
Geschwüre 220 f.
Gesetze, geistige 128 f.
Gesicht 220 f., 263
Gesichtszüge, hängende 220 f.
Gestalt-Therapie 123
Gesundheit, instabile 27, 60
Getränke 122
Gewächse 220 f.
Gewohnheit, Bedürfnis nach 90
Gicht 220 f.
Gilles, Jerry 162
Glatze 25
Gleichgewichtsstörungen 220 f.
Grauer Star s. Augenprobleme
Grippe 220 f.
Grüner Star s. Augenprobleme
Gürtelrose 220 f.

Haar 168
− graues 222 f.
Haarausfall 168, 220 f.
Hals 171, 263
Halsbräune 222 f.
Halsprobleme 222 f.
Halsschmerzen 171
Haltungsänderung 25
Hämorrhoiden 196 f.
Handauflegen 123
Hände 172, 222 f., 265
− zupackende 173
Handgelenk 222 f.
Handprobleme 172, 222 f.
Harmonie 17
Harnweginfektion 222 f.
Haut 195, 264
Hautausschlag 222 f.
Hautblasen 222 f.
Hautprobleme 185
Hauttuberkulose s. Lupus erythematodes
Heilung 26, 79 ff.
− holistische 73
Heilungsprozeß 81
Heilverfahren, alternative 168
Hernie s. Bruch
Herpes genitales s. Bläschenausschlag
Herz 175, 224 f., 263
Herzanfall 175 f., 224 f.
Herzinfarkt 224 f.
Herzkranzgefäßthrombose 224 f.

Herzprobleme 24 f.
Heuschnupfen 224 f.
Hilflosigkeit 55
Hinweise, non-verbale 82
Hoden 224 f.
Hodgekinsche Krankheit
44, 224 f.
Homöopathie 122
Homosexualität 181 ff.
Hornhautentzündung s.
Augenprobleme
Hüften 226 f., 266
Hüftprobleme 226 f.
Husten 172, 224 f.
Hyperglykämie s. Diabetes
Hyperparathyreoidismus
226 f.
Hyperventilation 226 f.
Hypnose 123
Hypoglykämie 226 f.
Hypophyse 226 f.

Ich, Höheres 123
Ike, Pastor 164
Ileitis 226 f.
Impotenz 180, 226 f.
Infektionen 228 f.
Ischias 228 f.
Isolation 61
›Itis‹ 228 f.

Juckreiz 228 f.

Kahlköpfigkeit 168
− weibliche 168

Kampfsport 123
Karbunkel 228 f.
Kaumuskelkrampf 228 f.
Kehle 228 f.
Kehlkopfentzündung 171,
228 f.
Kieferprobleme 228 f.
Kinderkrankheiten
230 f.
Kinderlähmung 228 f.
Kindverhalten 53 f.
Kirche
− christliche 124
− metaphysische 124
− unitarische 124
›Kloß im Hals‹ 230 f.
Knie 184, 264
Knieprobleme 185, 230 f.
Knöchel 185, 230 f.
Knochen 230 f.
Knochenbau 122
Knochenprobleme
230 f.
Knochenwucherungen
230 f.
Knötchen 230 f.
Kolik 232 f.
Kolitis 232 f.
Koma 232 f.
Komplimente, Akzeptanz
von 165
Konzentration 127
Kopf 168, 265
Kopfschmerzen 170,
232 f.

Körper 167-193
- Botschaften des 167–193
- Energiezentrum im 72
- Entspannung des 103 f.
- Ernährung des 122
- Mißhandlung des 39 f.
Körperarbeit 123
Körpergeruch 232 f.
Körperprobleme 35, 47
Krampfadern 184, 232 f.
Krämpfe 232 f.
Krankheiten 26 ff., 64, 167
- chronische 210 f.
- unheilbare 254 f.
- Ursachen für 168–193
Krätze 232 f.
Kreativität
- Mangel an 47, 98
- unterdrückte 27
Krebs 25, 175, 188 f., 232 f., 274–277
Kritik 24 f., 99
Kropf 232 f.
Krupp-Husten s. Bronchitis
Kurzsichtigkeit s. Augenprobleme

Lamont, Roza 178
Leben
- Nichtfunktionieren des 34
- Rückkehr ins frühere 123

Lebensgestaltung 17
Lebensmittel 122
Lebensregeln 19
Lebensumstände, Änderung der 75
Leber 264
Leberentzündung 234 f.
Leberprobleme 234 f.
Lepra 234 f.
Lernen, Lernprozeß 127, 152
- Intensivierung des 129, 135 f.
Leukämie 234 f.
Liebe 144
- als Heilmittel 38 f., 107
- Definition von 39
- Finden von 144
Liebesentzug 208
Lungen 174, 264
Lungenentzündung 234 f.
Lungenprobleme 234 f.
Lupus erythematodes 234 f.
Lymphknotenkrebs s. Hodgekinsche Krankheit
Lymphprobleme 236 f.

Macht 17, 22, 64 f.
- kosmische 159
Magen 175, 236 f., 265
Magengeschwür 177, 236 f.

Magenprobleme 176, 236 f.
Magersucht 186, 198 f, 236 f.
Maltherapie 123
Mandelentzündung 172, 236 f.
Massage 123
Mastoiditis 236 f.
Meditation 73, 123, 131−134
− transzendentale 124, 273
Menopause 181
Menstruation 181
Menstruationsprobleme 236 f.
Migräne 170, 238 f.
Milz 238 f.
Mißerfolg 151 f.
Mitesser 238 f.
Mitgefühl 55
Mittelfinger s. Finger
M.S.I.A. 124
Mukoviszidose 238 f.
Multiple Sklerose 238 f.
Mund 265
Mundgeruch 238 f.
Mundprobleme 239 f.
Mundschleimhautgeschwüre 238 f.
Muster, wahrscheinliche geistige 167
Mut 128
Mütterlichkeit 175

Nacken, steifer 252 f.
Nackenprobleme 238 f.
Narkolepsie 240 f.
Nase 240 f.
Nasenbluten 240 f.
Nägel 240 f.
Nägelkauen 240 f.
Nebenhöhlen, -probleme 240 f., 263
Nebennierenprobleme 240 f.
Nebenschilddrüsenüberfunktion s. Hyperparathyreoidismus
Negativliste 120
Nerven 240 f.
Nervenzusammenbruch 240 f.
Nervosität 240 f.
Nesselausschlag 242 f.
Neuanfang 64 f., 113−124
Neuralgie 242 f.
Nicht-Vergeben, Krankheit durch 26 ff.
Nieren 265
Nierenentzündung 242 f.
Nierenprobleme 242 f.
Nierenschrumpfung 242 f.

Ödem 244 f.
Ohnmachtsanfall 242 f.
Ohren 169, 242 f., 265
Ohrensausen 242 f.

Ohrenschmerzen 169, 242 f.
Osteomyelitis 242 f.
Otitis s. Ohrenschmerzen

Parkinsonsche Krankheit 244 f.
Parodontose 244 f.
Partnerwechsel 182 f.
Pfad, geistiger 108
Philosophie, holistische 122 ff.
P.M.S. s. Prämenstruelles Syndrom
Pocken 244 f.
Polypen 244 f.
Positivliste 121
Prämenstruelles Syndrom 180 f., 244 f.
Probleme 60 f.
− das wirkliche 46 f.
− Herausfinden der 33−48
− Verursacher der 24 f.
Prostata, -probleme 180, 244 f.
Pruritus s. Juckreiz
Psoriasis 244 f.
Psychodrama 123
Pusteln 244 f.

Quetschungen 246 f.

Rache 108 f.
Rachitis 246 f.
Rajneesh Stiftung 124
Rauchen 98, 175
Ray, Sondra 142
Reaktionen 19
− der Erwachsenen 38
Reflexzonentherapie 276
Reiki-Übungen 123
Reinigungsprozeß, geistiger 50−53, 72 ff.
Reisekrankheit 246 f.
Rheumatismus 246 f.
Ringelflechte 246 f.
Ringfinger s. Finger
Rolfing 123
Rücken, -probleme 173 f., 246−249, 264

Satir, Virginia 171, 190
Schambein 248 f.
Schamhaar 248 f.
Scheidenkatarrh 248 f.
Schielen s. Augenprobleme
Schilddrüse 248 f.
Schilddrüsenprobleme 172
Schlaflosigkeit 248 f.
Schlaganfall 199, 248 f.
Schleimbeutelentzündung 248 f., 265
Schmerz 25, 176, 189, 248 f.
− chronischer 189
Schnarchen 250 f.
Schnittwunden 188
Schuld 24 f.
− sexuelle 180 f.

Schuldzuweisung 54 f.
Schultern 265
− hängende 250 f.
Schulterprobleme 250 f.
Schwellung 250 f.
Schwierigkeiten, sexuelle 178 f.
Schwindel 250 f.
Seekrankheit s. Reisekrankheit
Selbst-Akzeptanz 27 f., 116, 118
Selbst-Anerkennung 27 f., 116 f., 121
Selbstbefreiung 55, 71
Selbst-Beschimpfung 95
Selbstgerechtigkeit 105 f.
Selbst-Haß 22 f., 45, 64
Selbstkritik 28, 37, 39, 46 f., 93 ff., 128
Selbstliebe s. Eigenliebe
Selbst-Schuld 23
Selbstverneinung 40, 116
Selbstvertrauen 27
Selbstwert, Wertung des 56, 92 f.
Selbstwertgefühl, Mangel an 40 f., 51 f.
Senilität 250 f.
Sexualität 177−180
− Freude an 183
Sichelzellenanämie 250 f.
Sicherheit 27
Siddha Stiftung 124
Sinus-Probleme 170

Sinusitis s. Nebenhöhlenprobleme
Sodbrennen 250 f.
›Soll-Liste‹ 37 f., 46
Spiegel, Arbeit am 76, 89
Sport 122
Sprunggelenk s. Knöchel
Steifigkeit 190, 252 f.
Stottern 252 f.
Sucht 252 f.

Tai-Chi 123
Tanz 123
Taubheit
− der Ohren 169, 252 f.
− Empfindungslosigkeit 252 f.
Teilnahmslosigkeit s. Apathie
Tollwut 252 f.
Traumarbeit 123
Traumwelt 137
Tuberkulose 252 f.
Tumore 192, 252 f.

Übelkeit 254 f.
Übergewicht 28, 44 f., 189, 254 f.
Überzeugung 18, 21 f.
− einengende 51, 83
− Festhalten an 89
− innere 60−63
− Lösen von negativer 26, 57, 61 ff., 71, 90 f.
− unterbewußte 24

Übungen 35, 42, 52, 72,
  75, 99, 103, 106–110,
  117, 120, 122, 133, 135,
  142
Ulcus 25
Umgebung, emotionale
  20, 44
Unfälle 185 f., 254 f.
Unfruchtbarkeit 254 f.
Ungeduld 80
Universum 18, 38, 41,
  150, 163, 179
– Macht des 18 f.
– Überfluß des 108, 158,
  160, 162
– Vernunft des 73
Unterbewußtsein 18
Unterzucker
  s. Hypoglykämie
Unzufriedenheit, Abbau von
  25

Vaginitis 178, 180
Venenentzündung
  254 f.
Veränderung 69–76
– äußere 70
– des Bewußtseins 64, 72
– geistige 73
– körperliche 73
– persönliche 88
– positive 28
– seelische 73
– Wege zur 73–76,
  97–112

– Widerstand gegen
  79–96
– Wille zur 75 f.
Verantwortung, Über-
  nahme von 24
Verbrennungen 188,
  254–257
Verdauungsstörungen
  256 f.
Verdruß 24 f.
– Abbau von 25, 107 f,
  137
Vergangenheit 25
– Erforschung
  der 50–53
– Festhalten an
  der 105 ff.
– Lösen von der 26
Vergebung 25–28, 99,
  107–111
Verhalten, körperliches
  167
Verhaltensmuster 21, 24,
  28, 69–77, 141
– Änderung der 143 f.
– Bereitwilligkeit zur
  Lösung von 91, 97 ff.
– der Eltern 21
– Ergebnisse von 25
– negative 23, 64
– wiederkehrende 90
Vermutungen 82 f.
Vernunft, höhere 133
Verstauchung 256 f.
Verstopfung 184, 256 f.

Verzeihen s. Vergebung
Verzögerungstaktik 85
Visualisierung 110 f., 161 f.
Visualisierungstechniken 123
Vitiligo 256 f.
Vorurteile 84 f.
Vorwürfe 24
Vulva 256 f.

Wahnsinn 256 f.
Wahrheit 17 f., 59 – 68
Warzen 256 f.
Wassersucht 256 f.
Wechseljahre, -probleme 258 f.
Weinen 258 f.
Weisheitszahn 258 f.
Weißfleckenkrankheit s. Vitiligo
Weißfluß 258 f.
Weitsichtigkeit s. Augenprobleme
Widerstand 71, 81, 118
— Ablehnung als Form von 85 f.
— Aufdecken des 82
— Bedürfnis nach 81
— Form des 80, 82 – 87
— gegen Einengung 134
— gegen Veränderung 79 – 96, 102, 116
— — Vorurteile 84 f.
— non-verbale Hinweise auf 82
— Rechtfertigung des 82 f.
— — Vermutungen über andere zur 82 f.
— Verzögerungstaktik als Form des 85
Wiedergeburt 123, 142
Wirbelsäule 258 f.
Wissenschaft, religiöse 124
Wohlergehen
— Akzeptanz des 121 f.
— Ärger über 92
Wohlstand 155 – 166
— Erkennen von 164 f.
Wolf s. Lupus crythematodes
Wundsein 188
Wundstarrkrampf 258 f.

Zähne 260 f.
Zahnfleischbluten 258 f.
Zahnprobleme 260 f.
Zehen 260 f.
Zehennagel, eingewachsener 260 f.
Zysten 260 f.

Yoga

Harmonie
von Körper, Geist
und Seele

Satya Singh
Das Kundalini Yoga-Handbuch
Für Gesundheit von Körper,
Geist und Seele
08/9342

Christopher S. Kilham
Lebendiger Yoga
Das Profi-Buch zu den fünf
›Tibetern‹ von Peter Kelder
08/9712

Susi Rieth
Die 7 Lotus-Blüten
Verjüngungsübungen
vom Dach der Welt
08/5177

Susi Rieth
Yoga-Heilbuch
Schmerzen besiegen
ohne Medikamente
08/5310

08/9712

HEYNE-TASCHENBÜCHER

Liebe das Leben wie Dich selbst

Louise L. Hay
Buch der Hoffnung
Trost und Inspiration zum Jahrtausendbeginn
Gebunden mit Schutzumschlag
ISBN 3-453-16408-3

Außerdem sind von Louise L. Hay erschienen:
Du selbst bist die Antwort
Die Kraft einer Frau
Das Leben lieben
Gesundheit für Körper und Seele
Wahre Kraft kommt von Innen
Du bist Dein Heiler!
Meditationen für Körper und Seele
Deine innere Stimme
Louise L. Hay / John C. Taylor
Die innere Ruhe finden

HEYNE